〈周縁〉からの平和学

アジアを見る新たな視座

佐藤幸男
森川裕二 編
中山賢司

昭和堂

はじめに

本書の目的は、時代とともに変容する「平和」を、〈周縁〉と〈アジア〉から概説することである。平和は、人間個人のマインドから国内外の状態まで包含する不確かな多義的な概念である。人間は捉えどころのない「平和」を標榜しながら、すべてを管理して秩序だった世界を実現しようと、近代合理性に基づく既知の世界に組み込むための努力を重ねてきた。こうした平和への努力は逆に人間社会の脆弱性を露わにしている。二一世紀世界を視野に、西洋・非西洋を問わず既存の学知の在り方を問い返し、〈周縁〉と〈アジア〉から「近代科学のリロケーション」「国家枠組みを突き破る秩序の文法」を考察する。

1　〈周縁〉からの平和学の意義

本書が掲げる「〈周縁〉からの平和学」は、歴史観や秩序観を、社会的弱者・被抑圧者・少数者（マイノリティ）の側から問い直し、既存の社会科学を、〈周縁〉と〈アジア〉をキーワードに再構成する学問的なアプローチの総称である。

西洋文明においては、主体としての人間と客体としての自然がそれぞれ分離・独立に存在するという機械論的な世界観に立脚し、近代社会科学が成立し発展を遂げてきた。その一方で、二一世紀世界の平和の意味を問う知的営為は、いまや様々な学問領域で試みられている。本書は、主として政治学をディシプリンとする研究陣が、〈周縁〉の視座から論じた平和学の教材である。

本書の意義は主に二つある。

第一に、〈周縁〉性についての視点の転換である。権力の客体の視座で用いられてきた〈中心・周辺〉という歴史的、物理的な静態的概念の再構築と言い換えることができる。サイードのオリエンタリズムやそこから派生してきた植民地言説も、いずれも〈周縁〉性を探究した内容ではなく、近代世界のなかの客体の構築を議論してきた。〈周縁〉の社会的弱者・被抑圧者・少数者たちは、地理的、物理的に固定された集団ではなく、変動する動態的概念である。本書では〈周縁〉の主体性を平和学の起点に位置付けている。

第二に、現代アジアから既存の平和学アプローチを再考し、「〈周縁〉からの平和学」という新たな視角を提示することである。〈アジア〉は実在としてではなく、西洋との対比のなかで存在する虚構として長らく位置づけられてきた。〈アジア〉に定義を求めるのは難事業である。しかし、認識の主体としての〈アジア〉と日本は白紙の状態にはなく、歴史という大きく、重い制約を負っている。歴史記憶をめぐる問題然り。主体としての自覚によって実在として存在する〈アジア〉が対象化されてくる。

この点において、重要な視点が浮かび上がってくる。〈周縁〉を生む社会的な構造と、そうした社会の構造を変革しようする〈周縁〉の主体性の小さな力学の双方に目を向けることである。認識の主体としての〈アジア〉と、対象としての〈アジア〉との間の考察を繰り返すことによって、「〈周縁〉からの平和学」の課題も明らかになるだろう。

2　本書の構成

本書は、以上のような問題認識を共有しながら、主として、政治学・国際関係論を専門とする、各分野の専門家の論考を収容している。目次を見てみても、国家レベルの政治的構築物としてアジア共同体を論じた書籍と比べ、その様相を大いに異にしていることがうかがえるだろう。

上述の本書の意義と視点については、巻頭論文「序章 日本の平和研究とアジア：「日本問題」から世界の核心へ」（佐藤幸男）に体系的かつ明瞭に論じられている。グローバル世界の帝国的編成は絶えず差別体制を重層的に構造化し、拡大再生産されている。この構造を反転させる試みを「第三世界リターンズ」と銘打って、〈アジア〉から近代科学を再考する。本書の第一編者、佐藤幸男が掲げた視点こそ、まさしく本書全体を貫くテーマである。南北問題およびアジア太平洋地域に関する研究を通じて、〈周縁〉の主体性に光を照射させ、国際政治学から国際社会学、社会思想から政治哲学までカバーする知の沃野を開拓してきた。本書も、第1部「ポストコロニアルの平和学」、第2部「トランスナショナルな世界の平和学」、第3部「政治的移行期の平和学」、そして第4部「リージョナリズムの平和学」の四部構成をとり、それぞれの著者の拠って立つ多様な専門分野から独自に「〈周縁〉からの平和学」を論じ、ポストナショナルな世界政治を描いた論考を収録した。

――・――・――

最後に、武者小路公秀先生、西川潤先生より頂戴した本書発刊のお祝いの言葉を付記しておきたい。先達が築いてこられた日本の平和学の足跡に敬意を表しながら、新たな学知の水脈を探究する意志を継承したいと思う。

「第三世界リターンズ」に関連する三題噺《さんだいばなし》をお贈りします。「三つのＷＣ」理論という噺《はなし》です。

ＷＣは、外発開発を推進する三つのＷ、ウェストファリア（Westphalia）総力戦国家、ウェストミンスター（Westminster）型議会制民主主義、それを多国籍投資家の立場で調停裁判にかける世界銀行（World Bank）があります。対する三つのＣｓは、Civilizations（文明）です。これには、米欧中心の「科学技術文明」と、これに対する非米欧のイスラームや仏教などの「基軸諸文明」、その古層にも残っている自然への人間の支配を前提にしていない日本の縄文人を含む「太平洋アニミズム文明」があります。

最初のCに対する残りの二つのCｓの内発発展対応がいま盛り上がっています。三つのWへの三つのCｓの内発構想力のリターンズです。この噺の「おち」は、本書を読んで読者にみつけていただければ幸いに思います。お祝いの三題噺でした。

武者小路公秀（大阪経済法科大学アジア太平洋研究センター特任教授）

編者の佐藤幸男先生は、日本の平和研究の先達者として、一九七〇年代以来、平和学の形成、発展に大きな足跡を刻んでこられました。高度成長時代以来、一貫して日本の〈周縁〉部、アジア、島嶼部、「第三世界」の動向に視座を定めた先生の業績は、日本の平和研究が必要としていた分野を補うもので、日本の平和研究を国際水準に引き上げる上で、大きな意味を持ったと考えております。日本の平和研究に今後ともよきご指導を賜りますよう、お願い申し上げます。

西川　潤*（日本平和学会元理事・第三期会長　早稲田大学名誉教授）

なお、本書の出版に際しては、ワンアジア財団からの助成を頂いた。記して深く謝意を表したい。また、折からの出版不況にもかかわらず、昭和堂および大石泉さんには、本書出版に向け、多大なるご尽力を頂いた。厚く御礼申し上げたい。

森川裕二、中山賢司

*西川先生は二〇一八年一〇月二日、永眠されました。原稿は生前にお預かりしました。

〈周縁〉からの平和学——アジアを見る新たな視座　目次

第3部：政治的移行期の平和学

序章

日本の平和研究とアジア――「日本問題」から世界の核心へ

佐藤　幸男

「その歩みがのろかろうがなんだろうが、アジアは、生きたい、生きたい、と叫んでいるのだ。西欧は、死にたくない、死にたくない、と云っている。」　堀田善衛『インドで考えたこと』岩波新書、一九五七年

はじめに――「平和研究」事始め

富山県出身の作家・堀田善衛の著作エピローグには六〇年前に思索された紀行文とは思えないほどの斬新さがある。そのほとばしるような情熱を知るには、なによりも本書をよむにこしたことはないが、その道標として西川潤による「解説」(1)は秀逸である。人知れず平和を考えようと日本の文学界を牽引した堀田善衛が見た世界は、「後進国」と呼ばれる国々に住む民衆のうちにこそ、先進国の人間よりもはるかに高い道義性を持ち、人生や社会を真剣に考え、未来をめざしている巨大な動きがもり上りつつあることを知ったからにほかならない。すなわ

ちそこには人間的リアリティが渦巻いている、という関心に立脚し、周縁にある第三世界を見る眼が「日本文学の達成」した地点に拠るところであると、西川潤は記している。精神性の明白な優越性、明日をめざす精神的道徳的衝迫力が存するという確信のもと、抑圧されてきた人々だからこそ、新しい道徳、新しい社会秩序が形成されると静かに語りかけているのである。

世界の眺め方、日本のありよう、その知の歴史、とりわけ「平和」学知の停滞と符合しながらその問いはいまにいたるまで連綿とつづいている。こうして文学界が非ヨーロッパ世界の現実、貧困、暴力、自由、平等、食料、寿命、環境、衛生、識字能力といった「進歩」の準拠枠を超えて、機械文明の巨大化にともなう世界大戦、強制収容所と原水爆の使用による未曾有の惨禍、続く冷戦とその終結後の内戦、テロ、原発事故、格差や分断、民主主義の臨界と矢継ぎ早に繰り出される混迷をまえに人間の負の営みを告発し、抵抗の声をあげ、悲劇の記憶を〈歴史〉化し、血肉化しようとする試みを呼びかけたのである。これに呼応するかのように、同時期に産声をあげたのが日本平和学会であった。『平和研究』創刊号（一九七六年三月）の編集後記で、初代会長・関寛治は、「平和研究が『知性の復権』に向かっての『正論』をよびさますことができるであろうか。（中略）安全保障に関する『邪論』を粉砕し、知的論争の嵐を全国にまき起こすことに貢献しなければならない」と激白する。この姿勢は終生変わらなかった。

従属と収奪の世界システムが世界全体を、あらゆる局面で重層化し、国家と国境を超えた権力関係の規定性を掘り崩そうとする問題群が生活の場にまで広がっている。この埋め込まれた差別システムの重層構造を拡大再生産する諸力に対抗して、差別の克服と連帯の獲得をめざす拮抗力の構築はできるのか。世界―日本―第三世界を水平連環させる「知」の創成は可能なのか。こんにち、世界は「グローバル化」を求める言説に席巻されている。その競争から脱落する人びとの群れに溢れかえっているのが現実である。このグローバル化の行きつく先にはいかなる未来が待っているのか、誰も明確なビジョンを示しえずにいるなか、板垣雄三の「これからの世界にむかって立ちあがる市民たち：十代の若い人たちに宛てた手紙」（全文）は一読に値する。[2] きっと、おのれの視野の狭さと無知を思い知らされることであろう。その謦咳《けいがい》に接して心踊らされるのは筆者ばかりではないはずである。

世界を覆う閉塞感に「平和」学知も逃れられない。「平和」学の思考枠組みが揺らぎ、同時代を丸ごと相手に世界を遠望するという無謀な課題を引き受けているからこそである。その探求の歩みが無力な傍観者にとどまるのか、それともその限界を自覚して乗り越えようともがくのか、標準理論が不在のまま、新たな看取りを与えることができるかが問われている。その分岐にあって、設立後の揺籃期に筆者が籍を置いていた広島大学平和科学研究センターが二〇一八年度をもって改名し「平和センター」になった。このできごとは筆者にとってとても大きな衝撃であった。ひとつの「時代の終わり」を痛感させられたからである。それはたんに学内事情による名称変更といった行政措置にとどまらない震源の深さに思いを馳せる。これまでの「平和」にかんする研究蓄積が遺棄され、「平和」の思考枠組みに大きな改変を迫る。科学としての平和＝平和科学（peace science）の手法そのものが限界であることを自ら告白したのと同義である。

加えて「平和」学知の閉塞を物語るものとして、「戦争社会学」「共生学」「和解学」や「紛争解決学」といった新たな領野への枝分かれが顕著なことである。「学際性のジレンマ」とでも呼べるような事象の末路である。学際性、規範性、批判的思考を兼ね備え、その視座を重視してきたこの学知は、あたかも冷戦の終焉を迎えたことで「帝国」的要請から自由になって存在意義を失ったかのようである。そこにはいまや超学域的な協働はなく、霧散している。「平和」研究のなかでの対立、分裂、大連合はいまに始まったことではなく、平和教育、平和運動との関係性に由来する。[3] しかし、こんにちでは新自由主義の時代潮流に翻弄されることで、「平和」をめぐる研究―教育―運動の関係性全体がその存在を曇らせている。こうしたなかに、混迷する世界と「平和」学知を転回させ、停滞する研究に一矢を報いるのが小倉充夫・舩田クラーセンさやかの『解放と暴力』である。[4] 行き詰まるグローバル化を「植民地主義の継続・再編」という視角から植民地支配とアフリカの現在を活写するこの作品は、その問題意識の健全さ、新奇性によらない浩瀚かつ鮮やかな分析に一筋の光明を見る思いである。

グローバル世界の帝国的編成は絶えず差別体制を重層的に構造化し、拡大再生産されている。この重層性を第三世界―日本―世界の連環空間から反転させてみてみよう。それをここでは「第三世界リターンズ」とよぶ。第三世界リターンズとは近代科学のリロケーションと人間主義の回復、非西欧世界の「近代への逆襲」であり、押し付けられた「国家」枠組みを突き破るローカルな秩序の文法を読み解こうとする企てである。第三世界とはヴィジャイ・ブラシャドがいうように、植民地主義にたいする生活、必需の自由、平等・平和を求めるプロジェクトであり、アジア・アフリカ・ラテンアメリカの非西欧地域をさすわけではなく、ポストコロニアルな世界をめぐる転倒的な思索の方法となるのである。[5]

第1節　グローバルな連環世界と第三世界リターンズ――〈周縁〉からの平和学とは

碩学・板垣雄三は帝国主義研究の陥穽を指摘するなかで、「支配される側」の視点、帝国主義と植民地諸地域の民衆の矛盾に着目する必要があることをつとに強調してきた歴史家である。その瞠目すべき一文を以下に引用しておく。[6] これは植民地主義と闘う思想の流星群の座標となるものである。

人が「新世界秩序」を語るのは、混沌の現実に身振りしてのことであるに違いない。現在の混沌は、おそらく近代世界の構造を一新させるまで続く混沌なのではないだろうか。主権国家の意味が変質し、経済・社会のいわゆるボーダーレス化やグローバル化が進み、国家間・政府間のレベルを超えた世界市民的なネットワークが多角的にうみだされている。「市民フォーラム」的結集の「インティファーダ」的大衆抗議行動への決起が、政治変革の起動力として世界大に拡がりはじめた。一種の臨界状態である。このような激烈な変動を「問題」として先取りしてきたのが「第三世界」であった。そしていまや、世界の「第三世界」化が急速に進行している、といえるのだ。一九六〇年代以降、西欧的な文脈の思想の営みや言説においても、注目すべき理論的着想とか方法論的突破は、いずれも「第三世界」的問題それ自体の内側からあるいはそれとの接触・相互浸透の界面で、獲得されてきたといってよい。

地球政治のなかで進行するグローバル化は近代世界の激烈なきしみを伴って展開している。日常生活における人間実存の危機がさらに深まり、格差のみならず社会の分断や亀裂の深刻さが世界のあちこちで散在している。ヨーロッパに偏りがちな視点を少しずらしてみれば、見えるモノも違ってくる。[7] その証左となるのは、漂流する世界を象徴する人びとのまなざし、移民船、難民、移動を余儀なくされる気候難民、紛争避難民、国内避難民の受け入れ問題で亀裂を深めるヨーロッパでは民主主義が機能不全となり、大衆迎合主義や排斥主義が横溢する。社会的な分断、亀裂は人種差別、階層差別を伴いながら境界の暴力化を促し、有刺鉄線に象徴される「壁」が二一世紀に入って世界各地で急増しているのが現実である。[8]

二〇一一年の「アラブの春」から八年が過ぎてもなお、北アフリカのアルジェリアやスーダンにおける強権支配政治を打倒する都市民衆、それはフランス「黄色いベスト」運動デモとも通底した対抗権力がいたるところで噴出している。これら現実の複合的作用は現在進行形の暴力装置として、人びとの〈生〉を抑圧する植民地主義を間断なく作動させる。グローバル化が国民国家システムを切り崩し、国家を超えた流動性が世界大の格差、市場への隷属、不平等、差別、格差、抑圧、不正義が民主主義を形骸化させ、政治不全によって人間実存の潜勢力＝労働力に還元されることで都市に集中する社会的労働力の収奪をめぐる闘争が現出する。これをネグリは都市住民のマルチチュード化と呼び、収奪するシステムとしての採掘主義が「資本」概念を変容させながら深く浸透した結果である、と指摘する。(9)

「ネオ・リベラリズム的植民地主義」とも呼ばれるように、①対テロ戦争、②世界秩序の現状を維持するための方便としての「軍事力」依存志向、③軍事介入による占領体制の確立と永続化、④「安定を輸出」する論理に隠された経済秩序のネオ・リベラリズム的改革の強制である。国際紛争はこれまで、死傷者の多寡でもって紛争の強度が測られてきた。六〇〇万のユダヤ人の死（ホロコースト）、三ヶ月で一〇〇万人の死者（ルワンダのジェノサイド）、一発の爆弾で一四万の死者（広島）あるいは一晩で一〇万人以上の死者（東京大空襲）など、私たちは死者の数を強調することで出来事の深刻さを表現しがちである。パレスチナとイスラエルの紛争は、七〇年という長きにわたるにもかかわらず、そしてその間、一〇〇人単位、一〇〇〇人単位の集団虐殺が幾度となくパレスチナ人のみに生じているが、死傷者の数という点ではけっして多くはない。このような従来型の尺度ではパレスチナ・イスラエル紛争の深刻さが測れないとしても、パレスチナで進行している事態は「空間の扼殺＝スペィシオサイド」と名付けることができる。「空間」とは人が人間らしく活きることを可能とする諸条件のメタファーである。入植地建設分離壁による日常生活の分断・強奪、凄まじい数の検問所や道路封鎖による移動の自由がない暴力がいまなお継続される「占領」が人びとの魂を破壊している。(10) ここに第三世界が召喚されるゆえんがある。

グローバル化の進展によって新たなライバル（新興国＝中国、ロシア）の登場と対抗による国際秩序の変容は西側優位社会を侵食し、その反動として現状を維持するための反乱撲滅を「脅威」に設定して分断を作りだしているのであって、たんに覇権の構図が東方に移動し、Easternization（東方化）を創出しているわけではない。それはまた、「世界の中心」から「兄弟愛」を叫ぶことで連帯の輪が広がるわけでもない。[11]自己決定の力や制度を無力化させるために日常的な暴力を作動させるのは貧困や格差を必要として、軍産官学複合体の癒着と利権を創り出そうとする力学を内包している。人間の尊厳、自由と自立、公正と安全、共生環境、修復的正義（反省と償い）によって世界と自己とを同時変革するには、その根にある植民地主義、人種主義、オトコ中心主義への抵抗という側面を持ちながら、二一世紀の人文社会系譜学の思想潮流は、西欧近代の市民原理に裏打ちされ、交錯する歴史主体を根本から問い直す作業を忘却し、西欧の枠組みにしがみつき、人間の生の深みにさかのぼる具体の場からの問い直しを示唆する。この観点に立てば「真理の実験」として取り組んだ非西欧世界における民族自立と「独立」、その根底にあるガーンディー思想は看過し得ないのである。[12]インド人への人種的嫌悪から飢饉に喘ぐインドを救うこともなく数多くの餓死に追いやったイギリスのチャーチル、[13]ヴェトナムの民族解放に耳を貸さなかったフランスのド・ゴールとは真逆の精神性をガーンディー思想は喚起させる。

そのうえで、いま一度、エドワード・サイード『オリエンタリズム』を再読してみよう。その序章で、西欧の「東洋学」は東洋をどのように捉えてきたのか、第二に、学問以外の観光・絵画などで東洋がどのように想像され、表象されてきたのか、第三に、その両者のオリエンタリズムの言説が植民地支配とどのように結びついてきたのかを問うている。[14]この知のあり方、その様式や体系が権力といかに連動していることを普遍的な問いに昇華し、「人の視点」から知を語ることで西欧の優越性・卓説性の仮面を剥がしていくのは肝要である。ゆえに、植民地主義は帝国主義のコロラリーではなく、独自の論理と自律性をもった動態であると解すべきであろう。もはや、文明の多様性やダイナミックな交流・対話・融合の可能性を否定して、生き方や価値観に決着をつけるような文明間対立を煽るべきではない（その兆候は最近つとに強調される米中間摩擦を「新冷戦」と呼ぶ風潮に見ることができよう）。むしろ、人間を至上とし、大量生産・多量消費を美徳する物質中心主義、進歩・発展主義、征服型戦略に基づく開発主義が自然の生態系を撹乱し、環境破壊をもたらす人類的・地球的危機の状況を前にして人類文明の多元性・多様性を前提とした文明間対話・共生の可能性を掘り起こし、多元主義的普遍主義の立場から「文明誌」を紡ぐ新たな知の領域、公共的文明観への転回が急務となった。[15] それがいまでは批判的ポストヒューマニティーズにもとづく「人新世」論へとつながっている。[16]

第2節 「帝国」のなかの平和学からトポグラフィとしての平和学へ

平和論の言説空間を構成する要素は、紛れもなく二〇世紀暴力の起源である民族主義の猛威に晒されたヨーロッパにある。第一次世界大戦、四〇〇〇万人を超える戦死者と大量の難民、中東問題を派生させた。この国家間戦争が戦争の連鎖を創出し、暴力に支配させる場所と化したのである。暴力が席巻したヨーロッパではイデオロギー闘争と民族差別が猛威をふるい、敵を殲滅させるジェノサイドの論理をうみだした。「民族の牢獄」に収監された社会では、植民地支配認識や植民地責任をもつことはなかった。別言すれば、地球の領土的「分割」の主体諸強国政府の間の対立と協調にのみ論議の焦点がおかれ、「分割」の対象とされた従属地域の問題は「国際政治」の背景、取引材料、動機の一因子としてのみ扱われ、ヨーロッパ国際政治の体系とこれを支える思想の与えられた枠そのものについての相対化、対象化を忌避したからにほかならない。[17] かくして、日本における「平和研究」もおなじ構図のなかにある。その揺籃期は、帝国主義と国民国家と民族主義とのあいだで揺らぐことになる。[18] しかし、他方では戦争責任の所在やアメリカの原爆神話をけっして問おうとはしてこなかった。[19] かくして戦後日本の平和論は、五〇年代の原水禁運動や六〇年代のベトナム反戦運動と共鳴しながら、[20]保守と革新の対立軸の一翼を担っていった。[21]反戦平和の核兵器後の世界、講和をめぐる論議に加えてアジアのナショナリズム、とりわけ「独立」をめざす植民地ナショナリズムに傾注しながらもアジアの中立主義を支持する論調が顕著であったところに特徴がある。

平和学は西欧、北米の西側諸国で流布した知に依拠し、東側諸国はもちろんのこと、冷戦の軍事的前線に置かれた当時の途上国の、しかも軍事政権や独裁政権に幽閉された弱者を等閑視し、「冷戦ガラパゴス」に閉じこもることで日本の「戦後」を特権的な状況に追いやってきたともいえる。なかでも冷戦体制のもとで底辺に追いやられた人びとの声を拾い集める作業は放置されたのである。日本の平和学の歩みを関寛治は次のように回顧する。[22]関論文「平和の政治学」の第二節「外圧とそれへの対応」では、ユネスコの八人の社会科学者による声明が戦後世界の平和学の出発点となり、一九四九年の雑誌『世界』に掲載された声明への日本からの応答として結実したことである。この応答は、平和学の原点に核意識と平和憲法を据えて二つの世界論に撞着しながら歩むことになったことを明かしている。歴史学者・鹿野政直は、その研究者責任を次のように吐露している。[23]安保体制漬けに国民意識をなじませ、国の、それ以外のありようへの想像力を摩耗させてきたことへの自戒の弁である。沖縄の置かれた苦渋の歴史と永続化する基地を前に、本土人は何をすべきかを考えている。そのさい、「雑誌『世界』が取り上げた講和問題特集では百余の識者の意見を集めて片面講和にたいして全面講和論の根拠を与えようとしたが、沖縄の問題、いや沖縄の存在そのものはほとんど念頭にあがっていなかった」と記し、日本の識者ひいては人びとにとって戦中、沖縄を捨て石にし、戦後も捨て石にし続けていることをほとんど忘却させたことを、無残なまでに証拠立証してきた。私たちはその後塵なのだから、そこから議論を出発させねばならないと述べ、今からその批判を心底に据えて長い途を歩くことが私なりの答えだと自問する。

戦後史のなかで平和論を再考するにあたって植民地の記憶を取り戻しながら未来を考えることほど急務な作業はない。「戦後」思想は「戦争」を考えるほどには「帝国」や「植民地支配」について深く考えることはなかったのは明らかである。日本の平和学もまた同様に、戦後民主主義の末期的状況下でなす術を見失っている。そこには、沖縄やアイヌ、在日朝鮮・韓国人、満蒙開拓団民、強制移民者など少数の良心を孤立させ、相互監視と自己規制の沈黙にしみ込んできた「戦後」があり、その遠望に植民地支配がある。これはけっして「構造的暴力」なのではない。

日本における平和学創設からこんにちまでの長足の歩みは、その学知の系譜からもわかる。なかでも輸入学問として「西洋かぶれの」国際政治＝平和学として定着しているのが特徴である。なかでもヨハン・ガルトゥングが提起した「構造的暴力」論への安易な依存は異常なほどである。この概念は結局のところ近代ヨーロッパ世界がうみだした差別構造、欧米中心主義、戦争・植民地主義、人種主義、オトコ中心主義をうやむやにする言説でしかない。輸入学問から土着的思考へ移行する必然がここにある。平和憲法と民主主義の時代として語られる日本の「戦後」は、「戦前の朝鮮・中国、台湾、沖縄、南洋群島」という「他者」を消去することによって成り立ってきた(24)。

日本の平和学の存立基盤をアジア植民地状況から問い直すのが中国社会科学院の孫歌である(25)。それによれば、ユネスコ声明は冷戦イデオロギーに直接対抗することなく、社会主義諸国の「外部」で展開したことで西欧世界のイデオロギーに依拠し、それ故に、冷戦に対抗する思想的な立場は自由主義的「民主」を据え、民主主義のイデオロギー対立を鮮明にしたものであった。そもそも「アジア」とは、独立したカテゴリーではなく、「極東」の主要対立構成要素として設定され、民族の自治は西洋の内在化をもたらし、アジアを西洋世界の派生物または反命題とすることで、アジア原理の自主的形成を妨げる作用を及ぼしたのである。「アジア」が含意するのは植民地支配に反対する闘争のなかで、ナショナリズムと民族概念が戦後の思想空間で同時に現れたにもかかわらず、この「民族」と「民主」のあいだの関係を問うことなく等閑視してきた。それゆえに、西洋の自由主義的民主主義を真正面におき、相対化することはできなかった。

戦後世界においてアメリカは「民主化の使命」を旗印にし、民族解放闘争を選別し、二項対立的世界観を押しつけてきたことからも、日本の平和学の初発には視野狭さくがあったことは明確である。アジアにめざめた平和学はまずなによりもはじめに問われねばならないのが平和主義よりも国家に殺されないために、日本を構成する人びとがいかに生きるのかという視点である。ここから民主主義の内実を明らかにしなければならないだろう。すなわち、国家論よりも地方自治の本旨そのものが現代民主主義を進化させ、立憲的分有化から「戦後」を問い、アジアを問うことで日本の平和主義を再審する途になるのではないのか。そして、なによりもこの問いは、自治、自律が国家主義から自由になり、少数者の自決権を保障することにつながる。「戦後」の記憶から忘れ去られたが、敗戦時、日本から切り離された伊豆大島が島嶼主権を高らかに宣した立憲憲法があった。日本帝国の崩壊と敗北は、小笠原、硫黄島、沖縄をアメリカの海洋戦略のなかに投げだし、冷戦の捨て石にすることで、冷戦体制の礎にしてきた。(26) そしていま、アジアに灯された「民主化の光」は、権威主義体制、強権政治、大衆迎合、独裁政治にたいする自律的な地方都市の自治権拡大要求に結実してきている。沖縄の辺野古闘争、韓国のろうそくデモ、香港の雨傘革命、台湾のひまわり革命の群島的連結ネットワークは、ポストコロニアルな正義のための責任の伝承へと連藻しているように見えるのは私だけの偏見なのであろうか。

終わりなき暴力の時代を作り出した〈近代〉は、知の拠点化とともに知の虚構を生みつつ、西欧優位の世界観や国民国家観の醸成を不可欠な要素としてきたのである。知の拠点化と知の虚構はこんにちでは研究費獲得をめぐる不正、ねつ造、改ざんが日常化し、その研究結果の信頼性が地に落ち、恣意的な結論はもとより、外から窺い知れない研究倫理の欠如の事例が山積している。とりわけ、二〇一七年防衛費研究予算化をめぐる学術会議での論争は記憶に新しく、正視するに耐えない異常な知のありさまである。これもグローバル化の荒波に一因を求める論拠としているが、軍産官学複合の闇は深く、西欧優位の世界秩序観と共犯関係にあることに変わりはない。[27]

植民地支配の過去について無自覚であることが民族・地域の分断を作り出す。その植民地主義の歴史を忘却することは結果的に植民地主義を継続させる。この皮肉な現象がアイヌ人／琉球人遺骨返還問題に込められている。ヤマト国家日本の国家構築もまた、国家による近隣地域の支配・収奪と抵抗の絶え間なき抑圧によって開発主義国家体制を動機づけている。その核心現場は台湾、朝鮮半島、旧「満州」あるいは南洋諸島などの植民地ばかりではなく、「植民政策学」としての占領・専有を是とした知の系譜から北海道アイヌの開拓／殖民・沖縄の「開発」、シオニズムによるパレスチナ入植／植民がある。[28] したがって、近・現代国際政治の核心は中東世界に植え付けられたと同時に、極東国際関係の要に東アジア（朝鮮半島）が時代を超えて据えられてきたのである。それゆえに沖縄、アイヌ、パレスチナの人びとが排除され、周縁化されて既存の国民国家に回収されることなく国際政治の核心を浮上させている。勢力均衡の原理が国際政治の本質ではなく、ましてや核抑止が現実政治の内実でもない。

第3節　「日本問題」の射程と世界の核心

国際政治の核心は、ほかならぬ植民地主義、人種主義、軍国主義、オトコ中心主義、西欧中心主義がワンセットとなった〈近代〉的原理からなる。こうした観点をみごとに集大成した著作が *Sex, Race & Colonies*, La Découverte. Paris. 2018. である。ここから、アイヌ、沖縄の歴史的事象を日本による植民と占領、開発と格差、貧困、差別の連鎖から読み込むことができる。国際政治が西欧の専売となることで周縁の視座が切り捨てられてきたのは確かである。植民地支配の過去について無自覚であると同時に、近現代の日本文化の核に文化的植民地無意識によって、天皇制と侵略者としての過去と向きあう勇気を持てない空威張り戦後ナショナリズムが不問に付されようとする風潮のなかで、その問題の根底を問わなければならないほど、このアイヌ人／琉球人骨返還問題の根はじつに深い。修復的正義を求めて東アジア世界は、古くから中国大陸、朝鮮半島、日本列島、琉球列島のあいだには肉眼で見渡せる島じまが連なり、多くの交易者が海峡を往来し、小さな生活圏から解き放たれて自由な海人たちが織りなす群島世界であった。辺境は外世界への入り口であり、漂泊の不安は自由に、平野の民からの蔑視は祝祭へと転換する多義的な文化を内包している。差別、偏見、個別の生き方をないがしろにして身体的特徴、文化的慣習、階級、人種、ジェンダーや性といったさまざまなカテゴリーが不可視の暴力や対立を産むのである。

この尋常ならざる現実を映しだすには、不条理な仕方で奪われた生の記録と記憶を蘇らせ、個別の生に触れつつ、生の固有性をめぐる交歓する場として東アジア世界が構想されねばならない。人びとと地域が連環し、形成してきた歴史が深く刻まれた東アジア世界。縄文時代以前に遡る時間軸を持って存在してきた東アジア世界で交歓される共生空間認識がその端緒とならねばなるまい。ひとしきりの歴史的社会的記憶喪失が政治やコミュニティの言葉を奪っていくなかで、第三世界の教育者パウロ・フレイレは声をあげる権利、その言葉を発音する権利を取りもどし、エンパワーメントするための意識化に着目している(29)。

帝国の威圧的な空気のなかで抵抗し、もがき続ける日常から奴隷制やインディアンの殺戮、強制移住、強制労働といった不正義への応答が問われている。不正義にたいする責任の帰責モデルが修復的正義である。しかも、歴史的不正義の不変性は、過去の不正義を記憶として扱う現在の責任でもある。この問題の根深さを平和学は西欧起源の「構造的暴力」として無批判に受容してきたのである。沖縄では、つとに西欧起源のこの「構造的暴力」を援用しながら「構造的差別」を強調する傾向がある。沖縄は外部の力と抗いつつも、せめぎあう対立のなかで協調し、固有の価値を守り、圧倒的な外力に飲み込まれることなく生き延びようとする強靭な精神は、中国や薩摩の従属の狭間にありながら、取るべき道の選択をめぐる対立、葛藤と苦悩から構築されている。沖縄がなめつくす辛酸にたちすくむことで、西欧起源のこの「構造的暴力」を援用して「構造的差別」を論じることがほんとうにできるのか。過去の過ちに対する明確な省察と矯正がない状態を放置したままで、どのような未来志向的、平和志向的・自立的な構造変革をこれら西欧起源の「構造的暴力」は応答しえようか。琉球人遺骨返還によって「伝承される責任」を民族国家の成員権として可視的に提供し、自らが省察する機会とすることがいま肝要なのである。国家が過去に共同体内・外で作動する不正義に対する責任、要求される賠償を提供する責任への認識は、グローバルな正義を具現するためにも必要不可欠であろう。

おわりに――周辺に始まる平和学

植民地化という名の帝国的擬態による存在態様に加えて西欧的体系の規格化・標準化によって生じせしめる適合と反発が連鎖する問題がある。近代日本の形成はアイヌ、沖縄ばかりではなく、戊辰戦争、東北振興など国策による国内植民地化と朝鮮、台湾、中国、アジアへの侵略による近代化という重層的な権力様態からなる。いうなれば、日本の帝国化に伴って植民地化を余儀なくされた東アジア地域において、「日本」がさししめす領土・国民・主権が戦争を挟んで貫通した「貫戦期」という縦糸は、東アジア、沖縄、台湾・北海道・小笠原・奄美の諸地域を横断する「間―地域」という横糸とが組み合わさる歴史の形象である。(30) これを座標軸にして、板垣は国際政治の核心現場である中東問題、パレスチナの問題構成を俯瞰する先駆的な視点を開陳している。これを国際政治の核心に「日本問題」としてとらえ返すという至高の論理をみごとに展開するのである[31]。国際政治の核心現場として植民地主義の権化として先住民族の存在を否定する国家として日本、アメリカ、イスラエルがあり、その核心性は北海道の「開拓／入植」、沖縄の「基地植民地化」、アメリカの「インディアン戦争」、シオニズムのパレスチナ植民運動の同時並行性をもっているからこそ沖縄、アイヌ、在日コリアン、パレスチナが交錯する国際政治が核心として浮上する。同時に、国民国家は植民地再生産装置であるという卓越したテーゼを見いだしたのは西川長夫である[32]。

近代日本形成の歩みを振り返ってみたとき、植民地は不可欠な構成要素であった。そればかりか、植民地は東アジア地域を巻き込むだけではなく、アイヌ、沖縄、在日朝鮮・韓国人を日本社会の周縁に追いやっていった。したがって、植民地をめぐる諸問題は、日本の近代を考えることにほかならない。この植民地支配の在り方は政治的・経済的な側面だけにとどまらず、文学・芸術の諸領域にまで広範に影響しつづけている。このことを看過することはできない。しかも、日本の近代が先住民族との闘いのうえに展開した日本国家形成過程における植民地主義を隠匿するイデオロギーは国内のロジックに留まってはおらず、国際政治の核心に深く関わっている。国家の被害者である人びとを救済するために心砕くべき「平和」学知が救済の枠組みを国家の和解の物語にすり替えることを戒め、戦後アメリカの被曝、無差別爆撃の加害責任と日本のアジアにたいする植民地支配責任に目を瞑ることを暗黙の合意＝現実主義《リアリズム》であるということになれば、このリアリズムはオリエンタリズムの裏返しにすぎないのである。錯誤の政治は「最悪の政治」[33]をもたらす。周縁的でハイブリッドな諸領域こそがその原動力となる。「和解」や「謝罪」ではくくれない構想力の練磨がこの学知には求められている。規範的「平和」は思考枠組みの不可欠な要素である。そのためには、なによりも修復的社会正義への取り組みが急務である。修復的社会正義とは語り合い、助け合い、お互いの間違いを是正しあいながら、考え、行動していく包括的なプロジェクトであり、公正で持続可能なつながりをつくりだすための課題でもある。その核心の現場からわたしたちは逃れることはできないのである。

真に人間が生きるに値する世界をいかにしてつくるかに心砕かれた故西川潤先生に本稿を捧ぐ

＊本稿は二〇一八年七月二一日、早稲田大学において開催されたパネルディスカッション「〈周縁〉からの平和学」並びに同日午前での「二一世紀における戦争と平和：第三世界リターンズ」（早稲田大学平和学研究所主催、長崎大学「共生するアジアの多文化社会」、創価大学「アジア共同体論入門講座」共催）による拙特別講義をまとめたものである。なお、拙稿には次世代の人びとが平和学を学ぶにあたって必読すべき邦語文献をおもに註記したので一読をすすめます。

注

（1）西川潤「解説　第三世界とのかけ橋―堀田善衛」『堀田善衛全集一一』筑摩書房、一九七四年、四九三―五〇四頁。なお、水溜真由美『堀田善衛　乱世を生きる』ナカニシヤ出版、二〇一九年をあわせて参照されたい。

（2）http://daysjapanblog.up.seesaa.net/image/E99BBE5AD90E78988E794A8E58E9FE7A8BF.pdf（二〇一九年五月二九日アクセス）。本稿の多くは信州イスラーム世界勉強会（代表板垣雄三）の「学び」に多くを負っていることを明記しておく。記して感謝したい。

（3）関寛治「システム論的研究とアジア研究」歴史学研究会編『アジア現代史』別巻、青木書店、一九八五年、一五八―一九五頁。近年では平和学のあり方に対する批判には次のようなものがある。竹内久顕編『平和教育を問い直す―次世代への批判的継承』法律文化社、二〇一一年や小田博志・関雄二編『平和の人類学』法律文化社、二〇一四年などである。冷戦終結後の一九九〇年代、大量虐殺の危機を眼前にして西欧型「平和研究」は大きな岐路に立たされた。コソヴォ紛争に代表される「民族浄化」の嵐が吹き荒れるなか、私たちは手をこまねいてただみているだけでよいのか、緊急の人道危機から人びとを救うためであれば軍事的介入も許されるのではないのか、それどころか、武力で人びとを保護する責任と義務が「国際社会」にあるのではないのか、マスキリングに対応する「人道的介入」の法的・道義的正しさとその実効性をめぐって大きな論争が巻き起ったことを記憶しておく必要がある。五十嵐元道『支配する人道主義』岩波書店、二〇一六年をあわせて参照されたい。

（4）小倉充夫・舩田クラーセンさやか『解放と暴力：植民地支配とアフリカの現在』東京大学出版会、二〇一八年。

（5）ヴィジャイ・プラシャド（粟飯原文子訳）『褐色の世界史―第三世界とはなにか』水声社、二〇一三年。

（6）板垣雄三「序章」『国家と革命（シリーズ世界史への問い一〇）』岩波書店、一九九一年、三頁。同「アラブの春」論の欺瞞市民革命を侵す欧米中心主義」『朝日新聞』、二〇一二年一月三一日夕刊も参照されたい。

（7）多賀秀敏「新しい地球の読み方」『国際政治学入門（法学セミナー増刊）』日本評論社、一九八八年、一九三―二八九頁。

（8）酒井啓子「どけ、この文明は入れないぞ」『みすず』第六七四号、二〇一八年、一〇―二〇頁。

（9）北川真也「解題　アントニオ・ネグリの〈大都市〉論」『空間・社会・社会思想』第二一号、二〇一八年、一六三―一六八頁。

（10）岡真理「魂の破壊に抗して」『みすず』第六六九号、二〇一八年、三六―四七頁。

（11）溝口昭子「『世界の中心』から『兄弟愛』を叫ぶ」秦邦生・中井亜佐子・富山太佳夫・溝口昭子・早川敦子編『〈終わり〉への遡行―ポストコロニアリズムの歴史と使命』英宝社、二〇一二年、九七―一一八頁。

（12）外川昌彦「想起される『ガーンディー』」『国立民族博物館研究報告』第三六巻第二号、二〇一二年、一八一―二二六頁。なお、間次二郎『ガーンディーの性とナショナリズム：「真理の実験」としての独立運動』東京大学出版会、二〇一九年および中島岳志「書評」『毎日新聞』二〇一九年四月一四日のガーンディー論評は出色である。

（13）Madhusree Mukerjee. *Churchill's Secret War: The British Empire and the Ravaging of India during World War II*, New York: Basic Books, 2010.

(14) エドワード・W・サイード(今沢紀子訳)『オリエンタリズム』平凡社、一九九三年、一七―七五頁。
(15) 黒田壽郎『格差と文明―イスラーム・仏教・現代の危機』書肆心水、二〇一六年。また日本学術会議特別委員会『「文明誌」という知の新領域開拓の可能性を検証する』(委員長：板垣雄三)報告、二〇〇三年がある。
(16) ロージー・ブライドッティ(門林岳史・増田展大訳)「批判的ポストヒューマニティーズのための理論的枠組み」『現代思想』第四七巻第一号、二〇一九年、一八三―二一三頁。
(17) 板垣雄三「世界分割と植民地支配」『岩波講座 世界歴史 二二』岩波書店、一九六九年、一三五頁。
(18) 佐藤泉「一九五〇年代、批評の政治学」中央公論新社、二〇一八年。同「いかんともしがたい植民地経験」青山学院大学文学部日本文化学科編『異郷の日本語』社会評論社、二〇〇九年、「記憶されない死」李静和編『残傷の音：アジア・政治・アートの未来』岩波書店、二〇〇九年所収もあわせて参照されたい。
(19) 井上泰浩『アメリカの原爆神話と情報操作―「広島」を歪めたNYタイムズ記者とハーヴァード学長』朝日新聞出版、二〇一八年。
(20) 道場親信「『核時代』の反戦平和」『現代思想』二〇〇三年八月号、一五四―一九〇頁。
(21) 酒井哲哉「捻れる平和主義」『現代思想』二〇一八年二月号、六九―七八頁。また、千葉眞「『小国』平和主義のすすめ」『思想』第一一三六号、二〇一八年、八三―一〇九頁、山崎正和「知識社会論的観点からの戦後七〇年をみる」『中央公論』二〇一五年一月号、一一六―一二七頁もあわせて読まれたい。
(22) 関寛治「平和の政治学」『年報政治学』第二七巻、一九七七年、九一―一二〇頁。
(23) 鹿野政直「分断を超えて、今本土から見つめる四・二八」『琉球新報』二〇一七年五月二日。
(24) 姜尚中『オリエンタリズムの彼方へ―近代文化批判』岩波書店、二〇〇四年。
(25) 孫歌「冷戦初期の『民族』と『民主』」『情況』第六号、二〇一七年、一六二―一八五頁。
(26) 石原俊『〈群島〉の歴史社会学』弘文堂、二〇一三年。
(27) 田中史郎「技術、軍事、そして資本主義」『季刊経済理論』第五五巻第三号、二〇一八年、六―一四頁。
(28) 臼杵陽「パレスチナ／イスラエル地域研究への序章」『地域研究論集』第一巻第一号、一九九七年、六七―九一頁。
(29) パウロ・フレイレ(三砂ちづる訳)『被抑圧者の教育学―五〇周年記念版』亜紀書房、二〇一八年。

（30）橋本悟「呉濁流再読—『貫戦期』の視点からの予備的考察」『植民地文化研究』第一六巻、二〇一八年、一八一—一八八頁。
（31）坂垣雄三「日本問題としてのパレスチナ問題」『現代思想』五月特別号、二〇一八年および「パレスチナ問題と世界、日本、そして先住民族」『響きあうパレスチナとアイヌ』パレスチナ連帯・札幌、二〇〇六年を参照。
（32）佐藤幸男「共生平和の東アジア世界論：西川長夫の伝言《メッセージ》」日本平和学会編『平和研究』第四六号、二〇一六年、二二三—四二頁。
（33）宇野邦一「最悪の政治」『現代思想』第四七巻第一号、二〇一九年、二六六—二八〇頁。

第1部

ポストコロニアルの平和学

第1章

石油から見る惑星限界の系譜学
——ヒトとモノによる世界秩序

前田　幸男

はじめに

本章は、石油資源をめぐる欧米諸国と中東地域との諸関係について考察する論考である。ただし、そのアプローチはマテリアルとしての物（things）の特質（ここでは石油）をどのように利用したのかについての歴史を導きの糸として、専ら人間（とその集団である国家）の諸関係として理解しようとする政治理論・比較政治学・国際政治学の一般的な理論枠組みを通した世界理解に、修正を迫るものである。多くの社会科学者は、自由・民主主義・地域・市場などのような価値や概念はスーツケースで持ち運べると思い込んでいるが、ここではそのような立場は採らない（例えば、欧米は市民社会や自由や民主主義が整備されているが、中東の国の多くはそれらが十分ではないというところから出発して分析するなど）。その意味で、日本ではほとんど採用されてこなかった、モノから国際政治を捉え直そうとした『国際政治モノ語り』のアプローチを継承するものである。ただし、本章はこれまでの議論からさらに一歩踏み込み、石油からヒトとモノの交差性に着目し、ある人間がどのように石油を道具として使いながら他の人間を統治したのかについて、諸関係を辿ることで従来的な世界理解を修正しようと試みるものである。今日、地球上の「人口」の急増と「エネルギー消費」の爆発的増加が引き金となって国境を越える気候変動問題が生じており、このことに人類は有効な対処法を提出できずに生物種全体の絶滅の危機を招来している。国家は、自らの「境界線（border）」の防衛は得意だが、地球が生命を養う上で保たなければいけないとされる閾値である「惑星限界（planetary boundaries）」を超えない範囲で行動することは極めて不得意である。

この問題状況の起源を辿れば、それはヨーロッパ帝国主義が展開された大航海時代以降の植民地主義と、その後の「独立」を経た国家および権利を持つ「市民」の誕生にあることが見えてくる。西欧の主要な国々は、ふんだんなエネルギー供給のお陰で、経済成長を実現しながら「自由」と「民主主義」を享受してきた。その一方で、それ以外の国々は統治能力の高い国から脆弱国家までのグラデーションの中に配置されながらも、自らの利得のために行動することをプログラム化されてきた。

本章は、気候変動問題に直面する人類が一貫して排出し続けている化石燃料である石油から世界秩序を捉え返すものである。最初に人類にとって燃焼とは何かについて論じ、その後、その燃焼を助けるはずの化石燃料が一部の人間にとっては「呪い」となることの意味を検討する。次にその呪いが呪いである所以をつきとめるために、(1)石油の物質特性、(2)石油がつなげるヒトとモノの諸関係、(3)石油を通した統治の諸技術に焦点を合わせ、石油が欧米諸国の発展にどのように利用され、同時にその発展を中東地域がどのように支えつつ、犠牲になってきたかを分析する。上記の問題系が投げかけるドラスティックな空間編成をどのように理解することができるのかについて論じ、最後にエネルギー問題と気候変動問題の接続の可能性について論じる。

第1節　化石燃料から捉え直す世界秩序

1　燃焼とは何か？

気候変動が日々の生活の中でも顕在化している。大気と海水温の上昇、津波、ハリケーン・サイクロン・台風の巨大化など、これらには共通点があると指摘されている。それはCO_2の濃度の高まりと関係した一連の事象として議論されている。なぜなら、CO_2は化石燃料が燃焼されると大気中へ放出され、その後は時間とともに降下していき、海水へと吸収されていくからである。

人類が他の種と異なる点として、様々な指摘がなされているが、忘れてはいけないのが火の使用についてである。定住生活と文明の開始についても、これまで様々な議論がされてきている。その中でも火の使用は暖めなり調理なりから始まり人類の発展へとスケールアップしていく中でも必ず随伴してきた。先述の気候変動について考察する際、われわれは火の扱いをマスターした種としての人類が何を成し、何を引き起こしてきたのかを理解する必要がある。

2　照明から動力へ――火の規律訓練

自然界にあって火は、何物かを燃焼させ変化をもたらすエコロジカルな触媒（アクタント）として役割を果たしてきた。それは灰の中から新しい生命が誕生する条件を整備する。石油は古代にはビチューメン（アスファルト・重質油）として王の副葬品や工芸品、また家屋の補強など、様々な用途に利用されていた。また宗教的にみても拝火教の永劫の火を可能にしていた源には石油があったし、さらには旧約聖書の創世記の中でノアの方舟にビチューメンを塗りなさいという表記があるように石油とヒトの関係の歴史は長い[1]。

こうしたこれまでの営みとは対照的に人類は産業革命期の蒸気機関および内燃機関の発明、さらには第二次産業革命期の電力の発明へと至り、発火技術が動力として洗練されたことで大変革が起きる。燃焼はそれ以前には照明のために少量で限定的・分散的に行われていたが、発電や自動車の動力源として恒常的で集中的な形態へと「進化」した。産業的な燃焼の登場である（いわゆる燃焼転移の発生）。産業的な燃焼は単に新しい火というだけでない。以前は野火による草木の再生のようにヒトと地球の共生関係を火が調整していたのが、今度はヒトが火をコントロールする側に回ったのである[2]。技術的に処理された火は世界の空間編成をドラスティックに変更させていったが、発電でも暖房でも自動車でも燃焼は閉鎖された室内で行われた。つまり火そのものは機械の中に隠され統御されたのであり、火こそが規律訓練権力（Foucault）の下に置かれたのだった。こうして「文明国」に住む人類が中心となって石炭、次に石油を一世紀半かそこらの短期間のうちに大量消費したことに伴って、ヒトと自然のハイブリット化は進行し、地球もトランスフォーメーションを被ることになった。

3　石炭から石油へのシフトは他の手段による戦争の継続

この動力源のための主要燃料は、産業革命期以降、石炭から石油へとシフトしていく。これは単なる市場の拡大の中での自然な移行ではなかった。そこには戦争が絡む。一九一一年当時、海軍大臣だったチャーチルが石油へのシフトを断固として遂行したことはあまりにも有名な話である[3]。英国海軍が、戦艦の推進力とスピードという点で石炭は石油（重油）に勝てないことがわかり、英国には石炭が国内にふんだんに存在していたにもかかわらず、石油への全面移行を推進した。これ以後、戦争・兵器・石油の関係が密接になっていく。加えて、これにはもう一つの伏線があった。チャーチルは海軍大臣就任までの短期間ではあったが内務大臣として炭労問題に向き合っていた。とくにウェールズ地方の炭鉱でのストライキによる政治不安を背景に、主要エネルギーを石炭から石油に変更することで、炭鉱労働者の力を削ぐことも念頭にあった。[4]さらには一九〇五〜一一年の間、イランではカージャール朝のシャーに対する立憲革命が起きていた。バクーでの石油産業で働いていた労働者たちが帰国してこれを支えつつ、イランでは一九〇六年に新憲法がいったん制定された。しかしロシア帝国はこれに介入し、イギリスは自国の立憲体制をイランに導入するために尽力するどころか、ロシアの介入を黙認し、結果、立憲革命は頓挫したのだった。[5]イギリスは西洋的価値の共有よりも、石油の安定供給を選んだのだった。

つまり、チャーチルによる海軍戦艦の動力源の石炭から石油へのシフトは、戦争に有利になることを目的としつつ、国内での炭鉱労働者の声を封じ込め、イラン立憲革命を頓挫させる結果を導く布石という、いわば一石三鳥の役割を果たしたのだった。イギリスにとってのエネルギーの安定確保のために国内外の労働者が引き起こしそうな「社会不安（当時の懸念としては共産革命）」の芽は摘むという方向で行動していたことがわかる。

第2節　石油の呪い再考

このように帝国主義から二度の世界大戦を経る中で、エネルギー源は石炭から石油へと移ったが、議論は物質特性を通した大国の統治の問題性を論じていく方向には進まず、むしろ往々にして国際政治学において顕著なように、大国の地政学的な戦略資源の石油が語られていく。その裏返しとして、戦後の開発や経済発展の文脈では一般的に天然資源が豊富な国は、低開発に留め置かれる傾向があるという「実証研究」による検証を経る中で、そうした言説が一般化していく。問題はこの言説の定着は認識の定着を自ずと伴う点であり、それが社会科学の分析手法の中に登場してくる「与件」という厄介なバイアスとなっていく。

1　資源の呪い

「資源の呪い」とは、資源が豊富な国ほど、資源の少ない国と比べて、工業化や経済成長が遅いことを一般化したテーゼである。天然資源が豊富な分、その輸出が実質為替レートを高めに維持することになり、労働集約型の製造業などは育ちにくい。教育を受けた労働者がしっかりとした人口構成を形成できていなければ製造業の担い手も生み出せず発展は難しくなりうる。この中産階級の創出と維持のために貧しい人々への教育機会の拡大と、様々な政府への要望を吸い上げられる仕組みが必要になるが[6]、天然資源に依存する「レンティア国家」は、国家の歳入の大半を国民から徴収する税以外の財源（レント）で賄えるため、国民に対する説明責任もなく、中間層の形成は著しく困難になる。「課税なければ代表なし」という逆の定式がしばしばなされることになる[7]。

2　石油の呪い

一般的に非産油国の歳入が国民からの税であるのに対して、産油国の歳入はレントと呼ばれる地代として集まる石油収入である。このうち中東の産油国では主要な労働力を、インドやアジア諸国からくる低賃金で働く出稼ぎ外国人労働者に依存することが多いため[8]、国内で労働階級を形成し、そこから政党政治が組織されていくといった政治環境を整えることが極めて難しい。しかし資源の呪いの議論の陥穽は、その国の発展の成否の理由をほぼ一国内の要因に求めてしまう点にある（資源の有無であれ、為政者の質であれ、政治過程であれ、税収の有無であれ[9]）。歴史を紐解けば石油という天然資源を輸入する国々（往々にして先進国）が、その国の発展にはエネルギーの安定供給が必須だとの判断から、輸出国が王制（例えば中東におけるサウジアラビアやかつてのイランなど）であることを望み、また支援してきたことを想起すべきだろう。その国の大衆の大衆による大衆のための統治を人々が望み、天然資源の共同管理を望んだとしても、英仏、後に米露などの為政者たちが陰に陽にそれらを握り潰してきたことを考えれば、呪ったのはエネルギーを通して豊かさを享受した側の国々だったという側面が浮かび上がってくる。しかも、秘密外交・メディアの情報操作・教育の体制などによって国民の大半は呪った側／呪われた側の連関性を認知できていないとすれば、国民は『ハリー・ポッター』の中で登場する呪文「インペリオ（Imperio）」にかけられており、気づかないままである。[10] つまり、貧困や内戦などに対して、石油というマテリアルなものが呪いの元凶なのではなく、呪ったのはシステムを司る者たちであり、呪われたのは程度や強度において違いはあるものの、先進国／途上国を横断して散在する声なき声を持つ者たちということになる。その意味で、呪われている国として突き放す「資源の呪い」という概念は、実際はどのようなアクターがどのように呪ったのかを不問に付しかねない問題含みの概念であることは改めて指摘しておきたい。

ところが、経済発展を通して豊かさを得た／得ようとする国々にとって、人口（国民）を養うために必須であり続けてきたのがエネルギー消費であり、別の言い方をすれば化石燃料の燃焼であった。言い換えれば、そこでは石油の燃焼能力をもっぱら大国の力の源と捉えて世界を理解することが暗黙の前提とされていた。伝統的地政学の文脈で論じられてきた石油と、資源の呪いの文脈で論じられてきた石油は、ヨーロッパ中心史観のコインの裏と表でしかない。というのも、エネルギー資源に関する議論の多くは、国益としての資源確保のための大国間の「リアル・ポリティーク」の議論に終始することがほとんどだったからである。[11] その意味で、これまでのヨーロッパ中心史観を批判してきたグンダー・フランクやケネス・ポメランツの議論も、[12] ヨーロッパ中心史観を批判しつつも、代わりに世界の中心は中国を中心とするアジアであるといっているのだが、それが強者中心史観であることには何の変わりもないのである。[13] この議論は今後の化石燃料を戦略的にどのように確保し、力の源を維持するかといった類の従来からの議論と驚くほど相性が良く、注意が必要である。

第3節　重要なのは化石燃料の物質特性

前述のように、石油の呪いが語られる際、権威主義国家の権力者が私腹を肥やすことが原因として語られることがほとんどであり、その場合、手の施しようがないと見放すか、もしくは単に政治体制の変革によってこの問題が解決するかのような含みがもたらされることが多い。しかしこの場合、往々にしてオイルマネーに言及することはあっても、石油という物質の特性が秩序形成に深く関係していることを言及する者はほとんどいない[14]。

われわれの政治経済体制、ひいては生活の豊かさを支えているのがエネルギーであり、その安定的な確保が各国政府にとって重要な目標であることは言うまでもないことのように思われるかもしれない。しかし、戦後の資本主義世界経済下における各国の経済成長は、結果としてのふんだんな低コストの石油の恩恵によってもたらされたという事実は忘れるべきではないだろう。このエネルギーの安定的確保のために、各国は石油輸出国機構（ＯＰＥＣ）加盟国と友好関係をどう構築・維持するかを考える程度であることがほとんどである。それは公式の歴史であり、支配者が見せたい／見せてもよいと考える歴史である。そうではなく「われわれの豊かさを防衛するためのエネルギー資源の安定的確保のために犠牲になった者たちはいなかったのか？」という問いへと歴史理解のスタートラインを設定し直す時、まったく異なる世界理解に至りうる。

本章は、二〇世紀の主要なエネルギー源であり続けてきた石油の液体という物質特性が、大衆の多様な声なき声を拾い上げるという意味での民主主義の実現をどのように阻止する役割を果たしたのか、という点に改めて注目している。それによってたとえ石油という物質をめぐる「現実」といっても、強者たちの興亡を眼差すだけでは見えてこない様々な角度からの別様の現実があることが見えてくる。

1　エネルギー転換と社会変動

石油が社会の何を変えたのかを考える前に、われわれは動力源としての化石燃料がいかに社会・文化・秩序を形成するのかという視座を持つ必要がある。その点から一例として興味深いのが大英帝国で起こったエネルギー転換を原因とする多分野での社会変動の諸事象である。近代化の中での石炭使用の本格化を引き起こした理由に、木炭価格の高騰があった。一八世紀までに国内の森林資源はほとんど枯渇してしまっていたが、その結果フィールドが開け、ゴルフやサッカーを行える環境が整ったというのは皮肉でしかない。どちらの競技も一九世紀半ばに制度化されていったのは偶然ではない。また現在でも子供たちに根強い人気のある『きかんしゃトーマス』やそこに登場してくるトップハム・ハット卿などにしても、時代背景を辿れば一九世紀の産業革命が定着した大英帝国が舞台であることは言わずもがなである。こうして近代産業革命の文化史をエネルギーという観点から捉え直したとき、新たな世界が見えてくる。エドワード・サイードが『文化と帝国主義』[15]の中で展開した対位法的読解は、エネルギーを切り口にしたときにその真価を発揮する。それほどわれわれは未だ化石燃料という圧倒的な影響下に帝国主義の影を追い続けているという事実にぶち当たるのである。

2　石油——液体性の政治

第一次世界大戦からロシア革命で頂点に達する歴史の流れを考えるとき、労働組合のような社会勢力が起点となって、戦争を遂行しようとする政府に対して行った突き上げは、社会秩序の安定化という目標がいかに大きなものだったかがわかる。このテーマについてティモシー・ミッチェルの指摘は注目に値する。石油の呪いを考える場合、真に向き合うべきは石油の液体性であるとする。このことは石炭と石油を比較するとわかりやすい。石炭は固体であり、場合によっては地中深くに埋蔵されていることから、採掘する場合、その重さと深さを克服するために、炭鉱労働者の力量に頼るところ大である。炭鉱は穴を労働者が行き来してはじめてその活動が可能となる。もしかれらがその「チョーク・ポイント」でストライキやピケを張った場合、活動全体は瞬く間に麻痺することになる。対照的に、石油は液体であることから、油田が発見されると、石油は油層の圧力で自噴するかポンプでの汲み上げとなる。石炭と比較した場合、そこでは圧倒的なまでに労働力を必要としないのである。

しかも、石油は石炭よりも軽く、揮発性も高いため、輸送が容易だった。重い石炭を鉄道を使って輸送するのとは異なり、パイプラインを引けば比較的容易に移送が可能となる。つまりマンパワーがそれほど必要ないという点で労働者の大規模な組織化が必要なかったのだ。またパイプが破壊されても比較的容易に修理が可能だった。加えて、石油タンカーによる海上輸送が可能なため、労働者たちによるストライキなどリスクが高いと見なされた場所は、寄港せずにバイパスが可能だった。極めつけは、その石油タンカーにしても便宜置籍船制度を利用して、租税回避だけでなく、労働法規制の緩い場所を選ぶことができた[16]。このように、石油の液体性が、国家―資本の陣営と労働運動の間の力の拮抗関係を崩し、前者に有利に働く効果を持った点は無視できない。

3　戦後の欧州復興と化石燃料

以上の化石燃料の物質特性と秩序編成の関係性を戦後ヨーロッパ復興の歴史に重ね合わせると何が見えてくるか。第二次世界大戦による荒廃に対して、マーシャル・プランとして知られる欧州復興支援計画（ＥＲＰ）の実施がヨーロッパ経済を立ち直らせたことは誰もが知るところである。当然、これはヨーロッパ諸国の共産化の阻止を企図したものだった。しかし、マーシャル・プランが真に注目されるべきは、ヨーロッパの動力を司るエネルギー源を石炭から石油に変更させた点にある。当時、米国はとりわけ仏伊の共産化を懸念しており、そうした国々がソ連にエネルギー源を依存する構造が出来上がるのを阻止しようとした。マーシャル・プランの援助によって西ヨーロッパの石油精製所が整備されるのに伴い西欧の石油精製能力が向上した。その時期の石油輸入に占める原油の割合は、一九三八年の約四一％から一九五三年の七七％へと跳ね上がった。これは低コストで原油を輸入し、ヨーロッパに置かれた石油精製所で付加価値をつけた石油商品を販売する体制が整ったことを意味する。しかもその石油輸入に占める中東からの原油の割合は一九四七年の四三％から一九五〇年の八五％にまで上昇する。[17]これは一九五〇年代すでに石油生産を拡大しつつあったソ連へ石油を依存する潜在的可能性を断つために、中東から石油を輸入する体制へとシフトさせ、中東産油国を石油メジャーを通してコントロールする体制の確立を目指すものだった。このことは、同時期に石油精製所が中東地域ではアバダンとハイファを除いて整備されていないことと符合する。石油はあくまで原油でヨーロッパに輸出する体制が敷かれたのだった。

また一九五一年に設立された欧州石炭鉄鋼共同体（ＥＣＳＣ）についても、石炭産業の過当競争の抑制と、生産の機械化を通した生産性の向上が目標としてあり、それに付随して発生した炭鉱閉鎖や労働者の解雇のインパクトを和らげるためにＥＣＳＣ内部に基金が設立されており、米国はその設立のために財政支援をしている。[18]

こうしてマーシャル・プランは産業にとっての主要エネルギーの脱石炭化と石油化を支援することで、欧州の経済発展と近代化を推進したと同時に、石油の物質特性を利用して炭鉱労働者の組織力を弱めることで政治権力を弱体化させることにも大きな役割を果たしたのだった。

第４節　石油の「安定的確保」のための統治の諸技法

１　サンレモ石油体制とは何か

他方でその時代の中東地域における秩序構築は、むしろ第一次世界大戦でオスマン帝国が敗戦側に回ったところから始まっていた。第一次世界大戦の敗戦を受けてオスマン帝国の分割案を提示した一九二〇年八月のセーヴル条約と、同条約を破棄し新生トルコ共和国の国土回復を認めさせた一九二三年のローザンヌ条約は、二〇世紀の中東世界の激動の幕開けを端的に表している。

もちろんこの流れは、すでに英仏露間で西アジア分割を決めた一九一六年のサイクス＝ピコ秘密協定と、これを受けた第一次大戦後の一九二〇年四月に開かれたサンレモ会議により実質的な中東分割のシナリオとして作られていた。[19] サンレモ会議では、オスマン帝国領のアラブ民族居住地域を国際連盟下の「委任統治領」として、英仏両国が分割管理することを決めている。イギリスは、イラク・トランスヨルダン・パレスチナを、フランスはシリア（レバノンを含む）を委任統治領とした。しばしばサイクス＝ピコ秘密協定がヨーロッパ列強の一方的な取り決めだとして批判されてきたし、近年でいえばダーイシュが公然と批判していたことは記憶に新しい。

こうしたこれまでの言説に対して、当時ロシア帝国の地政学的な拡張としてのトルコへの伸長に対する、ヨーロッパ的国際秩序防衛のための合理的な解決策がサイクス＝ピコ秘密協定だったという解釈も近年登場している。しかしこうした解釈は大国間のせめぎあいを世界を理解する際のスタートラインに置きながら、このストーリーのゴールも同じ大国間の力のせめぎあいで話を結ぶものであるに過ぎない。国際政治は権力政治だからという存在論で考えればそう見える類の物語の一つでしかない。

このサイクス＝ピコ秘密協定からサンレモ会議の流れをどのように評価するかという点について、一つの補助線として石油を挿入することで接近してみたい。サンレモ会議には現在のイラクのモスルにある石油資源をめぐる第二合意があった。いわゆる英仏石油協定である。メソポタミア（現イラク）を含む、広大なオスマン帝国の石油資源を対象として設立されたトルコ石油会社の持株比率について、イギリスはアングロ・ペルシャ石油会社（後のＢＰ）がその半分をシェアし、フランスはシェル石油の統制下で、敗戦国ドイツに代わりドイツ国立銀行の持ち分二五％をそのままフランス政府が得た[20]。またフランスはシリア経由の地中海向けパイプライン建設を認められた。しかしこの体制に異を唱えたアメリカを英仏は受け入れ、スタンダードオイルが新たに利権に加わっていく（いわゆる一九二八年の赤線協定）。ここにソ連からの石油販売攻勢による石油価格の崩壊のおそれを石油カルテルの構築によって食い止めた歴史があったのだった[21]。

このように一九世紀末から一九六〇年代あたりまでは石油メジャーが石油の市場価格に対して非常に大きな影響力を持っていた。その寡占体制を政治的にフル活用し、産油国自ら石油産業を発展させるのをできる限り「阻止」もしくは「先延ばしに」してきたことはもっと注目されるべきだろう。というのも、そうしなければ、この間、一部の天然資源のない「先進国」がふんだんに化石燃料を使用できたにもかかわらず、産油国は石油のみに依存する経済構造からの脱却が極めて困難である理由として、欧米列強によって民主主義政体を打ち立てることを許されてこなかった点に注目が行かないからである。

2　「自決権」と「委任統治」

一九二〇年代、大英帝国の本国では、労働運動とそれへの対処としての社会政策の盛り上がりの結果、植民地統治がコストのかかるものとして英国議会で議論されており、実際のコストがいくらかかっているのか明らかにさせようという要求が高まっていた。この難局を乗り越えるための解決策として自決権は編み出された[22]。

ティモシー・ミッチェルによれば、二つの「同意のメカニズム」というものが、ポスト植民地統治の正当化のために巧妙に利用されていたという[23]。第一は、植民地を独立させるということは、独立国のエリートが自身をナショナリストとして表明することを可能にさせると同時に、それがある種の代表という「正当性」を得ることから、統治者への反対の声を弱める効果がある。比較的少数の教育を受けたエリートが多数の人々の声を反映しているという代表制を背景に、その少数の代表を会議に招聘し、合意を取り付けることができるようになった点である。第二は、国際連盟の「委任統治」の枠組みというものが、英国民からの民主的な声を反映した外交政策をするようにとの圧力に対して、国家の行動が帝国的な力の表明ではなく、国際社会からの正当性の下に行動しているという納得を提供するという点である。つまり、「自決権」も「委任統治」もある種のマジック・ワードになっていたということである。オスマン帝国崩壊後、中東産油国がこの点でどのような経路を辿ったのかを考えれば、そうした国々に住む人々の民意が反映される体制とは程遠い形で統治が作りこまれていったことが見えてくる。

3　石油の「公示価格」のからくり

紙幅の関係でラフ・スケッチにならざるをえないが、石油がいったい何を中東地域にもたらしたのかを理解し、近代化や経済発展といった価値についての総括をする必要があるのではないだろうか。

一九六〇年以前、原油の市場価格というものは存在しておらず、かわりに公示価格（posted price）[24]が石油メジャーによって設定されていた。一九五〇年代後半にソ連からの大量の原油輸出があり、石油メジャーは一方的に公示価格の水準を引き下げたが、それに対抗して一九六〇年に石油輸出国機構（ＯＰＥＣ）が結成された。アラブ・ナショナリズムの高揚の中で、各国で石油産業は次々と国有化されていくと、公示価格での原油販売は困難となり、公示価格は凍結され、公式販売価格となっていった。

そうした中、一九六七年の第三次中東戦争（六日間戦争）に勝利したイスラエルが占領していたシナイ半島などの土地の奪還のためにエジプトとシリアが主導して起こしたのが一九七三年の第四次中東戦争だった。奇襲の成功で緒戦は勝利した。そもそもこの攻撃は一九七一年にすでにエジプトが提案していた和平交渉の提案をアメリカが拒絶してきたことへの応答としてなされている。興味深いのは、ケネディ政権時からすでにイスラエルへの軍事支援は始まっていたものの、国連安保理決議二四二以降の、パレスチナ問題に関する安保理決議に対してアメリカはことごとく拒否権を発動し、すでに国連の枠組みでの解決を放棄していた点である。加えてニクソン政権は、第四次中東戦争を受けて、秘密裏にイスラエルにロッキード社の軍用超大型長距離輸送機であるC—5を供与して対抗しようとしたが、夜間に運び込むことに失敗し、軍事支援が明るみになった。[25] 対抗してサウジアラビアが主導した米国向け石油の禁輸が実施されるも、石油という商品の価格弾力性のなさも相まって、ひっ迫するかもしれないというパニックがさらなる石油需要の呼び水となり石油危機が起こったのだった。

4　石油がつなぐ王制と軍事主義—イランとサウジアラビア

一九六九年にアメリカ大統領に就任したニクソンは外交政策の方針としてニクソン・ドクトリンを表明した。すなわち、ベトナム戦争の泥沼化とアメリカ経済の凋落を受けて、アメリカの軍事負担の軽減のために、過度な軍事介入を抑制するとするものだった。これを石油の観点から捉え返すと、それは他国への軍事負担の分有を促すことを意味していた。具体的には、大衆の声を統制しようとしてきたイランとサウジアラビアという二大王制に対して内憂外患を煽りながら、武器セールスを進め、支払いに充てられたオイルマネーがアメリカに還流してくる仕組みを作っていったのだった。[26] これが成功した理由を兵器という物質特性から説明すると、兵器は使用するために購入するというよりも、蓄えることで有事に備えるという形で正当化ができたからである。[27]

イランの場合、一九五三年にモサデグ政権の転覆をCIAが成功させ、王朝が復活していた。[28] 六六年にシャーはジェネラル・ダイナミクス社から爆撃機F一一一を購入し、[29] その購入資金の確実性を懸念する銀行の声を受け、武器売買を支えるために原油価格が暴落しないよう米国政府が支えたのだった。[30] その後、シャーは五七年に秘密警察（ＳＡＶＡＫ）を創設し、七八年にはアバダンでの秘密警察による映画館放火で数百人の死者を出し、加えてテヘランのジャーレ広場での虐殺と全土を麻痺させたゼネストへとつながる。七九年にはついにアヤトラ・ホメイニが帰国し、イラン革命が成就する。[31] こうしてアメリカはイランの民意を捻じ曲げて、あくまで王制の維持にこだわったのだった。[32] というのも、それが石油と兵器を通した秩序の創出にダイレクトにつながると考えていたからである。

他方、サウジアラビアもサウード家による王制が存続してきたが、それはすべての近代文明を否定し、唯一神に帰依するという、いわゆるイフワーン運動（ワッハービズム）を自家薬籠中のものとしたからだった。一九三〇年に大英帝国の力を借りてイフワーン運動を鎮静化したイブン・サウードは、カリフォルニア・スタンダード石油会社（通称ソーカル：現在のシェブロン）の子会社カソックと交渉し、同企業の操業を認める代わりに、アラビア半島を「タウヒード」の教義で統一する計画を石油利益からの資金提供によって実現させるという点についての合意を取り付けたのだった。その後継企業であるアラムコは、町・道路・鉄道・情報通信網・港・空港といったほぼすべてのインフラを整備しただけでなく、売上げの一定割合をロイヤルティとしてサウジアラビア王国という国家ではなくサウード家に支払ったのだった。石油からの収入が、この単一の親族集団の私的な収入になることに対する不満を抑え込むためにも、一九四五年にアメリカはダーランに基地を建設し、後にイブン・サウードの治安部隊の訓練を受け持つことになる。その後一九五六年にアラムコの労働者が中心となって大規模なゼネストが組織され、⑴憲法の導入、⑵労働組合や政党を組織する権利、⑶アラムコによる介入をやめること、⑷米軍基地の閉鎖、⑸収監された労働者の開放、といった内容を含む要求を掲げた。[33]

これに対してアラムコは、サウジの治安部隊のリーダーになる人物を見つけ出し、政府はそれと連携する形で、一九五〇年代にイフワーンの民兵をかき集め、サウジアラビア国家警備隊（別名ムジャヒディーン）として再組織化した。抗議に参加していた数百名の人々は、逮捕され、拷問され、懲役刑を言い渡されたり、国外追放されたりした。しかもサウジアラビアは対外的（とりわけ民族主義が活発だった五〇年代後半のエジプト）に宗教保守の活動に資金面での援助を行っていた[34]。

さらには先のシーア派によるイラン・イスラーム革命に刺激され、今度はスンニ派の方から一九七九年一一月に変革を求めて、マッカのアル＝ハラム・モスクを占拠する事件（マスジド・ハラーム占拠事件）が起きたが、鎮圧され一九八〇年一月九日、首謀者アル＝ウタイビーとその仲間たちは公開処刑された[35]。

その意味で、イランもサウジアラビアもイスラーム世界のシーア派とスンニ派の国として単に理解されることが多いが、そうした安易なレッテル貼りは誤解を招きかねない。つまり、イラン・イスラーム革命も、サウジアラビアでのワッハーブ運動も、イスラーム世界がおかれている「現状」を内側から打破し、イスラームのあり方を変革していこうとする人々の動きだったと理解することができる[36]。それが一方は革命という形をとり、他方は国家警備隊として王国に吸収されてしまった。その違いは、石油を大衆のコントロール下に置こうとしたか、王家と資本のコントロール下に置こうとしたかにあったといえる。

第5節　石油が示す四重の越境線

本章では化石燃料の燃焼のコントロールを可能にした人類が、今度は一部の人間の発展のために他の人間を呪う形をとっていったことを見てきた。その際、これまで多くの議論が触れてこなかった物質の特性が秩序の編成にどのような役割を果たしたのかを確認してきた。石炭とは違って、石油は液体で、輸送が簡単だったという事実が、労働者に対峙する国家と資本の側に有利に働きながら、ヨーロッパでの戦後復興が進んでいった。そこでも鍵になるのはアメリカであり、自決権・委任統治、マーシャル・プラン、石油価格の統治、中東の王制国家と軍事主義といった諸分野で統治の諸技法を行使してきたことがわかる。

かつてアンドリュー・バリーは大英帝国という一見壮大に見える対象に、当時発明されて間もない「電信」という技術的側面から接近し、電流の国際標準・訓練が必要な通信士・電気ケーブル・投資家・政治家のネットワークの形成として丹念にそのつながりを辿った。[37]バリーは、以前であれば手紙などによって時間のかかる方法で行われていたコミュニケーションが電信によって瞬時にできるようになった技術革新に着目する。それによって意思決定がリアルタイムにできるようになったことで大英帝国は首尾一貫性をなんとか保つことができたことを指摘している。[38]そのアプローチは、本章が取る石油というものがパイプライン・大型タンカー・精製所等がつながることで見えてくるというモノとヒトの世界秩序への視点とほぼ一致する。

この電信以降の、電話・ラジオ・テレビ・インターネットと情報通信というテクノロジーの飛躍的発展を、既述の石油のネットワークの考察に重ね合わせると、何が言えるか。それは意思疎通のための帝国列強の迅速な行動が技術的に可能になったからこそ、石油供給量の「政治的な」統制を通した石油価格の操作が可能になったということである。つまり、技術と政治のハイブリッド、あるいはモノとヒトの組み合わせによってこれまでの秩序が形成されてきたということだが、これまでの社会科学の諸研究は、技術的／物理的な側面と政治との接合面で何が起こってきたのかについてほとんど無視してきたといっていいだろう。それが世界認識の軛になってもいることを考えるとアプローチの修正を真剣に考える時が来ているのではないだろうか。

以上を踏まえれば、境界線をめぐる空間編成の観点からは四つの越境線が重要であることが見えてくる。第一に、人間世界と物質世界の境界の越境線である。それは「人間集団の事象（human affairs）」と「物質世界（material world）」との間に境界線を入れて、別事象として頭の中で処理し他方を見ないのではなく、両者のハイブリッドな性質を注視しながら、近代的発展の特徴とその暴力性を見極めるための武器となりうるだろう。

第二に、国内と国際の所与の境界線をまたぐ横断線である。マテリアルな観点から石油の液体という物質特性とそれをめぐる統治の技法に目を向けることによって、国内政治と国際政治という形での二分法で境界線を引き、住み分け的に政治を理解する方法では見えてこないミッシング・リンクが見事に浮かび上がってくる。[39] ヨーロッパの炭鉱労働者の組織力を弱体化させる石油の特性をフルに利用するが、その石油をソ連からではなく中東から国境を横断するパイプラインと石油タンカーを使って手繰り寄せてくる手法に注目し、そのつながりを辿れば、容易に二分法的理解を超えていくことがわかるだろう。

第三に、地表面を貫く縦断線である。境界研究や地政学の分野では、国家領域（領土）の保全や領土争いといったテーマを研究するものは多いが、それらの視点のほとんどは水平的な横の世界しか眺めておらず、垂直的な世界で何が問題となっているのかを考えようとはしない。[40] しかし今回のケースが示すように、石油は縦に地下へと掘って取得する液体の天然資源である。さらに踏み込んで言えば、垂直の視点を入れるにしても、単に高さ（height）についての議論（例えばカーマン・ラインや爆撃機による空戦の議論など）に限られるわけではない。例えば、液体の石油は内燃機関で燃焼されれば、CO_2は気体化し、大気中へと放出された後、沈下し、川から海に合流する。しかも人類は経済発展するのに、ビルや豪華客船など、嵩を縦に伸ばして対応してきた。それらも踏まえて、この惑星が耐えうる人間活動のレベルの限界値について議論することも、ボーダースタディーズが引き受けなければならないテーマだろう。

最後に、時代区分の境界の越境線についてである。様々なイシューに通底する近代とその超克というテーマ一つとっても、われわれはあまりにも同時代的にしか考察しなくなってしまっている。よくて近世くらいだろう。本章との関係でいえば過去八〇万年の自然世界と現在を比べることや、国家の公式の歴史とは一線を画する労働者や宗教者たちの生活時間と西暦で刻む直線的な矢印で示すことのできる時間を併置することなどが、ここで重要になってくる。時間の矢は実は複数走っているかもしれないし、そもそも矢として理解する時間性ではない時間というものがあるかもしれない。異なる時間の中を生きる生命について考察することを通して、複数の「時」が交錯しながら現在というものが編み上げられている可能性は検証する必要があるだろう。それによって古代―中世―近世―近代―現代のような強烈な思考の縛りから抜けることができるかもしれない。

第6節　惑星限界問題への接続――石油需給問題と気候変動問題の交差

帝国主義絶頂期や石油メジャーの影響力が高かりし時代とは異なり、今や石油価格を操作する能力という点でＯＰＥＣの影響力は低下し、石油の先物市場の発達による抽象度の高い価格の乱高下によってモノとヒトの関係性は不安定になっている。その意味で石油価格に関わる要因はマテリアルな領域からますます記号の世界に支配されるようになっている。これと平行して、世界における石油埋蔵量の底がつくという議論も再びなされることもあるが、化石燃料の市場価格が上昇すればコストを回収できる油田は多くあり、底をつく懸念は当面表面化することはないだろう。他方で、シェールガスやタールサンドへの注目は、もはやコストをかけずに容易に得られる油田がなくなりつつあることを意味する。[41] いわゆる供給面からのピークオイル論である。加えて、今日の気候変動問題の関係もあり、化石燃料の使用に非難が集まり、旗色が悪くなっていることから、石油需要が下がっていく可能性もある。[42] その観点からの需要面でのピークオイル論も活発になされている。

これに関連して、ハワイにあるマウナロア観測所は二〇一八年四月に大気中の二酸化炭素の月平均濃度が観測史上、初めて四一〇ｐｐｍを超えたと発表した。八〇万年の間、大気中のCO_2の平均濃度は、概ね一七〇～二八〇ｐｐｍで推移してきたが、産業革命の時代に化石燃料を燃やし始めたことで、事態は急激に変化し、CO_2濃度は三〇〇ｐｐｍを超え、それ以降も着実に増加してきた。理由の一つは、二〇世紀後半から顕著になってきた人口爆発と、それとパラレルにかつて第三世界と一括りにされていた国々も、軒並み経済発展のサイクルに入ってきたことがあげられる。ＩＥＡ（国際エネルギー機関）の報告によると、エネルギー分野における石炭火力発電によるCO_2排出量が二〇一七年に再び増加した。その理由はやはり世界的な経済成長に求めることができるだろう[43]。冒頭でも示したように、これらが可能になったのは言うまでもなく化石燃料を人類がコントロールし、活用できるようになったからである。しかしそこでの人というのは抽象的な意味での人ではなく、マスとしてのヒトであり人間プレート（＝人口）である。

ここまでCO_2の大気中の濃度が短期間に増加しているということは、近年の海面上昇・熱波・巨大嵐などについて、多くの科学者が気候変動の影響だと考えるための傍証ともなっている。問題はこれらの人間プレートを支えるだけの許容力を果たして地球は持っているのか、という点である[44]。

他方で第二次世界大戦から冷戦期のある時期までは経済成長を経験した「先進国」は一握りだったことから、地球温暖化に顕著に見られる気候変動問題は議論の俎上にものぼってこなかった。石油という化石燃料の観点からすれば、一九六〇年代あたりまでは石油メジャーを通して先進国はかなり戦略的にその供給量をコントロールすることで自らに有利に価格を操作してきた。欧米の一部の国だけが、ふんだんに石油を確保できる環境を手に入れることができていたがために、兆候はあったとはいっても気候変動問題の深刻化が抑えられていたともいえる。その意味で、本章のタイトルである惑星限界の系譜学から見ると、帝国主義的な行動をとった欧米列強の行動は、言うまでもなく人々を、自然を、中東を蹂躙するものだったにもかかわらず、多くの国が豊かになるのを阻止していたことで気候変動問題の深刻化を防いでいたという、極めてアイロニカルな結論となる。

この状況が変わる一つの転機は一九八〇年代に入り、石油価格の決定権がＯＰＥＣから市場に移行したことだった。一九八三年にはニューヨークで原油先物市場が始まり、一九八五年には遂に「スイング・プロデューサー」として石油価格の調整役だったサウジアラビアがその役割を放棄し、増産を宣言した。これ以降、価格決定が国際石油市場へと移行し、国際カルテル行為は不可能となっている。(45) これは石油に限ったことではなく、あらゆる化石燃料が市場取引の中で売買されるようになったことを意味しており、気候変動問題へのあらゆるアクターによる意識的・積極的な取り組みがなければ、ＣＯ$_2$の総排出量の増加は淡々と進行していくことになるだろう。

その意味で、気候変動枠組条約の締約国会議（ＣＯＰ）で議論されてきた内容は一言で言えば、燃焼のガバナンスについてである。気候変動問題が訴えかけているのは、生政治といってもわれわれが今やヒトの生の中だけに注目していては解決策を出しえないという点を認識することから始めなければならない、ということである。

おわりに

以上のように、六〇年代のＯＰＥＣによる団結と分裂、七〇年代の二度の石油危機、そして八〇年代の石油の国際石油市場と先物市場の登場を経験する中で、事実上、化石燃料へ容易にアクセスできる人間の数は飛躍的に増加した。惑星限界の系譜学を論ずるとすれば、この一連の市場化の流れに言及することは避けられない。ただし、一九世紀から二〇世紀にかけてのヨーロッパ世界と中東世界の諸関係の歴史を理解するために、石油という補助線を引くことで、戦後欧州復興と炭鉱労働者の馴致／ソ連へのエネルギー依存体制の中東へのつけかえ／王制国家の取り込みとその失敗という一連の歴史を浮かび上がらせることができた。

その結果、かつての欧米列強のような圧倒的影響力はもはや保有していないものの、今後はこの恵まれた環境の下で発展した国々が、燃焼プロセスにどう向き合うのかで世界は大きな分岐点に立たされている。すなわち、燃焼を大国の力の源と捉えるのか、それとも人類が自らによって生み出した脅威と捉え、適切に対処する方向に進むのかの分岐点である。[46] まずは、マテリアルな観点からヒトとモノがあらゆる線を越えながら連結する世界観を共有した上で、一方で資源としての石油は社会構造を固着化させる傾向があるが、他方である出来事がきっかけで大きく状況が転換する場合もあることを確認すべきだろう。なぜなら、近代化の大きな思考様式は、既存の社会課題を精神的な変革によって乗り越えるのではなく、ほぼ例外なく「技術的応急措置（technical fix）」によって切り抜けてきたからだ。テクノロジーによる社会改良は、往々にして何らかの矛盾にぶち当たり、常に「社会技術的論争（socio-technical controversies）」[47]を噴出させる。

例えば、フクシマでの放射性物質放出事故を契機とするドイツのエネルギー政策の大転換や、カナダのオイルサンドを移送するためのパイプライン敷設への反対運動の登場によってネイティブ・アメリカンと白人が団結したケースなどがあげられる。[48] どちらのケースも短期間で大論争が噴出し、その論争を受けて、後の社会のあり方が大きく変わったことを忘れてはいけない。予測できない様々な社会勢力の組み合わせが交差し、立ち上がってくることをドゥルーズとガタリは「アッサンブラージュ（assemblage）」と呼んだが、化石燃料を通して見えてくる風景も、そこに重ねることができる。その時、人間の側はエネルギー需給の問題を惑星限界の問題に変換し、それを真摯に引き受け、現状変革へと舵を切れるかどうかが問われることになるだろう。

注

(1) 鈴木勝王『ノアの方舟はなぜ沈まなかったのか――石油文明の夜明け前』エネルギー・フォーラム、二〇〇九年。

(2) Stephen J. Pyne, *Fire*. London: Reaktion Books, 2012, esp. Chap. 9 & 10.

(3) Simon Dalby, Firepower: Geopolitical Cultures in the Anthropocene. *Geopolitics*. DOI: 10.1080/14650045.2017.134835: 1-25, 2017, esp. 10-11. 以下も参照。エティエンヌ・ダルモン／ジャン・カリエ（三浦礼恒訳）『石油の歴史――ロックフェラーから湾岸戦争後の世界まで』白水社、二〇〇六年、五七頁。

(4) Timothy Mitchell, *Carbon Democracy : Political Power in the Age of Oil*. London: Verso, 2013, pp. 62-63.

(5) *Ibid*., pp. 64-65. もちろんこの立憲革命の後には、英米連携による一九五三年のモサデグ政権の転覆があり、その後のパフレヴィー朝による圧制に対して、宗教色が前面に出てきた一九七九年イラン・イスラーム革命へとつながったのだった。

(6) 例えば、栗田英幸「国際開発政治入門――資源の呪い」佐藤幸男編『国際政治モノ語り』法律文化社、二〇一一年、二二一―二三三頁、とくに二二四頁を参照。

(7) 例えば、S・ハンチントン（坪郷實・中道寿一・藪野祐三訳）『第三の波：二〇世紀後半の民主化』三嶺書房、一九九五年。

(8) 妹尾裕彦「石油――「資源の呪い」とその克服の方向性」佐藤幸男編前掲書、二〇一一年、六八―七八頁を参照。

(9) 例えば、Paul Collier, *The Plundered Planet: How to Reconcile Prosperity with Nature*. London: Penguin, 2010.（村井章子訳『収奪の星：天然資源と貧困削減の経済学』みすず書房、二〇一二年）。

(10) 服従せよの意味。この呪文を受けた者たちは、頭の中に漠然とした幸福感のみが残る「最高にすばらしい気分」にさせられる。

(11) アンドレ・グンダー・フランク（山下範久訳）『リオリエント：アジア時代のグローバル・エコノミー』藤原書店、二〇〇〇年。

(12) ケネス・ポメランツ（川北稔他訳）『大分岐：中国、ヨーロッパ、そして近代世界経済の形成』名古屋大学出版会、二〇一五年。

(13) 岸本美緒「グローバル・ヒストリー論と「カリフォルニア学派」」『思想』一一二七、二〇一八年、八〇―一〇〇頁。

（14）Mitchell, *op.cit.*, p. 1.

（15）Edward W. Said, *Culture and Imperialism*, London: Vintage, 1993/1994.

（16）Mitchell, *op.cit.*, pp. 36-38.

（17）David S. Painter, "The Marshall Plan and Oil," *Cold War History*, Vol. 9, No. 2, 2009, pp. 159-175, esp. 68.

（18）Mitchell, *op.cit.*, p. 29.

（19）板垣雄三『イスラーム誤認――衝突から対話へ』岩波書店、二〇〇三年、一四三―一四四頁。

（20）Mitchell, *op.cit.*, p. 94.

（21）*Ibid.*, p. 97.

（22）*Ibid.*, p. 94.

（23）*Ibid.*, p. 99.

（24）当時、産油国と石油メジャーの関係は石油利権契約という形態が採用されていた。すなわち、石油メジャーは一切の制約なしに石油の探鉱開発から生産された原油の販売に至るまで独占的な権利を有していた。このため、産油国は自国で販売可能な原油をもっておらず、この凍結された公示価格は産油国に対する石油収入の分配を決定するためにのみ用いられ、実勢の取引価格は引き続き石油メジャーが決定するという状態が続いた。（経済産業省編『平成一八年度エネルギーに関する年次報告（エネルギ白書二〇〇七）』二〇〇七年、第一部第二章より）

（25）Mitchell, *op.cit.*, p. 183.

（26）本章では紙幅の関係から、対照的なその後の経路を歩んだこの二つの王制に絞る。

（27）*Ibid.*, p. 156.

（28）Tim Weiner, *Legacy of Ashes: the History of the CIA*, New York: Doubleday, 2007.（藤田博司他訳『ＣＩＡ秘録：その誕生から今日まで』文藝春秋）。

（29）その後、戦闘機Ｆ一一一の不具合のため、Ｆ一四に取り換えられる。

（30）Mitchell, *op.cit.*, p. 157, 161.

（31）Ｈ・ヌスバウマー（アジア現代史研究所訳）『ホメイニー：おいたちとイラン革命』社会思想社、一九八一年。

（32） オバマ自身も、民主的に選ばれたモサデグ政権がアメリカの介入によって転覆されたことを認めている。Thomas. L. Friedman, Iran and the Obama Doctrine, *The New York Times*, April 5th 2015.

（33） Robert Vitalis, *America's Kingdom: Mythmaking on the Saudi Oil Frontier*. London: Verso, 2009.

（34） ただし、サウジアラビア王国は一貫して保守的だったわけではなかった。ナセルの汎アラブ民族主義に共鳴し、自由王子運動（1958～1964）を推進したTalal bin Abdulaziz Al Saud王子によって石油大臣に任命されたアブドゥッラー・アル＝ターリキーは赤いシャイフとも呼ばれ、アラムコを批判し、政治改革と憲法の導入を進めようとしていたが、王国内部の権力闘争の中で、その計画は実現されなかった。（Vijay Prashad, *The Darker Nations: a People's History of the Third World*. New York: New Press, W.W. Norton, 2007（粟飯原文子訳『褐色の世界史：第三世界とはなにか』水声社、二〇一三年）, pp. 176-190.

（35） Mitchell, *op.cit.*, p. 220. 以下も参照。中田考「補遺　中東情勢を理解するための現代史」内田樹・中田考『一神教と国家――イスラーム、キリスト教、ユダヤ教』集英社、二〇一四年、二三九―二四〇頁。

（36） 板垣、前掲書、三三頁参照。本の中では板垣はもっぱらイラン革命について分析していた。ここでは板垣が分析するイラン革命と、サウジアラビアのイフワーン運動におけるイスラームを、化石燃料との交差で考察した。

（37） Andrew Barry, Lines of Communication and Spaces of Rule, in A. Barry, T. Osborne and N. Rose eds., *Foucault and Political Reason: Liberalism, Neo-liberalism, and Rationalities of Government*, Chicago: Chicago University Press, 1996, pp. 123-141.

（38） Ibid.

（39） William Walters, *Governmentality: Critical Encounters*. London: Routledge, 2012, pp. 98-99.（阿部潔他訳『統治性：フーコーをめぐる批判的な出会い』月曜社）

（40） Stuart Elden, "Secure the Volume: Vertical Geopolitics and the Depth of Power," *Political Geography*, Vol. 34, 2013, pp. 35-51.

（41） Mitchell, *op.cit.*, pp. 231-244.

（42） 例えば、岩瀬昇『原油暴落の謎を解く』文藝春秋、二〇一六年。

（43） Chris Mooney, Last Year Dashed Hopes for a Climate Change Turnaround. *The Washington Post*, March.21. 2018. https://www.washingtonpost.com/news/energy-environment/wp/2018/03/21/bad-news-for-the-climate-coal-burning-and-carbon-emissions-are-on-the-rise-again/（二〇一八年一〇月一日アクセス）。

（44） 前田幸男「気候変動問題から見る「惑星政治」の生成：「人新世」時代に対応するための理論的諸前提の問い直し」『境界研究』第八号、二〇一八年、八九—一一六頁／前田幸男「国際政治学はマテリアル・ターンの真意を受けとめられるか？——多重終焉の黄昏の中で（第八章）」芝崎厚士・葛谷彩編『「国際政治学」は終わったのか——日本からの応答』ナカニシヤ出版、二〇一八年、一七三—一九四頁。

（45） 例えば、石井彰・藤和彦『世界を動かす石油戦略』筑摩書房、二〇〇三年、四〇—四八頁。

（46） Dalby, *op.cit.*, pp. 5-6.

（47） Mitchell, *op.cit.*, pp. 238-239.

（48） Håvard Haarstad and Tarje I. Wanvik, Carbonscapes and Beyond: Conceptualizing the Instability of Oil Landscapes, *Progress in Human Geography*, Vol. 41, No. 4, 2017, pp. 432-450.

第2章

新たな〈文明〉論の構築
――〈一帯一路〉の思想的根拠

鈴木　規夫

はじめに

二一世紀における〈文明は衝突しない〉。本章の目的は、この一点を理論的に明確化することにある。そのためには、まず既存の〈文明〉概念そのものをラディカルに再考していかなければならない。

漢語とそれをもとにして出来上がってきた日本語とのように、一九世紀頃には同じ文字を用いる言語圏を、「同文同軌」に由来しつつ〈同文〉圏と呼んでいた。その〈同文〉圏において〈文明〉という言葉も共有されている。

ただ、これは元々漢籍に見られる言葉であるものの、日本の明治時代に *civilization* の翻訳語として用いられ、当時は〈文化〉とほぼ同じ意味で用いられていた。「文明開化」という成語の流行によって明治時代初期から一般的に使用されていたのに対して、〈文化〉が定着したのは明治二〇年前後であるとされ、明治三〇年代後半になると、ドイツ哲学の日本社会への滲透に伴い、〈文化〉はドイツ語の *Kultur*（英語の *culture*）の翻訳語へ転じ、次第に〈文明〉と〈文化〉との違いが強調されるようになったものの、大正時代には〈文化〉が多用され、〈文明〉の意味をも包括することになった[1]。

それもあって、〈文明〉と〈文化〉とはしばしば意味が混用されてしまうので注意を要する。*civilization* の翻訳語としての〈文明〉は、*civilization* が元々ラテン語の *cīvitās*（複数形 *cīvitātis*）に由来し、「都市」「国家」といった市民（*cīvis*）による政治共同体、あるいはそれによって付与される「市民権」を意味し、*Kultur* はラテン語の *cultūra* に由来し、耕す、陶冶や *cult* にも通じて、崇拝さらには秘教的実践活動としての *occult* などにも、意味上は通じていく。

つまり、〈文明〉はそもそも他者との共同性が顕現する場であるのに対して、〈文化〉は個々の人間の内部を鍛える内部深化の過程を意味する。〈文明〉は他者との関係性において成り立ち、さまざまな差異を包摂吸収して拡大していくのであり、〈文化〉は異なる個々の存在のあり方が競合的な関係におかれ、多様性が表現される「意味の構造」を構築する。〈文明〉は水平的拡張を促し、そこには垂直的な広がりをもつ個性的な〈文化〉が多様に共生して、はじめて〈文明〉は〈文明〉としての存在の意義をもつのである。

ここでとりあえず、私は、〈文明〉を「コミュニケーション密度の高度化された政治社会の状況」という具合に定義して使用することにしたい。コミュニケーション密度が高度化されていれば、そもそも「衝突」のような事態と親和性がないことは自明である。戦争も一種のコミュニケーションであるという議論はあるが、その密度は極めて希薄であって、情報は閉ざされ、互に「敵」としての差異を認識することしかなく、高度化し密度を保った共存関係を維持できず作り出されるものが、いわゆる戦争状況だからである。

では、そもそも「文明の衝突」というアイデアは、いったいなぜ、どのように生じてきたのであろうか？

第1節　〈文明〉の定義とその罠

『ミレニアム』を書いたP・フェルナンデス＝アルメストが、「テロ」と同様に〈文明〉についても「その定義は未だ確立されていない」と明言しているように、[2]「文明の定義」は未だに難しい。

そもそも西洋における〈文明〉概念の誕生は、イブン・ハルドゥーンにその淵源を求めつつも、基本的に一九世紀であり、オリエンタリズムと相即して出来上がった比較的新しい概念である。しかし、たとえば、サミュエル・P・ハンティントンが「衝突」イメージを提示したのは、*Civilizations* という複数文明を想定し、それぞれが「衝突」するということであったが、[3] これは一四世紀マグレブのイブン・ハルドゥーン『歴史序説』でいうところの文明とは大いに異なっている。

イブン・ハルドゥーンの場合、その日本語翻訳者の森本氏によれば、[4] アラビア語で普通〈文明〉と訳されている *'umrân* は、イブン・ハルドゥーンにとってはもちろん重要な概念で、「建てる」「住む」「耕作する」を意味する *'amara* の派生語である。北アフリカ各地でかつて高度文明が栄えた都市の廃墟を目撃して、人類の発展が停止したかのような印象を受けたイブン・ハルドゥーンは、〈文明〉の発展は「協業」の形で相互に補完しあいながら生産活動を行う人間の数に比例するという考えに至った。そこで *'umrân* を「人口」の意味でも用いている。イブン・ハルドゥーンはまた、これとは別に、既述のように現在では、〈文明〉を指す語としてよく用いられている、ラテン語の *cīvitās* 由来の「都市生活」*tamaddun*（都市を意味する *madîna* の派生語）という語も用いている。

〈文明〉というコトバが用いられるようになる状況には、いずれの場合も時代認識における強い危機感が反映されている。その危機意識が文明という枠組み、規範秩序認識を希求することになる。〈文明〉について語られるときは、それが変質しつつある時代に他ならないのである。

実際、工業という新しい産業が生まれ、都市の形態が変わり、期待といささかの不安とが交錯する状況下において、そもそも〈文明〉という用語や概念を、人類は意識するようになる。それは世界史的に見ても新しい現象である。

〈文明〉とは、新時代の輝かしい栄光と同時に不安をあらわす、絶妙なキー・ワードであった。

西洋モダンが構築したそうした文明概念について、その用語・概念の変遷を考える際、加藤祐三は、日本におけるそれを次の五つの時期が想定できるとしている[5]。こうした「文明概念の諸段階」を研究する場合、本来ならば、「概念史」の一環として、イブン・ハルドゥーンなど、さらに遡るべきところなのであろうが、ここでは、「文明」の現象した時期区分が試みられている。

第一期は、一八世紀後半以降、フランス革命や産業革命など新生社会の把握と位置づけられ、*cīvitās*(都市・都市性)から造語した *civilisation* または *civilization* という概念・用語が誕生し、ヨーロッパ中心史観を軸として普遍性を主張する時期で、ギゾー『ヨーロッパ文明史』(一八二八年)が典型とされる[6]。

もちろん、それはまさしくオリエンタリズムの時代そのものであり、イスラーム世界がその概念的に及ぼした影響は、この時期においても看過できないのだが、大抵の文明論ではその点が見事に捨象されていく。

この段階の「文明」概念の創出が何より重要であるのは、それが同時に概念上の「野蛮」を創出したということである。これこそが帝国主義の時代を特徴づけたのである。そして、後に、いわゆる「文明という名の野蛮」

が世界中を跋扈することになる。人類史上例をみない大量殺戮の多くは、この時期において「文明の名の下に」起こるのである。

第二期は、一九世紀中頃の日本のような「後発」国が、「先進」文明を懸命に導入しようとし、そのモデルとして文明を考えた時期である。日本が学ぶべき外部モデルは西洋の文明にあるとし、その「普遍性」を日本にも適用しようと主張された時期である。福沢諭吉『文明論の概略』(原著一八七五年)はその典型である。

ハンティントンの「文明の衝突」に先立つこと一〇〇年以上前であるが、すでに福沢の議論には「文明戦争」なる概念が登場しており、そこでは朝鮮半島への侵略と日清戦争は、「文明の魁」をなす「大日本帝国」が、「野蛮」な朝鮮を後押しする「半開」の「老大国」(すなわち清朝)と戦った「文明戦争」ということになる。

第三期は、二〇世紀の植民地支配と大規模な戦争を契機として、交通・通信・兵器などの発達により危機感が増大し、地球が一つの結合をもつに至ったと自覚されはじめた時期である。シュペングラーは「西洋の没落」の自覚を唱え、[7] A・トインビーなどは世界戦争による破滅への危機感から「文明の興亡」を主張した。[8]

第四期は、日本が高度成長を遂げ、世界の中の日本の位置が変わったことの自覚を必要とするようになった一九八〇年代以降、ちょうど「日本人論」の熱がさめてから、さまざまな独自の文明論が出された時期である。[9]

第五期は、冷戦崩壊後の国際政治の見直し、環境問題、持続的発展などをキーワードとするなど、論点は多様でありつつも、世紀末から新世紀への展望を描くために生まれてきた文明論の新潮流が登場してくる。ハンティントンの議論が日本で受容されていく過程は、まさにそうした時代と重なる。

第2節　新たな〈文明〉概念を必要とする〈一帯一路〉構想の時代

さて、こうした加藤の議論から、さらに、二一世紀のわれわれは、第六期の文明概念の新たな構築に移行しなければならない。それは、かつて一九世紀文明概念が西洋帝国主義による世界秩序規範の構築のために必要であったように、西洋帝国主義の枠組を超えて、新たな多彩なアジア的価値を、安定と和諧のうちに実現する規範秩序の構築過程でなければならない。かつてのギゾーのように、われわれはあらためて文明概念の画期を考えるべき時代に立っている。

文明概念そのものの変遷を考えると、それぞれの画期にいったいどれほどの差異があるのか、実に気になるところである。たとえば、現在進行している事態は、「文明という名の野蛮」が現実化したいわゆる第一次世界戦争による「世界認識の変化」に相当するような変化を、果たしてもたらすのであろうか。従来の文明をめぐる議論は、宗教というコトバの機能と同じようなところがある。かつて、ダマスクス大学のムハンマド・サイード・ラマダン・ブティ師は、クルアーンの光の下に人類文明が向っていくことを説いた。しかし、西欧文明論者における「科学」が「クルアーン」に置換されてしまうだけのようなことになりかねない危険が、そこには常につきまとっている。

現在展開しつつあるいわゆる〈一帯一路〉構想は、中国文明のある歴史的段階における文明的発展形態の事象として構築されるべき〈生態文明〉の文脈において進められようとしており[10]、それは同時に、〈文明は衝突しない〉一つの重大な証左となるに違いない。他方で、たとえば、ハンティントンの唱えるようなユダヤ＝クリスト教的モダニズムに偏向した、帝国主義的「文明の衝突」論では、文明の盛衰と覇権の交代とが交錯して起こる「トゥキディデスの罠」（G.T. Allison）をことさら強調し、交代しつつある覇権国家とその文明がどのような「戦争」を起こすのかが主要なテーマとなっている。欧米各国における〈一帯一路〉構想への「懸念」は、そのような中国の覇権国家化への危機意識を示しているが、これは文明概念の、一九世紀帝国主義的パタン認識の変形によるものであるに過ぎない。

新たな〈文明〉をどのようなものとして捉えるのか。これには二一世紀における世界秩序認識をどのようなものとして描くのかが大いに関わってくる。そして、西洋近代世界秩序認識に、ホッブズやロック、ルソー、カントなどといった人々の思想が、その秩序認識の思想的根拠として端的に反映されてきたように、新たな思想的根拠が必要となるであろう。

我々は、世界についての新たな秩序構想と規範の構築とともに、〈一帯一路〉により広げられる〈生態文明〉への思想的基盤をより明確に構築していく必要があり、そのため〈文明〉概念の再構築は不可欠なのである。

周知のように、「西欧キリスト教文明とイスラーム文明との衝突」を説くハンティントンの「文明の衝突」論は、ソ連崩壊後の世界イメージを描いたところに由来する。それは二〇世紀末の湾岸戦争直後の世界のムードを端的に表現した言説であり、政治的言説マーケットのエアポケットに上手く嵌まったものであった。

当時、アメリカはイランや中央アジアなどのイスラーム圏の国々と中国や北朝鮮の核兵器技術とが結びつくことを非常に警戒していた。ハンティントンが妄想した、イスラーム文明と儒家文明とが結託して西洋キリスト教文明と全面対決するという構図（かつての「大東亜共栄圏構想」に似たような発想）は、ソ連亡き後の「新たな敵」を探しつつ、コンピューター二〇〇〇年問題を抱えた巨大な軍事ストックを有効活用し、処分するための大義名分を必要としていたアメリカ政府にとっては、実に格好の世界モデルであった。

西洋キリスト教文明がイスラーム文明と「衝突」するというオリエンタリスト的戦略イメージの存在は、新しい〈文明〉概念を構築する〈一帯一路〉構想において、いったいイスラーム圏をどのように扱うのかという問題を惹起することになる。ここで肝心なのは、ハンティントン流の「衝突」論ではなく、如何にスムーズに和諧のロジックにおいて、イスラーム圏との関係を認識するのか、なのである。

第3節　〈生態文明〉とイスラーム圏

すでにそれが世界中から注目されるようになってから、半世紀近く経過している、いわゆる「イスラーム復興現象」とは、世界各地における政治的言説のイスラーム化を意味している。世界各地で、それまでナショナリズムや社会主義などのイデオロギーを掲げて行われてきた政治的動きが、冷戦後の状況においてさまざまな宗教の名の下に起こるという、いわば宗教的言説の政治化現象のイスラーム的あらわれといってよい。そうしたさまざまなイスラーム現象の一部に、原理主義[11]として表象されるような、いわゆる「イスラーム原理主義」の動きもあれば、「イスラーム過激派」という表現が定着した、テロ行為それ自体が自己目的化しているかのような動きもある。つまり、それらは全体としてのイスラーム復興現象において、立ち現われ方の異なる一部の現象なのである。したがって、「イスラーム＝テロ」などと短絡することは、イスラームそれ自体を理解する上でも、また現代世界におけるイスラーム復興現象を探る上でも明らかな倒錯に陥る。

しかし、マスメディアなどの言説マーケットにおいて、テロとイスラームとを短絡することは、一時的な利益をもたらす。きっと、それすら消費し尽くされた後に、別の差異化された表象を求めることになるのであろうが、マスメディア業界に利益を産むそのイメージの増殖を、阻止することは極めて難しい。サイードの分析したオリエンタリズムがそうであるように、現代におけるイスラームという現象は、メディアにおいて崇高と幻滅との間を漂泊する表象に他ならない。

そうした渦中の、現在のイスラーム復興現象は、ナショナリズムや社会主義などの「解放の言説」が、特定の地域においてその機能を喪失していく過程に登場してきたものである。アラブ・ナショナリズムのパワーの衰退と政治の舞台におけるイスラーム的言説の政治化が、一九六七年の第三次中東戦争におけるアラブ・ナショナリズムの敗北から始まったことは、すでに多くの識者の強調するように、明らかである(12)。

イラン・イスラーム革命もそれに続くサダト・エジプト大統領の暗殺、シリアにおけるムスリム同胞団決起による内戦状況、クウェートをめぐる湾岸危機・戦争へのイスラーム世界の特異な反応、アルジェリアのイスラーム救国戦線（ＦＩＳ）など世界各地におけるイスラーム諸勢力の台頭とそれへの弾圧後の内戦などといった七〇年代から九〇年代にかけての一連の出来事も、この一九六七年に生じた、軍事力におけるイスラエルとの圧倒的非対称状況に「想像力」で抗するために、イスラーム的言説が政治化していった過程に他ならない。その意味では、イスラエル建国がなければ現代におけるイスラーム現象はなかったのだといえる。

アメリカによる二一世紀最初の大規模軍事行動による攻撃を受けた、ターリバーン政権下アフガニスタンの政治状況ばかりでなく、旧ユーゴ、チェチェン、中央アジア、新疆ウイグル自治区などにおけるイスラームの名の下に展開される動きも、こうして世界中に広がっていた政治的イスラーム現象の一端である。

問題は、その政治的イスラームさえも「最終解決」にはなりきれなかったということにある。むろん、イスラームは、家族関係の機能の回復や一定の狭い範囲での公共性を獲得して、ポジティヴな意味を広げていることは確かだが、ネイション・ステイトや「世界秩序」のような、強力な秩序形成機能を果たすものとしては、未だに実に不安定な状況にある。イスラームの諸原理から導き出されたものが特別にそうした機能を果たしてはいないからである。ダール・ル・イスラーム（イスラーム法の施行されているムスリム共同体域）、ダール・ル・スルフ（和平の館：イスラーム法は及んでいないがイスラーム圏と契約関係にある地域）、ダール・ル・ハラブ（戦争の館：イスラーム圏とは戦争状態にある地域）といった世界秩序イメージはあるものの、具体的に世界秩序を機能させる組織や法などが整っているわけではない。

イスラーム復興現象や世界各地の「原理主義」（ユダヤ教、キリスト教、ヒンズー教、仏教等など）の表出により、いわゆる「宗教」を基盤にした諸文明の対立という言説が流通しやすい国際環境があったことは確かである。なぜなら、基本的に近代西洋における国際秩序形成原理は、キリスト教共同体とその規範を母体としているからである。カントが「永遠平和」を期待したのは、キリスト教を母体とした主権国家間の理性的国際勢力均衡であった。そこにおけるキリスト教的秩序認識が、世界そのものを成り立たせていたのであり、非キリスト教圏における世界秩序原理は、「天下」や「ダール・ル・イスラーム」などに見られるものの、近代国際体系の代替となるような原理を未だ構築してはいない。

そうした文脈において、イスラーム原理主義過激派の人々の方がかえって「文明の衝突」を強調するといった現象は起こっていた。それは、実はイスラーム原理主義過激派と呼ばれているような人々自身、グローバリゼーションの席捲する最中のこの数十年間に欧米メディアが垂れ流していた「文明の衝突」論から大いに影響を受けてしまった人々なのだともいえるからである。ウサーマ・ビン・ラーディーンがそうであるように、ダーイシュ（IS）も、またそのテロ行為自体も、イスラームの文脈それ自体から出てきたのではなく、実は欧米の帝国主義自身が作り出したものの模倣である。

イスラームという普遍的な教えの中からはけっして「文明の衝突」論は出てこない。その教えの根本原理は、アッラーは唯一であるという、タウヒードと呼ばれるものであるが、そこから善と悪とが同じレベルで対立したりするわけはない。タウヒードとは、アッラーの唯一性と現世において一つとして同じもののないさまざまなその被造物の多様性とを、一の中の多と多の中の一という同時的認識の下にとらえることに他ならないからである。そうしたイスラーム的発想からすれば、そしてまた、そもそも〈文明〉というものを考えていく発想の基盤そのものからすれば、現在いくつかに分かれているかのように見える世界諸文明も、それぞれの多様性を保ちながら、いずれは一つのものになっていくと考えていくことの方が自然である。

筆者は、先述のように、このタウヒードの世界観に依拠しつつ、「文明とは、コミュニケーション密度の高度化された政治社会の状態である」という定義を与えている。コミュニケーション密度が高度化しているならば、衝突は起こりえないのであり、対決や紛争の原因を〈文明〉の名の下に隠蔽すべきではない。

アメリカがこれまでしてきたように、他者に単純な二者択一を迫ったり、証拠も示さないで逮捕拘束したり、他国に一方的通告で大量破壊攻撃をするなどといった状態は、そもそもその政治社会が、「コミュニケーション密度の高度化された政治社会の状態」、すなわち〈文明〉であるとは呼べない状況に陥っているからであると考えざるをえない。

「信仰に強制があってはならない」。これはイスラームの基本原理である。イスラームに帰依しているムスリムのごくあたりまえの発想からすれば、いずれ、この世のすべての人々がイスラームに帰依するのであり、それこそはアッラーの御業である、ということになる。「文明は衝突しない」というたしかな理性的判断をもって、日常性を脅かすテロの術中に嵌らないと同時に、政治権力の恐慌状態から来る全体主義化状況に陥らないよう、自覚的なシヴィル・ソサエティの構築に奮闘努力すること（これが本来的含意をもったジハードであるとも言える）が、新たな〈文明〉概念に求められているはずである。

未だに、エドワード・W・サイードの「オリエンタリストは原理主義者であり、原理主義者はオリエンタリストである」という有名な定式化の〈発見〉の有効性は衰えてはいない。「文明の衝突」論を展開していたさまざまな「原理主義者」や「オリエンタリスト」たちは、アメリカ一極覇権主義の衰退とともにその行き場を失いつつある。これに、より確実に、引導を渡すには、〈一帯一路〉構想を支える〈生態文明〉が、「衝突」とは無縁の、多極的文明の和諧にその存立基盤を有していることを、きちんと理論化していく必要がある。

〈生態文明〉の「生態」概念も、元々はキリスト教におけるエコロジーに由来する概念を基礎としているが、人間と生態系との関係をどう捉えていくのかという視座から、世界秩序認識同様、新たな概念上の再構築が求められる。

中国文明をイスラーム圏から引き離そうとしていたハンティントン流の「文明の衝突」原理はもはや崩壊し、〈文明は衝突しない〉原理を堅固に有する〈生態文明〉によって、イスラーム圏ばかりでなく実に多様な文明圏の〈凝集〉を引き起こし、人類史の新たな境域を広げていく、新たな〈文明〉概念の理論構築が求められている。

おわりに

いうまでもなく、〈一帯一路〉構想の想定されている多くの地域は、従来さまざまな諸文明の交錯してきた地域である。したがって、新たな〈文明〉概念の構築には、そうした多様な歴史的堆積が弁証法的かつ有機的に総合されていくような思想的基礎が求められている。近代西洋文明概念を構築したユダヤ=クリスティアニティは言うまでもなく、それはイスラームや儒家、法家、仏道などの諸思想をも包摂していき、社会主義諸理論をより豊穣な基盤の上に展開できるような思想である。

と同時に、近代西洋が陥った危機を止揚するような、ある種の〈東洋哲学〉によって支えられた思想でなければならないであろう。マルクス主義理論の本土化ばかりでなく、儒家、世界秩序規範といった領域にわたる再検討を通じて、一九世紀帝国主義により創出された〈文明〉概念を解体構築し、新儒家としてよく知られる梁漱溟や独自の〈東洋哲学〉概念を提示した井筒俊彦などの思想と知的鋭意を再評価しつつ二一世紀アジアの文脈において改めて読み返していくことからも始められてよいであろう。

＊本稿は、「崑崙文化与新時代精神国際学術論壇」（二〇一八年八月一五～二〇日 於 青海省格尓木市）における報告原稿「文明は衝突しない―一帯一路の思想的根拠―」に基づき、補筆修正を加えたものである。なお、また本稿は、『青海民族大学学報』（二〇一九年）へ翻訳掲載されている。

注

（1） 小学館国語辞典編集部編『日本国語大辞典』（精選版）小学館、電子辞書版、二〇一六年。
（2） フェリペ・フェルナンデス＝アルメスト（別宮貞徳監訳）『ミレニアム―文明の興亡　この一〇〇〇年の世界』〈上〉・〈下〉、日本放送出版協会、一九九六年。
（3） サミュエル・P・ハンティントン（鈴木主税訳）『文明の衝突』、〔原著一九九六年〕、集英社文庫、二〇一七年。
（4） イブン＝ハルドゥーン（森本公誠訳）『歴史序説』（1）～（4）、岩波文庫、二〇〇一年、訳者解説。
（5） 加藤祐三『地球文明の場へ　新しい旅立ち』（『日本文明史』第七巻）角川書店、一九九二年。
（6） フランソワ・P・G・ギゾー（安土正夫訳）『ヨーロッパ文明史』、〔原著一八二八年〕、みすず書房、一九八七年。
（7） O・A・G・シュペングラー（村松正俊訳）『西洋の没落』〔原著一九一八―二三年〕、五月書房、一九七七年。

(8) A・トインビー(下島連ほか訳)『歴史の研究』全二五巻、(原著一九三四―五四年)、経済往来社、一九六九―七二年。
(9) 梅棹忠男編『文明学の構築のために』中央公論社、一九八一年、高坂正尭『文明が衰退するとき』新潮選書、一九八一年、梅棹忠男・石毛直道編『近代日本の文明学』中央公論社、一九八四年、安田喜憲『気候と文明の盛衰』朝倉書店、一九八九年、加藤祐三、前掲書など。
(10) 崑崙の〈仙境〉メタファーは、まさにこの〈生態文明〉へ浸潤していく淵源となるであろう。
(11) 原理主義とはもともとは二〇世紀初頭のアメリカにおけるキリスト教一部宗派を指すジャーナリズム用語として登場したものを、欧米メディアが二〇世紀後半のイスラーム復興現象に当て嵌めたコトバである。
(12) 鈴木規夫『現代イスラーム現象―その恐怖と希望』国際書院、二〇〇九年。

第3章

日本帝国の〈周縁〉としての琉球
——政官学による植民地主義批判

松島　泰勝

はじめに

一八七九年、日本政府は琉球国を暴力的に解体し、沖縄県を設置した。この琉球併合後、琉球は日本の植民地となった。現在の琉球の政治的地位である「沖縄県」の成立根拠は、一九七二年に発効した沖縄返還協定である。しかし、「復帰」前の琉球政府は日米両政府による返還協議に参加できず、同協定には幾つかの密約も含まれており、国際法としての有効性も問われかねない代物である。

これまで世界のほとんどの植民地は、国連監視下での住民投票を経て、新たな政治的地位を獲得するという脱植民地化のプロセスが認められてきた。しかし、琉球に対しては国際人権規約等で保証された「民族（人民）の自己決定権」の行使が認められないまま、現在にいたっている。日本帝国主義は琉球に関して未だに清算されておらず、「沖縄県」という政治的地位も暫定的なものでしかない。

本章では最初に、日本の人類学者による「学術人類館」事件、日琉同祖論形成の批判的検討を通じて、琉球が日本の植民地であることを論証する。次に、琉球に対する植民地支配が戦前だけの問題ではなく、二一世紀の現在でも続いていることを、地方議会、国会の各議員による「先住民族に関する国連勧告撤回」運動に焦点を当てることで明らかにする。そして最後に、琉球における新植民地主義に対抗する脱植民地化運動の意味と役割について論じる。

第1節　学知による琉球人差別

日本帝国主義による民族差別を象徴しているのが「学術人類館」事件である。一九〇三年に大阪の天王寺で開催された内国勧業博覧会に人類館が設置され、次のような人々が「展示」された。

アイヌ七名（内女性二名）、琉球人二名（女性）、「生蕃タイヤル種族」一名（女性）、「熟蕃」二名（男性）、「台湾土人」二名（男女）、マレー人二名（男性）、「ジャバ人」一名（男性）、インド人七名（内女性二名）、トルコ人一名（男性）、ザンジバル島人一名（男性）[1]

人類館の企画、その内容の決定に関して大きな影響力を与えたのが、坪井正五郎・東京帝国大学教授であった。坪井は一八八九年にパリ万国博覧会を見学し、柵で囲われた集落に先住民族を生活させて展示した「植民地パビリオン」を見て、人類館を構想した。坪井は世界人種地図を作製して出品し、東京帝国大学人類学教室所蔵の「土俗品」を貸与するなど積極的にその企画に関わった。中国側からの抗議を受けて、開館前に中国人の展示を取りやめるとともに、「人類館」から「学術人類館」に名称を変更した[2]。「学術」という文字を付け加えて学知の装いを色濃くすることで植民地支配下の民族に対する差別意識を覆い隠そうとした。

また坪井は学術的意義を強調するため、一九〇三年四月、伊能嘉矩は「台湾の人種」、坪井は「博覧会と人類学」をそれぞれ人類館主催の人類学講演会で報告した。坪井は展示の抗議を行った清国人、朝鮮人、琉球人をその都度展示対象から外した(3)。

抗議を受けても坪井は「生身の人間」の展示自体を反省せず、展示の規模や方法の改善によって問題が解決すると考えた。坪井が人類館における生きた人間の展示に固執したのは、「植民地の人間を研究することが課題の人類学者としては当然」と認識していたからであった。つまり坪井にとって陳列した人間は現実の生きた人間ではなく「人類学研究の材料」でしかなかった(4)。人権を否定された当事者の人々の声に真摯に向き合うのではなく、自らの研究に対する欲望を優先している。ここから学知の植民地主義が生まれ、その後の人類学者に植民地主義的な支配者意識が受け継がれた。

琉球人の展示は一九〇三年で終わったが、アイヌの展示はその後も続いた。一九〇七年、東京府主催の東京勧業博覧会が上野公園で開催された。会場内にはアイヌ館が設置されたが、坪井が同じく展示の企画を担当した。二人のアイヌ男性がアイヌ衣料を着て古式舞踊を披露した。一九一二年、北海道出品協会の主催で明治記念博覧会が上野公園で開催された。坪井を顧問として植民地展示が行われ、次のような「生身の人間」が展示された。「台湾土人」二人、「台湾蕃人」五人、「樺太オタサムアイヌ」四人、「ギリヤーク」三人、「オロッコ」一人、「北海道日高アイヌ」三人。これらの人々は会期中、伝統的な住居で生活した。「劣った」、「未開」な植民地住民をどのようにして「日本人化」させるのかという問題意識で人間の展示が行われた。同年の一一月七日、内務大臣、外務大臣、拓殖局総裁、公爵、伯爵等を招待した「人種懇親会」が開催された。司会の坪井は、「天皇陛下の赤子」である日本帝国の国民が一堂に会し、食事を楽しむことができて幸せであると述べた(5)。

一九一三年、明治記念拓殖博覧会が大阪の天王寺で開催された。「人種小屋」が設けられ、八人の「ギリヤーク」、「オロッコ」、三匹の樺太「馴鹿」、五人の「北海道日高アイヌ」、五人の「台湾生蕃」、六頭の水牛が陳列された。日本によって植民地支配された北海道や台湾の先住民族が見せ物になった。博覧会で展示されたアイヌ民族は、北海道や樺太の原産物と同じように、「改良」させ、「発展」させるための対象として位置付けられた。「未開」、「野蛮」と先住民族をステレオタイプ化することで帝国としての日本を確認し、日本人の優位性を明示させようとした。一九〇四年、アメリカのミズリー州で開催されたセントルイス万国博覧会で行われたアイヌ民族の展示に関して坪井が助言した。その際、日本は欧米列強の仲間入りを意識して多くの出品物を送った。博覧会の人類学展示では、世界に対して植民地を持つ帝国としての日本をアピールした。一九一〇年にロンドンで開催された日英博覧会では、アイヌ民族、台湾原住民族を展示した(6)。日本政府にとってアイヌ民族や台湾原住民族は帝国の威信を国民に自覚させ、世界に発信する材料でしかなかった。琉球人、中国人、朝鮮人は一九〇三年の人類館展示から外されたものの、アイヌ民族、台湾原住民族と同じく、日本帝国主義の拡大のための研究素材、宣伝材料として認識されていた。

「人類館」の思想とは、人間をいくつかの「人種」に分類し、「人種」間に序列をつける人種差別的認識を柱にしたものである。「種族標本としての他者」という展示により、人間それぞれの個性ではなく、「種族」の差異を示す「科学的な標本」情報を引き出し、観察しようとした(7)。人類館に日本人は展示されなかった。なぜなら日本人が「人種」間序列の頂点にいることが前提とされ、その高見から「下位の人々」を眺め、観察し、分類し、統治することができるという帝国主義の心性を人類学者や多くの日本人が共有していたからであった。「学術人類館」として「人類館」に「学術」の名を付加することで差別を隠蔽しようとしたが、むしろ学術、学知そのものが差別を生み出す権力の源泉となった。日本人にとって琉球人、アイヌ、台湾原住民族は「種族標本としての他者」でしかなかった。

第2節　日琉同祖論による琉球人の同化

次に坪井とともに日本の人類学形成の祖であるとされ、琉球、アイヌ、台湾原住民族等の調査を行った鳥居龍蔵の学知のあり方について考察する。鳥居は琉球においてフィールドワークを行う際に、チェンバレンの仮説、つまり琉球人は体質上、内地日本人と同じくモンゴリアンであるということを検証しようと考えた。琉球人と内地日本人の祖先は、朝鮮海峡から対馬を経由して日本に入った。その一派は九州に上陸し、他の一派は海を渡って琉球に向かったという仮説は、日本内地および琉球の地理的位置と、伝説、言語上の類似性によって明らかであると鳥居は指摘した。鳥居は人類学上の体質測定や観察によって仮説を証明しようとした。伊波普猷は論文「琉球人の祖先に就いて」の中で、内地日本人と琉球人が同一人種であることを証明するために、鳥居の研究だけでなく、金関丈夫の「琉球人の人類学的研究」を参照している[8]。

鳥居は「近代的で学術的な方法」で日琉同祖論を基礎付けたのである。それは、同じく日琉同祖論者であった伊波が自著の『琉球人種論』の扉で、「この書を坪井正五郎先生並に鳥居龍蔵氏にささぐ[9]」と記したことからも明らかであった。

鳥居は一八九五年に最初のフィールドワークを遼東半島で行った。その際、東京帝国大学総長の渡邊洪基が日本の人類学調査として最も必要な場所は第一に沖縄、それから台湾・朝鮮であると鳥居に強調した。鳥居はこれらの諸地域を調査すると回答した[10]。琉球、台湾は日本の植民地となり、朝鮮はその植民地化が議論されていた。当時、日本の最高学府とされた東京帝国大学において、帝国の学問としての人類学にとって植民地の研究が必要不可欠であると認識されていた。

鳥居は琉球語と日本語との関係について次のように述べている。仮に両語の祖語があったとしたら、日本語はその祖語の一部分であり、琉球語もその一部分であっただろう。そして今日の日本語が古代の日本語を代表するというよりも、かえって琉球語の方が日本の古語を代表する場合が非常に多い[11]。以上の類似関係は偶然ではなく、日本人と琉球人の「人種的関係」が親密であることを証明しているのではないか。すなわちこの関係は古い石器時代において、沖縄の「先住民」が日本内地の「先住民」と人類学上同一であったことを証明するものではないか[12]。東京帝大の学知によって、日琉同祖論が正当化された。日本の植民地支配を隠蔽する「琉球が沖縄として祖国・日本に帰って来た」というイデオロギーが生み出されたのである。同様な言説は戦後の「祖国復帰運動」の過程でも語られた。

次のように鳥居の琉球人に対する蔑視が「土人」という言葉から伺える。「土人ハ掛クルコトヲはくトイフ[13]」、「宮古島土人平良真牛、西里蒲[14]」

鳥居は琉球の島々で皮膚の色について、沖縄師範学校の男子生徒一四六人（年齢は一七〜二四歳）、高等女学校生徒七八人（年齢は一三〜一九歳）を対象として調査を行った。その時、鳥居の「学友」伊波普猷が、助手として調査を助けた。調査の結果、琉球人の皮膚の色は日本人のそれに類似しているが、特に蒙古種族の皮膚の色に似ているとの結論を下した[15]。鳥居は琉球人の生態的な観察に基づいて、琉球人と日本人の共通性を強調した。

鳥居は日韓併合、朝鮮に対する日本による植民地支配を支持していた[16]。「指導力を有する日本人」を中心にして様々な民族間に階層性をもたせ、帝国の開発と支配を差配するという帝国のシステムの中で、鳥居は人類学という学知を利用して権力におもねり、自らの学者としての地位を高めようとした。

一九〇三年の「学術人類館」事件では、差別されている琉球人が自らを「帝国臣民」として誇ることで他の民族を差別するという問題が発生した。琉球人は「同化＝差別の無間地獄」から抜け出すことができず、その結果、「集団的強制死」等、沖縄戦の悲劇が発生した。しかし、二〇一六年に沖縄島北部地域にある東村高江での米軍基地建設に反対する市民に対して投げつけられた「土人、シナ人」という差別発言に対して、琉球人は自らの尊厳を貶めた日本政府、大阪府警を批判した。自らを先住民族と考えて政府に抗議した琉球人も少なからず存在した。現在、学知によって正当化された皇民化教育の呪縛から解かれた琉球人を主体とした、反基地運動が展開されていると言えよう。

第3節　日琉同祖論に基づく国連勧告撤回運動

二〇一五年一二月二二日に豊見城市議会において可決され、内閣総理大臣、外務省、沖縄県知事に送付され、同市議会ホームページ等で公開されている、「国連各委員会の『沖縄県民は日本の先住民族』という認識を改め、勧告の撤回を求める意見書」[17]は以下の諸点において大きな問題を含んでおり、同意見書の文言を引用しながら批判したい。

①「二〇〇八年には既に、市民外交センターのアドバイスを受けた琉球民族独立総合研究学会松島康勝氏の訴えで、国連から日本政府に対し、沖縄県民は先住民族で日本人ではないという勧告文が出されている」

本意見書の中で引用されている日本政府に対する国連の勧告は「市民外交センターのアドバイスを受けた琉球民族独立総合研究学会松島康勝氏の訴え」に基づいて実施されたものではなく、一九九六年以来、琉球人が実施してきた国連における脱植民地化運動の結果である。本意見書にはこのような琉球人の運動に対する認識が欠如している。

また「琉球民族独立総合研究学会松島康勝氏」は、一九九六年の国連人権委員会先住民作業部会、二〇一一年の国連脱植民地化特別委員会において琉球の脱植民地化、脱軍事化のための国連スピーチを行ったが、二〇〇八年の国連勧告に直接影響を及ぼしたとは言えない。さらに「松島康勝」は「松島泰勝」の間違いである。琉球民族独立総合研究学会の共同代表であった私は、市民外交センターのアドバイスを受けていない。

本意見書は地方自治法九九条（意見書を受理した日本政府は何らかの対応が求められる）に基づいた法的影響力の大きい公文書であるが、その中に重要な事実誤認が含まれている。本意見書において誤字を含む個人名を敢えて公表し、虚偽の事実に基づいてその名誉を毀損しており、人権問題を生み出した。

②「私たち沖縄県民は米軍統治下の時代でも常に日本人としての自覚を維持しており、祖国復帰を強く願い続け、一九七二年（昭和四七年）五月一五日祖国復帰を果たした。そしてその後も他府県の国民と全く同じく日本人としての平和と幸福を享受し続けている」

「私たち沖縄県民は米軍統治下の時代でも常に日本人としての自覚を維持して」いたと断定しているが、米軍統治下においても琉球独立を求める幾つかの政党や市民団体が存在し、「反復帰論」という主張も展開されており、「常に日本人として自覚」していたのではない。「復帰」後の現在も、日本総面積の〇・六％しかない琉球に、七〇％の米軍専用基地が押し付けられ、米軍が引きおこす事件事故によって琉球人は日常的に被害を受けている。県知事をはじめ、多くの「沖縄県民」が反対しているにも拘らず、辺野古新米軍基地建設を日本政府は強行しており、「他府県の国民と全く同じく日本人としての平和と幸福を享受し続けている」とは言えない。

③「先住民の権利を主張すると、全国から沖縄県民は日本人ではないマイノリティーとみなされることになり、逆に差別を呼びこむことになる」

琉球人が先住民族としての権利を主張することにより、国連憲章や国際人権規約等の国際法で琉球人の集団的権利が保障され、国際的な支援を得て、現在の植民地体制から脱却し、新基地建設を止めることも可能になるのである。日本には在日コリアン、被差別部落の人々、アイヌ民族、在日外国人、性的少数者、障碍者等、多くのマイノリティーが存在している。日本において、自らのアイデンティティや人間としての誇りを保持しながら生きる社会作りが目指されている。本意見書では、「マイノリティーになると差別を呼び込む」と主張しており、現在、日本で生活しているマイノリティーに対する差別を助長することにつながるのではないか。

④「私たちは沖縄戦において祖国日本・郷土沖縄を命がけで日本人として守り抜いた先人の思いを決して忘れてはならない」

日本軍による琉球人虐殺や強制的集団死、住民の壕からの追い出し等、日本軍によって住民が殺害された事例が多く存在し、「祖国日本・郷土沖縄を命がけで日本人として守り抜いた」とは言えないのが沖縄戦の実態である。そのように表現することは犠牲になった琉球人に対する侮辱であり、歴史修正主義である。

⑤「沖縄県民は日本人であり、決して先住民族ではない」

豊見城市議会が法的な意見書において「沖縄県民は日本人であり、決して先住民族ではない」と断言することは、日本国憲法第19条で保障された思想・良心の自由の侵害となる。国際法であるＩＬＯ（国際労働機関）一六九号条約第一条では、先住民族とは社会的、文化的、経済的に独自な状態におかれた人々であるとともに、征服、植民、国境画定時に植民地になった人々の子孫であり、先住民族であるという自覚を持つ者であるとされている。国連が琉球人を「先住民族」であると認めたことを、豊見城市議会は取り消すように求めているが、そのこと自体が国際法違反の行為である。自らの民族的な所属性を決定できるのは、その当人だけであり、豊見城市議会のような公的組織が決めるべきことではない。

また本意見書では国連が「沖縄県民を先住民族」であると認めていると指摘している。しかし約一四〇万人の沖縄県民の中には琉球人以外の民族が含まれており、また、国連は沖縄県に住む「琉球人が先住民族である」と理解しているのであり、「沖縄県民が先住民族である」と規定したことはない。

琉球民族独立総合研究学会と私は連名で「国連各委員会の『沖縄県民は日本の先住民族』という認識を改め、勧告の撤回を求める意見書」（意見書案第一〇号）への抗議・要求」を豊見城市議会に送付し、同学会に対する謝罪、本意見書の取り消し、私に対する名誉の回復、同市議会ホームページでの本意見書取り消しの公表を求めた。しかし、豊見城市議会は私の名前を訂正しただけであり、二〇一九年七月現在、本意見書の取り消しを行っていない。

二〇一六年六月二〇日、石垣市議会は「「国連の沖縄県民は先住民族」とする勧告の撤回を求める意見書」を採択した。米軍や自衛隊基地の強化・固定化策を推進する日本政府と呼応する形で、豊見城市議会や石垣市議会において意見書が採決されたのである。

同年三月に「国連先住民勧告の撤回を実現させる県民の会」、五月に「国連先住民勧告の撤回を実現させる国民の会」が結成され、同様な意見書を日本全国の市町村で採択させようとした。これらの国連勧告撤廃運動は、日本最大の右派団体である日本会議によって支えられ、展開されている。

第4節　国連勧告撤回に動く日本の国会議員や政府

二〇一六年四月二七日、沖縄県選出の宮崎政久・衆議院議員は、衆議院内閣委員会において次のような質問を行った。国連から沖縄県民は先住民族であり、様々な措置をすべきであるとの勧告を我が国は受けている。二〇〇八年一〇月以降、四回にわたって国連勧告がなされている。ほとんどの沖縄県民は先住民族と思っていない。

一億三〇〇〇万人の日本国民も沖縄県民が先住民族であると思っていない。誠に失礼な話である。日本人全体が知らない、沖縄県民もほとんど知らない状況で勝手に先住民族として扱われている。勝手なことを言わさないで、責任をもって事実と異なることを言わないでくれと日本政府は国連に抗議すべきである。「民族分断工作」と言ってもいいようなことを放置しないでほしい。国連の勧告は国益に関わる大きなリスクである。尖閣諸島を含む沖縄の土地や天然資源がどこに、誰に帰属するのかが問題にされかねない話である。沖縄は尖閣諸島を含めて日本の国土である。沖縄はまぎれもなく日本である。日本語を使う日本人が古来から沖縄に住んでいるのである。私たち沖縄県民はまぎれもなく日本人であり、先住民族ではない。日本政府は、承服できない国連の勧告を撤回させて欲しい。宮崎議員の質問に対して日本政府を代表して木原誠二外務副大臣は、次のように回答した。

宮崎議員の発言や、豊見城市議会が採択した国連勧告撤回の決議を熱い思いで受けとめた。政府の立場と異なり、わが国の実情を正確に反映していない国連の意見や勧告、意見に対しては撤回、修正をするよう働き掛けていきたい。また外務省の飯島俊郎参事官は、政府として先住民族と認識しているのは、アイヌの人々以外には存在しない。これら国連の諸委員会における最終見解や勧告などによって、日本の立場が変更されたということはない。国連の勧告には法的拘束力はない(18)。

宮崎議員は、国連勧告は二〇〇八年以降四回出されたと述べたが、実際はこれまで琉球の人権問題に関する次のような勧告を五回（二〇一八年の勧告を含めると六回）、国連は日本政府に対して行ってきた。

①二〇〇一年九月二四日、国連社会権規約委員会「部落の人々、沖縄の人々、先住性のあるアイヌの人々を含む日本社会におけるすべての少数者集団に対する、法律上および事実上の差別、特に雇用、住宅および教育の分野における差別をなくすために、引き続き必要な措置をとること」

②二〇〇八年一〇月三〇日、国連自由権規約委員会「国内法によりアイヌの人々および琉球・沖縄の人々を先

住民族として明確に認め、彼らの文化遺産および伝統的生活様式を保護し、保存し、促進し、彼らの土地の権利を認めるべきだ。通常の教育課程にアイヌの人々および琉球・沖縄の人々の文化や歴史を含めるべきだ」

③二〇一〇年四月六日、国連人種差別撤廃委員会「委員会は、沖縄における軍事基地の不均衡な集中は、住民の経済的、社会的および文化的権利の享受に否定的な影響があるという現代的形式の差別に関する特別報告者の分析をあらためて表明する」

④二〇一四年八月二〇日、国連自由権規約委員会「締約国（日本）は法制を改正し、アイヌ、琉球および沖縄のコミュニティの伝統的な土地および天然資源に対する権利を十分保障するためのさらなる措置をとるべきである」

⑤二〇一四年九月二六日、国連人種差別撤廃委員会「締約国（日本）が、琉球の権利の促進および保護に関連する問題について、琉球の代表との協議を強化することを勧告する」

⑥二〇一八年八月三〇日、国連人種差別撤廃委員会「琉球（の人々）を先住民族と認め、その権利を守るための措置を強化する立場を再確認することを勧告する。米軍基地に起因する米軍機事故や女性に対する暴力は、「沖縄の人々が直面している課題」であるとして懸念を示す。その上で「女性を含む沖縄の人々の安全を守る対策を取り、加害者が適切に告発、訴追されることを保証する」ことを求める」[19]

日本政府に対する国連勧告が出された背景には、琉球に対する歴史的不正義、現代的差別政策がある。琉球人は一九九六年以降現在まで毎年のように、国連の人権委員会先住民作業部会、先住民族問題常設フォーラム、先住民族の権利に関する専門家機構、人種差別撤廃委員会、脱植民地化特別委員会等において脱植民地化運動を展開してきた。二〇一五年九月には国連人権理事会に翁長雄志沖縄県知事（当時）が参加し、基地問題は人権問題であり、琉球の人々の「自己決定権」が蔑ろにされていると世界に訴えた。知事が国連に行って訴えた理由は、日本政府が琉球人の声や人権を無視してきたからであった。その際も日本政府は「基地問題は人権問題ではない」との誤った見解を明らかにした。

琉球内外において国連活動の報告会やシンポジウムが開催され、これに関する新聞やテレビ等のマスコミによる報道や研究活動もあり、「知らないうちに勝手に」国連勧告が行われたのではない。

次のように宮崎議員の国会質問には、調査不足と、思い込みに基づく事実誤認や、帝国主義的な歴史認識そして差別発言が含まれている。

①「国連から沖縄県民は先住民族であり、様々な措置をすべきであるとの勧告」を受けている。国連は「沖縄県民」ではなく、「沖縄人、琉球人」を先住民族であると認めたのである。それは琉球が日本の植民地であり、独自な歴史や文化を有した琉球人が脱植民地化を求めた運動を展開している状況に対して、国連の諸委員会が琉球人を先住民族であると理解したことを意味する。確認しておきたいのは、国連が琉球人を先住民族と認めたから琉球人がそれになるのではなく、植民地支配下の琉球人の自覚によって先住民族になるのである。

②「誠に失礼な話である」

これは国際法で保障された集団的権利を有し、それを行使してきた世界の先住民族に対する差別発言である。世界の先住民族だけでなく、先住民族としての琉球人自身をも沖縄県選出の国会議員が差別しているのである。

③「民族分断工作と言ってもいいようなことを放置しないでほしい」

琉球人が「民族としての日本人」であることを強制する、琉球人の存在や国際法で保障された政治的権利を認めない、戦前の「皇民化」を彷彿とさせる発言である。琉球併合によって琉球国を滅ぼし、琉球人を皇民化教育を通じて日本人化し、琉球の土地を戦場にし、広大な米軍基地を押し付けているのが日本政府である。琉球国は日本とは異なる国であったことは一八五〇年代に琉球国とアメリカ、フランス、オランダの各政府と締結した修好条約からも明らかである。「先住民族としての琉球人」と「日本人に同化した琉球人」のような「民族分断工作」を行ったのはむしろ日本政府の方である。

④「国連の勧告は国益に関わる大きなリスクである。尖閣諸島を含む沖縄の土地や天然資源がどこに、誰に帰属するのかが問題にされかねない話である。沖縄は尖閣諸島を含めて日本の国土である。沖縄はまぎれもなく日本である」

日本政府の尖閣諸島（釣魚諸島）領有の根拠は、琉球併合によって琉球国を滅ぼしたことにある。この併合は国際法違反であり、「尖閣諸島を含む沖縄の土地や天然資源」を日本が保持しているという歴史的、法的根拠は虚構でしかない。琉球人が先住民族であることを拒否することで、尖閣諸島を初めとする琉球の領有化を正当化しようとしている。

⑤「日本語を使う日本人が古来から沖縄に住んでいるのである。私たち沖縄県民はまぎれもなく日本人であり、先住民族ではない」

国連機関のユネスコは、琉球諸語が日本語とは異なる独立した言語であると位置付けている。現在の言語学者も琉球諸語を「方言」ではなく「言語」として研究し、その復興運動を琉球人は活発に行うようになった。宮崎議員の発言は学術的な根拠を欠く主観的な主張でしかない。

国連の勧告にも関わらず、日本政府は琉球人を先住民族と認めず、基地の押し付けを差別であると認識していない。日本国土の〇・六％しかない琉球に七〇％の米軍専用基地を「日本復帰」後四七年間も押し付け、新たな米軍基地を建設することに対して、多くの琉球人は「沖縄差別」と叫ぶようになった。つまり琉球人は自らを被差別者、抵抗の主体と意識するようになったのである。

琉球人が日本人とは異なる言語を持ち、琉球が日本の植民地にされ、現在も米軍基地が押し付けられた植民地であるという事実を否定することは、歴史修正主義であると言える。宮崎議員は長野県出身であり、弁護士として働くために琉球に移住した日本人である。日本人という他者が「琉球人は日本人である」と決定しているのであり、そのような植民主義体制の中で琉球人は生きることを強いられているのである。

国連勧告を撤回させようとする日本政府は、国連の意志や方向性、国際法、世界的な世論に背こうとしている。一九三三年に日本は国際連盟を脱退したが、今の日本も国際社会から孤立しようとしている。

第5節　先住民族としての脱植民地化運動

毎年のように国連の諸会議に琉球から代表団が派遣され、先住民族としての問題を国際社会に訴えてきた。一連の琉球人による活動の結果、先に示したように国連は次々と日本政府に勧告を行った。国連は琉球人を先住民族であると認め、固有の歴史と文化を有し、先住権を行使できる法的主体であることを確認した。世界の被抑圧民族は国連の場で国際法に従って人権問題を訴え、その人権を回復してきた。琉球人がこのような手段を活用することは人類の一員として当然の権利である。

人権は、個人が有する人権と、特定の集団が有する人権に分けることができるが、先住民族の人権は後者に属する。国際法で保障された民族（人民）の自己決定権も、集団的人権である。先住民族として自覚した琉球人は、国際法が保障する集団的人権を主張し、それを日米両政府に認めさせ、差別を克服する道が開かれている。国連の場ではそれが可能であり、国際的な人権団体の支援も得ることができる。

琉球人が日本国民である限り、日本政府、他の日本国民の琉球に対する差別意識を変え、基地撤廃運動を続ける権利がある。同時に、琉球人自らが運動の主体となって国連や国際法を活用し、差別を克服する運動として琉球人遺骨返還、反基地、言語復興、独立等の諸運動を展開する権利も国際法で認められている。このような運動の結果、国連も琉球人を先住民族として認め、基地の強制を差別とし、その改善を日本政府に勧告するようになった。

なぜ琉球人は先住民族と名乗るのであろうか。先住民族は、ある民族の総称であるとともに、特定の集団的権利が認められる法的主体でもある。差別や暴力から解放される手段として、琉球人はこの法的地位を活用することができる。先住民族と主張するから「土人」と言われて差別されるのではない。日本政府、日本人の琉球人蔑視の姿勢や、先住民族に対する偏見が問題なのである。

「土人、シナ人」という差別発言が差別ではないとする閣議決定がなされ、政府として差別を隠蔽しようとした。日本政府が琉球人を先住民族であると認め、その権利を国内法で保障していたら、このような民族差別事件は発生しなかっただろう。日本政府が先住民族の土地権を琉球人に認めていたら、強制的に米軍基地を押し付け、新基地を建設することもできなかったはずである。先住民族の土地を軍事的に利用することは、国際法で禁じられている。

おわりに

日本は琉球人が帰るべき祖国ではなかった。「本当の祖国」は、過大な基地を押し付け、日米両軍の新基地建設に反対する民意を無視し、市民の基地反対運動を抑圧しないだろう。同化主義は琉球人の事大主義でもある。これは豊見城市議会、石垣市議会による国連勧告を否定する意見書にも共通している。日本政府に従い、他の琉球人を犠牲にして自らの利益を得ようとする欲望がその背後にある。同化＝皇民化の行き着く先は、日本全体のために生命、生活を捧げる「犠牲の構造」、つまり「沖縄戦」の再現でしかない。

琉球人が日本人と遺伝学、言語学の上で同一民族であるという学術上の言説は、一つの仮説でしかない。遺伝学による琉球人の特定研究には諸説あり、確定的な結果はまだ得られていない。そもそも「血」によって特定の集団を決めるという方法自体に問題がある。それはナチスがユダヤ人を虐殺したときに利用した、優生学に行き着く危険性を帯びている。琉球の人々の強い意志に基づく独立（復国）運動は、民族（人民）の自己決定権という国際法を法的根拠とし、脱植民地化の過程で平和的に進められているのであり、民族の遺伝的属性に従って行われているのではない。

日本政府は、二〇一五年に安保関連法案を成立させ、近い将来、日本国憲法を改悪して、日本を戦争ができる国にしようとしている。その際、日本の中で戦場になる恐れが最も高い場所の一つが琉球である。琉球において日本が戦争をするためには、国の方針に住民が従順に従う同化が必要になる。沖縄戦にいたる歴史過程において歴史修正主義、皇民化教育が実施され、「天皇の臣民」になったがゆえに、沖縄戦において住民は大きな犠牲を強いられた。

琉球の民意を無視し、日米同盟を堅持しようとする日本政府の方針に日本の司法も従属している。著名作家による琉球の地元紙に対するヘイト発言、テレビでの「沖縄ヘイト」番組の放送、公安調査庁による琉球独立運動弾圧、オスプレイ墜落を「不時着」として報道する大手マスコミ等、近年、琉球人を取り巻く、人権状況は確実に悪化している。

琉球人を縛る帝国主義の鉄の鎖を取り除く、社会変革のための、自己決定権の行使という具体的な実践によって、琉球人は平和を実現することが可能になる。そして琉球は日本帝国の周縁という隷属的な政治的地位から脱し、対等な人間としてアジア共同体に参加するだろう。

注

（1）松村瞭「大阪の人類館」『東京人類学会雑誌』第二〇五号、一九〇三年、二九〇頁。
（2）金城勇「学術人類館事件と沖縄―差別と同化の歴史」演劇「人類館」上演を実現させたい会編著『人類館―封印され扉』アットワークス、二〇〇五年、四三―四四頁。
（3）同右、四四頁。
（4）同右、四五―四六頁。
（5）長谷川由希「アイヌ民族と植民地展示―一九〇三年～一九一三年の博覧会から」演劇「人類館」上演を実現させたい会編著、前掲書、八三―八五頁。
（6）同右、八六―八八頁。
（7）松田京子「人類館事件が投げかける現在的問題」演劇「人類館」上演を実現させたい会編著、前掲書、一六八頁。
（8）伊波普猷「琉球人の祖先に就いて」『古琉球』（『伊波普猷全集第一巻』平凡社、一九七四年）、二九頁。
（9）伊波普猷『琉球人種論』小澤博愛堂、一九一一年、本扉。
（10）田畑久夫『鳥居龍蔵のみた日本―日本民族・文化の源流を求めて』古今書院、二〇〇七年、一五一頁。
（11）鳥居龍蔵「沖縄本島に居住せし先住民に就いて」『鳥居龍蔵全集第一巻』朝日新聞社、一九七五年、二四六頁。
（12）同右、二四二頁。
（13）鳥居龍蔵「琉球ニ於ケル石器時代ノ遺跡」『鳥居龍蔵全集第四巻』朝日新聞社、一九七六年、六一二頁。
（14）同右、六一四頁。
（15）鳥居龍蔵「沖縄人の皮膚の色に就て」『鳥居龍蔵全集第四巻』朝日新聞社、一九七六年、六一六～六二五頁。
（16）工藤雅樹『研究史日本人種論』吉川弘文館、一九七九年、二二〇～二二一頁。
（17）豊見城市議会第六回定例会（一二月）意見書第一〇号 http://www.city.tomigusuku.okinawa.jp/userfiles/files/ikennsyoann_dai10gou%282%29.pdf（二〇一八年九月九日アクセス）。
（18）「二〇一六〇四一七衆議院内閣委員会」YouTube（https://www.youtube.com/watch?v =HX2Z6kgAX4g）（二〇一八年九

月九日アクセス）。「第一九〇回国会内閣委員会第一四号（平成二八年四月二七日（水曜日））」（衆議院内閣委員会会議録）www.shugiin.go.jp/internet/itdb-kaigiroku.nsf/html/kaigiroku/0002-1.htm#192（二〇一九年五月五日アクセス）

（19）『琉球新報』二〇一六年四月二八日。『琉球新報』二〇一八年九月五日。

第4章

沖縄から平和憲法を問い直す
――琉球共和社会憲法案を手掛かりに

小松 寛

はじめに

沖縄にとって日本国憲法が有していた意味とは何であったのだろうか。第二次世界大戦後、沖縄は米軍の直接統治下におかれ、一九四七年に施行された日本国憲法の適用外地域であった。冷戦の顕在化により、米軍は強制的に基地建設を進め、沖縄は軍事要塞と化した。沖縄民衆は平和憲法と称された日本国憲法による庇護を求め、復帰運動が興隆する。この社会動向を背景に日米両政府は沖縄返還交渉を進め、一九七二年、沖縄は日本に返還される。しかし、沖縄側が求めていた憲法の平和主義による在沖米軍基地の撤去は実現しなかった。一九八一年、日本復帰への反省に立脚した沖縄独自の憲法案が提示された。川満信一による「琉球共和社会憲法C私(試)案」である。この憲法案は『新沖縄文学』四八号にて発表され、『沖縄・自立と共生の思想』(川満信一著、一九八七年、海風社)、および『琉球共和社会憲法の潜勢力』(川満信一・仲里効編、二〇一四年、未来社)に収められている。

本章ではまず、戦後沖縄の経験を通して、沖縄にとっての日本国憲法を検証する。次に復帰後に沖縄独自の憲法案が登場した経緯を確認した上で、この憲法案をめぐる議論の変遷を追い、その今日的意義を論じたい。未だ新米軍基地建設問題をめぐり日本政府と沖縄県の対立が続いている現状において、国家を超越することによる沖縄の自立を企図した憲法案に今再び向き合うことは決して無用ではないであろう。

第1節　米軍統治と日本国憲法

1　九条の出自と沖縄への基地集積

日本国憲法の平和主義は、戦禍への反省ゆえに広く国民に受け入れられ、戦後日本の平和運動を理念的に大きく支えてきた。しかし、九条の制定過程から、沖縄の存在が大きく関わっていた。戦後日本の安全保障政策を規定する戦争放棄条項の制定には、ダグラス・マッカーサー連合国最高司令官の意向が強く反映された。その政治的理由は天皇の戦争責任を回避し、東京裁判で天皇を不起訴とすることにあった。連合国に対して天皇の戦争責任を不問とし、天皇制継続を正当化するためには、天皇自身が平和と人権を尊重した憲法を制定する意思を示す必要があった(1)。

また、日本の戦力不保持を可能とした軍事的要因は沖縄にあった。マッカーサーは沖縄を「天然の国境」と定め要塞化することによって、軍事力を有しない日本を外部の侵略から防衛できると考えた。つまり、日本の非軍事化と沖縄の軍事要塞化は平和憲法誕生の時から表裏一体の関係にあった(2)。

一九五二年、サンフランシスコ講和条約により、日本は国際社会に復帰する。しかし、占領軍たる米軍基地は、同時に調印された日米安保条約によって残置されることも決定した。これは日本本土において基地闘争を引き起こすこととなる。例えば一九五五年、立川飛行場（東京都）の拡張計画が明らかになる。この計画が砂川町に伝えられるとすぐ、予定地関係者は「基地拡張反対同盟」を結成した。町長と町議会議長による声明では、生活権の擁護を訴え、その理論的根拠として憲法が保障する生活権と財産権、そして健康で文化的な生活をおくるための権利が明記された。さらに総決起集会の決議には生活および農地のほか、「日本の平和と独立」を守ることも追記された。日常の生活から日本の平和へ射程を広げた本運動は最終的に立川飛行場拡張計画を頓挫に追い込んだ(3)。このように憲法の理念が組み込まれた日本の基地闘争は拡張阻止に成功、勝利を収めた。

他方で、沖縄でも土地接収という形で基地問題が露わになる。憲兵隊とブルドーザーによって執行された土地接収に、住民は強く反発した。比嘉秀平琉球政府行政主席（現在の県知事に相当）を代表とする沖縄代表団は渡米し強制接収反対を訴えた。これを受けて米国下院軍事委員会はメルヴィン・プライス議員を団長とする調査団を沖縄に派遣する。しかし調査団は新規接収と一括払いを容認する「プライス勧告」を提出する。沖縄住民はこの勧告へ強く反発し、その抵抗運動は「島ぐるみ闘争」と呼ばれることになる。そこで米軍当局は抵抗運動を弱体化するためにオフ・リミッツを発令する。軍人及び軍属らに民間地域への立ち入りを禁止するこの命令の目的は、基地周辺の米兵を相手とする商店街や風俗営業地区への経済的締め付けにあった。これにより土地を失った人々と商業活動を脅かされた人々は運動の継続をめぐって対立、沖縄社会は分断された。憲法の庇護下になかった沖縄の基地闘争は瓦解した(4)。

このように拡大された在沖米軍基地に移転したのは、日本から撤退した海兵隊であった。一九五四年まで沖縄に海兵隊は存在していなかったが、五五年から六〇〇〇人が移駐を開始、合わせて辺野古などでの大規模な基地建設計画が明らかになった。岐阜などの海兵隊施設は沖縄に移転し、その結果、日本と沖縄における米軍基地面積の割合は、約九対一から、五対五となった(5)。

日本国憲法を支えとして米軍基地の拡張を阻止できた日本の反基地運動とは対照的に、沖縄の反基地運動は土地の強制接収を拒めなかった。沖縄の民衆運動は日本国憲法による庇護を求めて、日本復帰を目指すこととなる。

2 平和憲法への期待と批判

一九六〇年、復帰運動の中心母体となる沖縄県祖国復帰協議会（復帰協）が結成された。その活動方針のひとつに、沖縄への憲法適用を採用した。一九六九年一一月一〇日、屋良朝苗琉球政府行政主席は佐藤栄作首相と面会し「佐藤総理大臣に訴える」と題された要望書を読み上げる。その中で異民族支配からの脱却と「民主平和憲法のもとに日本国民としての地位を回復する『即時無条件全面返還』」を訴えた。屋良との会談後、渡米した佐藤首相はニクソン大統領との日米首脳会談に臨み、日米共同声明で「核抜き・本土並み・七二年返還」を発表する。しかしながら、その裏では有事の際には沖縄への核兵器持ち込みを認める核密約が同時に取り交わされていた[6]。

一九七一年、琉球政府は国会での沖縄返還協定批准審議に合わせて、「復帰措置に関する建議書」を作成した。その中で沖縄が日本復帰を求める理由を「県民が復帰を願った心情には、結局は平和憲法の下で基本的人権の保障を願望していたからにほかなりません」と説明している。しかし、この建議書を手交しようと屋良主席が上京した一一月一七日、衆議院返還協定特別委員会で採決が強行される。

このように一九六〇年代後半から、民衆運動のみならず琉球政府においても日本国憲法の平和主義を日本復帰の主要な目的に据える考え方が登場した。しかし、現実の日本復帰が米軍基地の残置を伴い、日米安保体制の強化の一環であることが明らかになった。これにより憲法を理念とする復帰そのものを批判する思想、反復帰論が登場する。[7] 川満信一はその主唱者のひとりであった。川満は民衆のナショナリズムに内在する憤怒と救済への渇望が、あたかも国家への求愛であるかのように国家権力によって利用されたのが、沖縄の復帰運動であったと位置づけた。川満にとって現実の日本復帰は「日本の資本と国家権力が合体して、侵略的に沖縄へのしかかってくる」ことに他ならなかった。[8]

その批判は日本国憲法へも及ぶ。憲法は平和のイメージを取り繕う手段でしかなく、沖縄から憲法を求めれば求めるほど、国家による支配に取り込まれると川満は指摘する。その上で自衛隊の沖縄への配備や海外派遣が、国家の安寧や国民の幸福を理由に合憲とされていくことに警鐘を鳴らす。それゆえに復帰運動が体現した「沖縄の憲法ナショナリズム」に川満は否定的な態度をとる。これに代わって、沖縄の島的共同社会に内在する〈協働・共生〉の思想を理論化する必要性を説くのである。[9]

第2節　復帰体制下における琉球共和社会憲法案の登場

1　沖縄の「日本化」

復帰後、沖縄社会は急速に「日本化」が進められていく。一九七二年一一月の沖縄復帰記念植樹祭、七三年五月の復帰記念沖縄特別国民体育大会（若夏国体）、七五年七月〜七六年一月の沖縄国際海洋博覧会（海洋博）といわゆる「復帰三大事業」が実施された。これにより道路など社会インフラの整備が同時に進められていく。また、CTS（石油備蓄基地）建設による湾岸埋め立てに代表されるように、経済開発による環境破壊が問題となった。[10] 七八年の県知事選では自民党の西銘順治が当選、復帰後初の保守県政が誕生した。西銘県政は中央との太いパイプを生かし、沖縄振興開発事業費の増額を実現、革新県政下では行われていなかった自衛官募集業務を実行するなど、保守色の強い政策を実行した[11]。

他方で、復帰に対する県民意識の変化も世論調査から読み取れる。七三年の段階では復帰に対して「非常によかった＋まあよかった」が三八％、「非常に不満である＋あまりよくなかった」が五三％と否定的な意見が多かった。しかし、復帰から一〇年目を迎えた八二年には「非常によかった＋まあよかった」が六三％、「非常に不満である＋あまりよくなかった」三二％と逆転している[12]。

このように日本化、言い換えれば自民党政権による保守政治の沖縄社会への浸透を背景として、一九八一年『新沖縄文学』四八号では特集「琉球共和国へのかけ橋」が組まれた。本特集を担当した編集長が川満であり、この中で「琉球共和社会憲法C私（試）案」を提示した[13]。これは一種の「独立」を沖縄が目指した際に、どのような政治形態を持つべきかという思考実験の題材と言えよう。

2　琉球共和社会憲法案の特徴

本企画の趣旨については「匿名座談会「憲法」草案への視座」で確認することができる。本座談会はAからHと符合がつけられた八人で構成されており、C案起草者（川満）ほか、ジャーナリストや大学教員といった肩書きが記されている。この中のジャーナリストBによれば「もともとこの企画は、復帰一〇年目をむかえる現在の状況の中で、単なる復帰一〇年の総括風のものをやっても意味があるとは思えない、そこで現在の否定的な状況に対置するひとつのアンチテーゼとして、しからば〝こうありたい〟というような〝願い〟なり〝思い〟なりを膨らみのあるイメージの中で展開してみようというところから出発しています。その具体的なものとして『琉球共和国』というイメージを想い描きながら、その中で現状に対するアンチの視点を提起しよう、ということです」と説明された。そして、憲法案を作成するという意図についてBは「いわゆる『共和国憲法』というかたちでまっとうな、真面目な憲法草案をつくるのか、あるいはパロディ化したもので、その真実性を持って我々の意志を表示するか、そのどちらかということだったのですが、両方を欲張ってうまく練り合わせて料理してほしいという難しい注文をした」と述べている[14]。

このような企画意図を受けて、川満は「共和社会」憲法案を披露した。名称に「国」という文言が入っていないことからわかるように、川満は国家廃絶後の社会を想定している。それでは、川満が想定する共和社会はどのように国家を超越しているのだろうか。まず、その領域については以下のように定めている。

（センター領域）

第八条　琉球共和社会は象徴的なセンター領域として、地理学上の琉球弧に包括される諸島と海域（国際法上の慣例に従った範囲）を定める。

琉球共和社会は国家ではないため地理的範囲を「領土」ではなく「センター領域」と称している。その理由を川満は「ただ、『国』とした場合には拡がりを欠いてしまう。『国』として想定された領域内に限定されてしまう。その領域を外側から侵された場合、どうするのかという問題があります。そうすると現在の国家が防衛体制をとるのと同様に、琉球共和国自体が他国との間に領域をめぐる争いを演じなくてはいけない。つまり現在の時点で私達が憲法を草案するということは、従来成り立ってきた所有の意識を中軸とした国家をどこまで覆せるかが、まず問題になると思うのです」と説明している[15]。近代主権国家が成立するためには国境の画定は必然であるが、川満の発言からはそれ自体を回避する意図が読みとれる。しかし注意しなくてはならないことは、「センター領域」制度を用いることによって現実の領土問題が解決するのではなく、従来の所有意識に基づく人々の国家観の転覆こそが企図されているということである。

次に、琉球共和社会の構成員資格について、憲法案では以下のように定められている。

（共和社会人民の資格）

第十一条　琉球共和社会の人民は、定められたセンター領域内の居住者に限らず、この憲法の基本理念に賛同し、遵守する意志のあるものは人種、民族、性別、国籍のいかんを問わず、その所在地において資格を認められる。ただし、琉球共和社会憲法を承認することをセンター領域内の連絡調整機関に報告し、署名紙を送付することを要する。

構成員資格について、川満は「アメリカに国籍をもっていようと中国であろうと、どこに国籍をもっていようとかまわない。その人間が『琉球共和社会憲法』の主旨に賛同して、自分もこういう憲法のもとで人民になりたいというのであれば、その人は登録によって琉球人民社会の一員に加わることができる。ただし、この憲法には最初から「国」はないわけですから、現在の世界が定めている国籍法には触れない」と語る(16)。条文と説明からわかるように、国籍や居住地にかかわらず、すなわち既存の国家に属する国民であっても、琉球共和社会憲法の理念に賛同し登録さえすればその一員になれるということである。琉球共和社会とは琉球弧という地理的範囲は示すものの、想定されているのは理念を共有するネットワーク型の共同体、ということであろう。

3　琉球共和社会憲法案の理念

それでは、琉球共和社会憲法はいかなる理念を有しているのであろうか。その前文ではまず、「巨大化した国権のもと、搾取と圧迫と殺りくと不平等と貧困と不安の果てに戦争が求められる」と国家権力の最悪の発露として戦争を描写する。そして沖縄が焦土となった事実を記した後に、以下のように続く。

米軍はその廃墟にまたしても巨大な軍事基地をつくった。われわれは非武装の抵抗を続け、そして、ひとしく国民的反省に立って「戦争放棄」「非戦、非軍備」を冒頭に掲げた「日本国憲法」と、それを遵守する国民に連帯を求め、最後の期待をかけた。結果は無残な裏切りとなって返ってきた。日本国民の反省はあまりにも底浅く淡雪となって消えた。われわれはもうホトホトに愛想がつきた。
好戦国日本よ、好戦的日本国民と権力者共よ、好むところの道を行くがよい。もはやわれわれは人類廃滅への無理心中の道行きをこれ以上共にはできない。

日本国民と憲法への期待が裏切られたために、沖縄は日本国家からの離脱をせざるを得ないというのである。この前文が有する理念を普遍的に解釈すれば「国家権力による暴力からの離脱」ということであろう。

第一章（基本理念）
第一条　われわれ琉球共和社会人民は、歴史的反省と悲願のうえにたって、人類発生史以来の権力集中機能による一切の悪業の根拠を止揚し、ここに国家を廃絶することを高らかに宣言する。
この憲法が共和社会人民に保障し、確定するのは万物に対する慈悲の原理に依り、互恵互助の制度を不断に創造する行為のみである。
慈悲の原理を越え、逸脱する人民、および調整機関とその当職者等のいかなる権利も保障されない。

第二条　この憲法は法律を一切廃棄するための唯一の法である。したがって軍隊、警察、固定的な国家的管理機関、官僚体制、司法機関など権力を集中する組織体制は撤廃し、これをつくらない。共和社会人民は個々の心のうちの権力の芽を潰し、用心深くむしりとらねばならない。

前文を受け「基本理念」の第一条では、まず歴史的反省により権力が集中する国家の廃絶を謳っている。そして人民は「慈悲の原理」による「互恵互助」の制度をとり、それから逸脱するものは人権が保障されないとする。つづいて第二条では国家の権力装置である軍隊や警察など組織体制の撤廃を定める。そして人々が有する「権力の芽」の除去をも求めるのである。

社会契約説では自然状態で人々が有するとされる権利を国家へ移譲することによって、国家権力による統治の正統性および社会秩序が保障されると考えられている。社会契約説は自然状態という一種のフィクションに立脚しているが、この共和社会憲法案はいわば、国家に移譲した権利を再び人々の手に取り戻し、それを個々人の責任でもって制御する社会を想定していると言えよう。そしてその理念に共鳴するものは、何人であろうと琉球共和社会の一員になれる、というのが川満の想像である。

第3節　琉球共和社会憲法案をめぐる議論

1　復帰体制下の日本国憲法

一九九五年、復帰後の沖縄で再び民衆運動が大きく渦巻く。九月、沖縄島北部で女子小学生が米兵三人により暴行される事件が発生した。あまりに痛ましい事件であったのみならず、日米地位協定により起訴まで米軍当局が容疑者の身柄を拘束したことも世論の反発をさらに大きなものにした[17]。

反基地感情が高まる中、九月二八日、県知事二期目を務めていた大田昌秀は、米軍用地未契約地に対する強制使用のための代行業務を拒否する。これは九七年五月に期限を迎える一部の軍用地が不法状態となることを意味する。県議会代表質問で大田知事は「冷戦が崩壊し、基地の整理縮小が進むと期待した。しかし、日米政府は安保の再構築を進めている。沖縄の基地が固定化されることを強く懸念している」「諸般の状況から署名・押印は到底できない」とその理由を説明した[18]。

一二月、村山富市首相は大田知事に対して軍用地強制使用の職務執行命令訴訟を提起する。そして九六年三月二五日、知事に代理署名を命じる原告勝訴の判決が下された。沖縄県側が主張した平和的生存権は認められず、大田は「県益が認められなかったことは憲法の理念からも残念」と語った。県は上告し、最高裁判所の判断を仰ぐ。しかし最高裁も国側勝訴の一審判決を支持、憲法で保障された財産権は無視され、駐留軍用地特別措置法に基づく米軍基地の強制使用を合憲と判断した[19]。さらに国会は九七年に暫定使用を、九九年には国が直接強制使用できるよう軍用地特措法を改定した。

このように復帰運動の理論的主柱であった日本国憲法による米軍基地の撤去および平和の実現は、内閣総理大臣による提訴を契機に司法の場で審議され、不可との結論が下された。そして立法府たる国会でも、強制使用を可能にするよう法制度が整備された。日本政府の三権ともに憲法の平和主義による在沖米軍基地の整理縮小を認めなかった。憲法の平和主義は、沖縄に平和をもたらさないというのが現実であった。

2　ポスト国民国家論と琉球共和社会憲法案

同時期の論壇では、冷戦の崩壊およびグローバリゼーションの進展といった国際社会の変容を背景に、国民国家そのものを問い直す国民国家論や近代のあり方に疑問を呈するポストモダンと呼ばれる議論が興隆する。この文脈において八〇年代初頭の時点で「国家の廃絶」を唱えた琉球共和社会憲法案が耳目を集める。例えば、西川長夫は従来の国民国家に代わる政治形態のひとつとして、混淆性を特徴とするクレオール主義を指摘する。そこに支配と服従の単一アイデンティティではなく、共生と解放の複合アイデンティティを見出す。国民国家とは異なる社会の想起という意味において、川満の琉球共和社会憲法案への感動を隠さない。「もともと国家廃棄の宣言を、国家の基本法である憲法の形を借りて表明することは根本的な矛盾であろう」とはするものの、国家の廃絶、そして開かれた共和社会人民資格を賞賛した上で、「無責任な発言であることを承知の上であえて言うのだが、私は沖縄の独立を支持したいと思う。だがその独立はもはや人種や民族や国家の独立ではありえない」と憲法案への賛同を示した[20]。

上野千鶴子もまた、琉球共和社会憲法案に高い評価を与える。沖縄の反復帰論がおどろくべきポスト国民国家の思想を生んだとした上で第一一条の「共和社会人民の資格」を引き、「これはたんなる夢想だろうか? 仮にこのような統治共同体の主権が、国家主権とならんで認められるならば、個人は帰属を移転することで、兵役を避けることもできる。また構成員がどこに居住していようと、共和社会は年金や保険など互助的な社会事業の事業主体として、協同組合的な機能を果たすこともできる。国民年金より共和社会年金のほうが有利なら、そちらに加入する方がよいと考える人が出てきてもふしぎではない」と述べている。これは市民権が国家との包括的契約ではなく、部分性ないし限定性を有するものであり、それゆえに国家への部分帰属もしくは多重帰属がありうるという論理に立脚している[21]。

このような議論に対して痛烈な批判を加えたのが萱野稔人である。萱野はまず「国家をなくすことは本当に可能なのか」と問いを立てる。そして「国家とは合法的な暴力行使を独占しようとする組織体であり、その根本には、物理的暴力行使を背景にしてみずからの決定を社会のなかに貫徹しようとする運動がある」とする。萱野にとって国家をなくすこととは、この運動そのものをなくすことができるのか、という問題となる[22]。その上で西川に対しては、国家とネーションを混同していると指摘し、仮にクレオール性によってネーションを突き崩したとしても、国家を突き崩したことにはならないと糾弾、「思考停止をポストモダン的な概念によって粉飾した典型例」とする[23]。

次に萱野は琉球共和社会憲法案の第二条に記されている権力が集約された組織の撤廃について批判する。萱野によれば、警察や軍隊の廃絶に反対する集団も必ず生まれるはずであり、彼らは自警団を形成するだろうと想定する。このような自警団を封じるためには強制的な物理的実力行使が必要となるため、結局は国家による暴力装置の撤廃は不可能となる。「個々の心のうちの権力の芽を潰し、用心深くむしりとらねばならない」という箇所についても、人々の「心のうち」を覗くことは不可能であり、それゆえにコントロールすることはできないとする。結局のところ、国家の廃絶の動きは国家を反復させると指摘する[24]。

第十一条に「ポスト国民国家の思想」をみる上野に対しても、萱野は沖縄の外側の人間の発想でしかないと評する。問題は沖縄内の琉球共和社会憲法を受け入れない人たちの存在である。沖縄内の反対意見を抑え込むためには、やはり暴力装置が不可欠となる[25]。

もう一点、萱野は自発的賛同への賛美に対して疑問を投げかける。自発的賛同それ自体は簡単であるが、問題となるのは賛同しない人々への処遇である。これを萱野は政治の本質と述べる。理念への賛同が達成されれば強制力は不必要となる。しかし逆説的に内面への拘束は強化されるのであり、同質化圧力が強まるのみだと喝破する[26]。

萱野による批判に対して異を唱えたのが新城郁夫である。まず、萱野が想定する「自警団」への武力鎮圧という仮定について、人的ネットワークたる琉球共和社会を領土的国家と誤認しており、これと武力衝突するという蓋然性を示す根拠がないとする。また、仮に萱野が想定するように琉球共和社会憲法に賛同せず、沖縄に国家を作ろうとする人々が出てきた場合には、その人々がそれぞれ夢想する国家を好きなように作ればよいと言う。新城によれば、従来の国家装置とは異なる領土性と統治性を有する琉球共和社会は、同じ場所で生起する国家形成運動と武力闘争関係に入る必然はない。萱野は国家を前提に国家を論じるゆえに、あらゆる人々に開かれている琉球共和社会を誤解していると新城は批判する。[27]

このような新城による擁護に対して批判を加えるのは高橋哲哉である。高橋は近年、琉球独立論が活発化[28]しているなか、国家とは異なる形での日本からの離脱を唱える琉球共和社会憲法案もまた脚光を浴びているとする。高橋はこの憲法案が一切の法と権力を廃止したのちに残る「慈悲の原理」が、倫理的宗教的な「唯一な法」として内面化を強要される危惧を示す。その危惧を喚起するのが第二十七条（信仰・宗教）である。そこでは「過渡的措置として、信教は個人の自由である」とされているゆえ、最終的には信教の自由のない倫理的・宗教的一元化を目指すと解される。[29]

また、第四十七条（請願・公訴）で「個人および集団がこの憲法の基本理念である慈悲の原理に照らして、不当な戒を受けたと判断する場合は、所属自治体の衆議開催を要求し、戒を解くことができる」と定められていることから、「慈悲の原理」に反した場合に「戒」を受けることが想定されており、これは事実上の正当化された権力の作用だと指摘する。ここでは、一切の法権力の廃止を謳いながら、実際には「慈悲の原理」や「戒」といった法権力に類するものが想定されている。[30]

さらに、新城は琉球共和社会の日本国家からの離脱が「衝突」なしに可能だとするが[31]、高橋によればそれは困難だとされる。新城が「可能性の核心[32]」とする第十七条から、その困難性を見出す。

（亡命者、難民などの扱い）

第十七条　各国の政治、思想および文化領域にかかわる人が亡命の受け入れを要請したときは無条件に受け入れる。ただし軍事に関係した人間は除外する。また、入域後にこの憲法を遵守しない場合は、当人の希望する安住の地域へ送り出す。難民に対しても同条件の扱いとする。

この条文は無条件といいながら実際には条件が付されていることがわかる。これは事実上の「入域管理」であり、日本国家による「入国管理」と衝突する可能性は十分にあると高橋は指摘する。高橋にとっては、たとえ沖縄が共和社会として日本からの離脱を目指す以上、沖縄の政治的主体化を意味する場合には、国家権力との衝突は不可避なものとなる。

おわりに

本章ではまず戦後沖縄における日本国憲法の意義を検証した。日本の平和主義の主柱となる九条（戦争放棄・戦力の不保持）は天皇制の存続を図るためであり、その代償として軍事要塞となったのが沖縄であった。講和条約発効後、対米軍感情が悪化した日本本土において反基地闘争が激化、米軍海兵隊は沖縄へ移駐することとなった。沖縄では日本国憲法の適用による米軍基地撤去、という論理によって復帰運動が展開された。日米両政府は沖縄返還を決定するものの、それは米軍基地の残置を伴うものであり、結果として日米安全保障体制を強化するものとなった。復帰後も沖縄では平和憲法による基地撤去が模索されたが、日本政府の三権はそれを否定した。

復帰前夜に登場した「反復帰」論は当時から日本の平和憲法への疑念を表明していた。復帰から約一〇年が経過し、沖縄社会の日本化が進展していく中で川満は琉球共和社会憲法案を提示した。これは日本国憲法に代わる沖縄独自の憲法案としての性格を有するものであった。この憲法案の最大の特色は国家の廃絶というそのラディカルさにある。登場から約三五年を経過した今日においてもいまだ議論の俎上に載る理由とは、復帰以前から一向に改善しない沖縄米軍基地問題の現状と日本国憲法の平和主義への失望、そして高橋が指摘したように、昨今の琉球独立論と相まって関心を集めているところにあるだろう。

しかし、萱野や高橋が議論してきた通り、現実的な政治形態を形作るための憲法案としての有用性には疑問が残る。法によって一切の法を否定するという自家撞着のみならず、一切の権力を否定しようとも「権力的なるもの」が、完全なる共生を目指そうとも「排他的なるもの」が内包されていることは言及されている通りである。このような矛盾については「匿名座談会」参加者らも当初から意識していたことは確認しておいていいだろう。

A　そもそもパロディの意味も盛り込んでやろうというから、これは最初から矛盾撞着をかかえたままの発想ですよ。

E　だって編集の主旨にも「知的遊戯」と書いているのだからしょうがない（笑）。それをダメというのなら、ダメということを強力に出していかねばならない。

A　しかし、全くの知的遊戯に終ってもいけないわけでしょう。

H　僕は真面目にやることが、むしろパロディだと思うんですね、今の時点では。

F　そんなことならば、現在の日本国憲法も非常に立派な憲法なんだから、それを「将来の琉球共和国憲法とする」というだけでいいことになる。

C　あれにはちゃんと皇室規定が入っている。

F　そういうところを除いてね。

E　あるいは、マッカーサー憲法みたいに土地の共有を盛り込むとか。

B　そういったことでいえば、一見まっとうな憲法というのは比較的たやすくつくれるわけだよ。しかし、それでは最初に話し合った現在の状況や予見される状況に対するインパクトは持ち得ない。状況に風穴をあける「毒」を調合しようということだから。(33)

本企画の趣旨は琉球の憲法というパロディを創り、それを玩具に「知的遊戯」という思考実験を行うことに他ならない。もし現実的な沖縄独立のために沖縄国憲法を草案する場合には、日本国憲法から皇室規定を除けば十分だ、というのである。しかし、この憲法案の眼目は実際の独立ではなく、国家によって規定された人々の思考回路を狂わせる「毒」の調合である。憲法案は「沖縄問題」を解決するための具体的な方策を示した「処方箋」では決してない。換言すれば、領土、国民、国家そして権力を所与のものとすることなく、相対化し、国家の論理に抵抗する思考の転換こそが図られている。

その転換から導かれる方向性の一つとして、川満自身は「越境憲法」の可能性を提示する。これは済州島から琉球諸島、台湾、海南島へと繋がる海域を非武装地帯とし、大国間の武力衝突を予防する構想である。さらには共通通貨とアジア文化の共通性からなる東北アジア共同体を実現し、その先に資本主義の発展的解消までを射程とする。(34) 東シナ海において尖閣諸島の領有権をめぐり日本・中国・台湾が対立している現代こそ、川満による構想の意義がより際立つ。(35)

さらにはアジアさえも超えて、普遍的構想へと繋がる道筋さえもある。「島嶼・平和学」を提唱する佐藤幸男は、辺境たる島嶼地域に向けられた世界的暴力を分析し、世界へ解き放つことで平和戦略へと読み替える必要性を指摘する。その上で「画定された領土にもとづく主権の時代は終わり、国家が明確に区切られた空間の内部で動く時代も終わりを告げているいま、沖縄をはじめとする島嶼海域世界という無化された境界＝場から平和を構想することは〈しま〉の平和から無数の平和の〈しま〉を世界に押し広げ、絶望の海に浮かぶ希望の島とならねばならない」と提起する。(36)

琉球共和社会憲法案を戦後沖縄の経験に根ざした思想的礎とした上で、沖縄、アジア、そして世界における平和を実現していく方策を模索することこそが我々にとっての課題であろう。

注

（1）古関彰一『「平和国家」日本の再検討』岩波書店、二〇一三年、一〇—一九頁。
（2）同右、一九—二四頁。
（3）明田川融「一九五五年の基地問題」『年報・日本現代史　第六号「軍事の論理」の史的検証』現代史料出版、二〇〇〇年、八五—八九頁。
（4）鳥山淳『沖縄／基地社会の起源と相克一九四五—一九五六』勁草書房、二〇一三年、二五一—二五五頁。
（5）『朝日新聞』二〇一二年五月一五日。なお、現在の日本本土と沖縄の米軍基地の比率はおおよそ三対七である。
（6）若泉敬『他策ナカリシヲ信ゼムト欲ス』文藝春秋、一九九四年。
（7）ここまでの議論の詳細は小松寛「戦後沖縄と平和憲法」島袋純・阿部浩己編『沖縄が問う日本の安全保障』岩波書店、二〇一五年を参照。
（8）川満信一「沖縄祖国復帰の意味」『中央公論』五月号、一九七二年、一〇一—一〇三頁。
（9）同右、一〇四—一〇七頁。
（10）櫻澤誠『沖縄現代史』中公新書、二〇一五年、一七三—一七七頁。

(11) 同右、一九七―一九八頁。

(12) 河野啓「本土復帰後四〇年間の沖縄県民意識」『NHK放送文化研究所年報』五七号、二〇一三年、九四―九五頁。

(13) 仲里効「ノモスの消失点、到来する共同体」川満信一・仲里効編『琉球共和社会憲法の潜勢力』未来社、二〇一四年、一一六頁。

(14) 匿名座談会「「憲法」草案への視座」『新沖縄文学』四八号、一九八一年、一八五、一八八頁。

(15) 匿名座談会、前掲、一九〇頁。

(16) 匿名座談会、前掲、一八九頁。

(17) 沖縄タイムス社編『五〇年目の激動』沖縄タイムス社、一九九六年、一九―二〇頁。

(18) 同右、三〇―三六頁。

(19) 同右、一五八―一六五頁。

(20) 西川長夫『〈新〉植民地主義論』平凡社、二〇〇六年、一三六―一四〇頁。

(21) 上野千鶴子『生き延びるための思想』岩波書店、二〇〇六年、三五―三六頁。

(22) 萱野稔人『ナショナリズムは悪なのか』NHK出版、二〇一一年、九七頁。

(23) 同右、一〇二―一〇四頁。

(24) 同右、一〇五―一〇七頁。

(25) 同右、一〇七―一一〇頁。

(26) 同右、一一二―一一四頁。

(27) 新城郁夫『沖縄の傷という回路』岩波書店、二〇一四年、二〇八―二一四頁。

(28) 沖縄独立論の変遷については小松寛「戦後沖縄史における沖縄独立論」『現代短歌』八月号、二〇一八年、三〇―三五頁を参照。

(29) 高橋哲哉「琉球共和社会と無条件的なもの」『思想』一二月号、二〇一四年、三一―六頁。

(30) 同右、六―七頁。

(31) 新城、前掲、二二七―二二八頁。

(32) 新城、前掲、二〇七頁。
(33) 匿名座談会、前掲、一九一―一九二頁。
(34) 川満信一「琉球共和社会憲法私案の経緯」川満信一・仲里効編『琉球共和社会憲法の潜勢力』未来社、二〇一四年、四三―四四頁。
(35) 仲里、前掲、一一九―一二九頁。
(36) 佐藤幸男「〈島嶼・平和学〉から見た沖縄」西川潤・松島泰勝・本浜秀彦編『島嶼沖縄の内発的発展』藤原書店、二〇一〇年、九七、一〇七―一〇八頁。

第2部

トランスナショナルな世界の平和学

第5章

トランスナショナル・リレーションズ研究としての移動・移民研究
――中国朝鮮族の事例から

宮島　美花

はじめに

今日、国際社会における国際行為体（actor）が国家のみではないことは誰もが認めるところである。国家以外のアクター（非国家アクター）、とりわけトランスナショナル・アクターに注目するのが、トランスナショナル・リレーションズ研究であり、トランスナショナル・リレーションズ研究の課題として、トランスナショナルな関係が国家に及ぼす影響を解明することが挙げられている。(1) 本章の目的は、日本在住の中国朝鮮族を事例に、その課題を受けての議論を試みること、特に、活発な国際移動が国家（日本）に与える影響を検討することである。これまでの移動ないし移民研究において、移動・移民と国家の関係は、国家が移動・移民をいかにコントロールするかという側面から論じられることが多かったが、本章では、国家の政策が移動・移民に与える影響のみならず、移動・移民が国家に及ぼす影響に言及する。

第1節　トランスナショナル・リレーションズ研究の変遷と今日的課題

1　トランスナショナル・リレーションズ研究の登場と流行

一九七〇年代に、国境を越えて活動する多国籍企業（Multinational Corporation＝MNC）といった新しいアクターと、一国内では十分に解決されることのできない、環境汚染、人口過剰、核拡散、資源の消耗、貧困といった新しいイシューが出現した。これを背景に、コヘーンとナイ（Keohane and Nye）は「トランスナショナルな関係が国家間の関係にどのような影響を与えるかにもっと注意を払うべきでないか、これらの影響を探ろうとする場合、国家中心モデルは不適切ではなかろうか」と問題提起し、トランスナショナルな関係の進展が国家間の相互依存状態を深化させ、その深まった相互依存状態のために国家の対外行動は制約されるとの考えを示した(2)。この問題提起によって、国家中心的パラダイムに挑戦し、非国家アクターの役割を国際関係の考慮に入れる必要があると主張する著作が多く発表されるようになった。

2　トランスナショナル・アクターの定義と「トランスナショナルな関係」の定義

しかし、トランスナショナル・アクター（脱国家的行為体）の定義も、「トランスナショナルな関係」の定義も、論争的であってきた。体系的な定義を試みた石川によると、トランスナショナル・アクターとは、広義には国家以外のアクターすべてを指すが、狭義には、「『脱国家主権』的な国際活動単位、いいかえれば、既存の特定国家の利害を越え、私的にあるいは公的に自由な行動をとり、主権国家の対外問題処理能力の限界を明らかにするような非国家的行為体」を意味している(3)。

トランスナショナルな関係についても、少なくとも一方のアクターが国家でない関係ないし政府間関係以外の全ての関係、と広範囲に捉える考え方がある。坂本・中村は、もう少し説明を加えて、①「民間の個人・団体と他国の民間の個人・団体との関係」、つまり「民間相互関係」と、②「民間の個人・団体と他国の政府との関係」、つまり「民間と他国政府間の関係」の、この両者を合わせてトランスナショナルな関係と呼ぶと説明している。(4) しかし、この説明では、例えば、中央政府を介在しない地方自治体間の国際連携などはトランスナショナルな関係として取り扱うことができなくなる。そのため、筆者は、狭義のトランスナショナルな関係について、トランスナショナル・アクターについての狭義の定義を参考に、「主権国家の対外問題処理能力の限界」領域において非国家アクターが関わって展開される関係ととらえてはどうかと考えている。

3 「トランスナショナリズム」とトランスナショナル・リレーションズ研究

コヘーンとナイによる問題提起ののち、非国家アクターに注目するトランスナショナル・リレーションズ研究の著作が多く発表されていったが、その反面、国際政治学ないし国際関係論において、トランスナショナリズムという言葉は、宙に浮いたような不確かな言葉になった。今日でも、トランスナショナリズムという言葉は、様々な分野で、まちまちな用法で使用され、いささか注意が必要な言葉となっている。

対比できる一例として、グローバリズム（地球主義）を挙げてみる。「グローバル（な）」という言葉は「地球（規模）の〜」という意味の形容詞であり、「グローバリズム」は国家を超えて地球全体に関わる諸課題を包括的にとらえてこれに対処すべきとする主義・主張ないし考え方のことである。「グローバリゼーション」（グローバル化、地球化）は、ヒト、モノ、カネが国家の枠組みを超えて活発に移動し、それに伴って地球規模で「社会的・文化的・経済的・政治的・軍事的な相互依存関係」が成立する過程ないし状態を指す。グローバリゼーションが「現在進行中の社会的・経済的・政治的過程」を指すのに対し、グローバリズムは、「ひとつの『主義』」であり、「一定の認識と価値判断の枠組みである」[5]。

この例を見ても、「-ism」という接尾辞は、本来、特定の理念、主義、主張、考え方などを示すものに使用されるものである。これに対して、トランスナショナリズムという言葉は、特定の主張や考え方などを示すものなのか、トランスナショナルな国境を超える現象そのもの、ないしそのような現象が増加する状態・傾向などを示しているのか、はっきりしない。

日本の代表的な国際政治学者たちによる規模の大きな事典、例えば、『政治学事典』（猪口ほか）、『国際政治経済辞典（改訂版）』（川田ほか）、『国際政治事典』（猪口ほか）を見ると、いずれも「トランスナショナリズム」の項目がない[6]。国際政治学の専門的な事典ではなく、百科事典を見てみると、こちらには「トランスナショナリズム」の項目がある。『ブリタニカ国際大百科事典』（二〇一四）では、トランスナショナリズムは、「領土主権国家でもある国民国家を唯一最高の構成単位、行為主体としている今日までの国際社会の現状を、漸進的、部分的に改変していこうとする脱国家的、超国家的な理念や動き」と説明されている。他の学問領域の場合はどうであろうか。文化人類学や社会学を学びはじめた大学一～二年生向けに書かれた入門テキストを見てみると、例えば、長友は、トランスナショナリズムとは「越境するプロセスと国境を越えた関係性そのもの」を指すと説明する[7]。

以上のことを整理してみると、トランスナショナリズムとは、一般的には「脱国家的」（transnational）な「理念」や「動き」を指す言葉であると説明され、国際政治学では定義を示されずにおり、その他の学問領域、例えば社会学や文化人類学では、そのような「プロセス」と「関係性」を指すという。なるほど、トランスナショナリズムについての定義や説明はまちまちで、これでは多様な文脈の文章において各人によって自由な用法で多用されるはずである。

では、なぜ、国際政治学では定義を示していないのだろうか。それは、国際政治学において、トランスナショナルな関係を取り上げるトランスナショナル・リレーションズ研究には二派が存在したことに一因があると思われる。一九七〇年代に起こったトランスナショナル・リレーションズ研究は、非国家アクターに注目し、国家は国際政治過程のための唯一のゲートキーパーであるとはみなせないとすることで共通しているが、展開していくにあたって、楽観的な結論を持つものと、悲観的な結果を憂慮するもの（ないし負の側面も認めるもの）の二派が存在していた。前者は、トランスナショナルな関係が発展すれば、統合や相互依存が高まり、国家の行動の自由が制限されて、より平和な世界秩序が生み出されるだろう、あるいは、最終的には大規模な国際統合やMNCが国家に取ってかわるだろう、と考え、MNCを平和への強い力と見なしもした。後者は、トランスナショナルな活動とその結果として起こる相互依存によって、紛争や分裂、拡散といった負の結果も生じたことを認める。MNCに関しても、母国の雇用を失わせ、第三世界においては外国による支配の代行人の役割を担い、結果として途上国から先進国へ資本を流してしまう、という側面を取り上げる。例えば、エヴァンス（Evans）は、MNCによる負の結果の犠牲となる第三世界の途上国にとっては国家の自律性の増大こそ重要であると論じ、ウォリック（Warwick）は、トランスナショナルな交流が「個人と平和に及ぼす影響は複雑で、いつも肯定的であるとは限らない」としたのみならず、「トランスナショナリスト」の多くが持っている、トランスナショナルな接触は世界平和の実現を促進するという確信は、「経験的な証拠以外のものから引き出されている」と述べて、この信念の根拠を調査するよう要請した。[8] 馬場は、トランスナショナルな関係が発展すれば「統合や相互依存が高まり、人類は協働して世界平和の建設に接近していく」という期待の呪縛から離れて、相互依存・統合と分裂・拡散、すなわちトランスナショナルな関係の正の側面と負の側面とを同時に説明しえるトランスナショナ

ル・リレーションズ研究を模索しようとした。(9)

今日、国際政治学において、トランスナショナリズムを、トランスナショナルな関係の発展は国家の対外行動の自由を制約し世界平和の実現を促進するという主義・主張・考え方であるととらえ、それを支持する「トランスナショナリスト」を自認する研究者はおそらくいないのではないだろうか。その理由は、私たちが、トランスナショナルな関係が及ぼす影響は複雑で、トランスナショナルな関係が増加すれば相互依存・統合と同時に分裂・拡散をも増大させる、という事実を痛感させられてきた（痛感させられている）という現実があるからに他ならない。これにより、国際政治学において、トランスナショナル・リレーションズ研究は、「-ism」（〜主義）と呼べる理論体系の完成には至らず（したがって国際政治学の事典・辞典には項目掲載がない）、非国家アクターとトランスナショナルな関係に注目する「アプローチ」として存在していくことになったと考えられる。

4　トランスナショナル・リレーションズ研究の今日的課題

非国家アクターに注目したトランスナショナル・リレーションズ研究は、一九八〇年代以降、ふたつの理由で衰退していく。ひとつには、一九八〇年代に、国家の行動を構造から説明しようとする新現実主義（Neorealism）が登場し、国際政治学の主要理論のひとつとしての地位を占め、「トランスナショナル・アプローチをしのぐように」なったためである。(10) いまひとつには、トランスナショナル・アプローチは、次第に相互依存研究に包摂されるものと見なされるようになり、その相互依存研究が相互依存状態におかれた国家の行動分析に関心を寄せていったことで、非国家アクターへの注目という主張の行き場を失ったためである。(11)

このような衰退の時期を経て、一九八〇年代後半、つまり冷戦末期から、再びトランスナショナルな関係に注目する著作が出現する。冷戦後には、国際場裏で活動する非国家アクターは爆発的に増加していった。

冷戦後のトランスナショナル・リレーションズ研究のなかでも、例えば、リセ＝カッペン（Risse-Kappen）は、トランスナショナルな関係の高まりが創り出す社会間の相互依存が国家の役割を減少させるというかつて見られた主張と、それに対するリアリストの批判という、二つの価値判断と両者の論争を越えて、国家の政策に対するトランスナショナルな活動の影響力を検討しようとする。リセ＝カッペンによると、今日、「ほとんど誰もトランスナショナルな関係が存在することを否定せず、その存在は十分に確立されている」にも関わらず、「トランスナショナルな関係が国家の政策と国際関係に及ぼす影響は未だわずかしか明らかになっていない」。そして、「国家中心」対「社会優位」という初期の議論のかわりに「国家間世界がいかにトランスナショナルな関係の『社会世界』（society world）と相互作用するのかを研究するほうが、より有益」である[12]。

5　小括

本節で明らかになったことは次のとおりである。まず、国際政治学において、トランスナショナル・リレーションズ研究は、「-ism」（～主義）と呼べる理論体系に至っておらず、非国家アクターとトランスナショナルな関係に注目するアプローチとして存在している。トランスナショナル・リレーションズ研究は、トランスナショナルな関係の発展によって国家の対外行動の自由が制約されて世界平和の実現が促進される、と主張するものでも、トランスナショナルな関係がアクターとしての国家をしのぐようになる、と主張するものでもないことが改めて確認された。その確認のもと、今日のトランスナショナル・リレーションズ研究の課題として、トランスナショナルな関係が国家に及ぼす影響を明らかにすることが挙げられていることをみた。この課題を受けて、続く次節では、日本在住の中国朝鮮族の事例から、国際移動ないし移動する人々が国家に与える影響を検討していく。

第2節　国際移動と国家――日本在住の中国朝鮮族の事例から

1　日本へ移動する中国朝鮮族

中国朝鮮族（以下、朝鮮族とも略す）とは、中国の少数民族のひとつであり、主に中国の東北地方に集住してきた約二〇〇万人のコリアンのことである。中国朝鮮族は、一九九〇年代以降、中国の東北地方から、北京や上海など国内大都市や海外へ活発に移動するようになった。彼らの海外への移動は、中韓国交樹立（一九九二年）に伴う韓国への移動が最も多く、在韓朝鮮族はすでに六〇万人を超える。次いで日本の留学生受入拡大政策に端を発する日本への留学、ソ連崩壊を契機としたロシアへの生活雑貨の行商が多い。

日本に暮らす朝鮮族は、推定五万人から一〇万人といわれる。筆者は、朝鮮族が、なぜ、どのように日本に移動し、どのように日本での生活を送り、どのような生活上の問題に直面し、どのようにそれに対処しているのか、移動する当事者の側の視点から、彼らの移動と生活に注目してきた。筆者が、二〇〇一年（一二〇名）、二〇一一年（四八名）、二〇一五年（三三名）の合計三回にわたってアンケート調査（雪だるま式標本法）を行ったところ、①先に来日した親戚・友人・知人のつてといったエスニック・ネットワークを活用して来日する者が多いこと、②アルバイトや仕事を探すうえでも朝鮮族の紹介やつてを用いる場合が多く、日本においても「一番親しい友人」は朝鮮族である場合が多いことなどから、日本への移動のみならず、日本での暮らしにエスニック・ネットワークが利用されている、という結果が得られた。また、日本への移動には、中国の朝鮮族学校（民族学校）における外国語教育のなかで日本語が学ばれてきたことが背景となっていた。量的調査（アンケート調査）と並行して質的調査（生活史の聞き取り調査）も行い、そこでは、移民の社会保障を保護する国際的な制度

の不備、各国の制度的不備、そして、それに対する朝鮮族の対応が明らかとなった。(13)

2　朝鮮族の移動先としての日本―日本の留学生政策

それでは、移動者たる朝鮮族を受け入れる国家（日本）の側の視点からは、国際移動ないし移動する人々が国家に与える影響について、どのようなことが言えるであろうか。朝鮮族の日本への移動は、一九八〇年代初めに中国人の国費留学生として朝鮮族が来日したことから始まる。鄭によると、日本語既学者の多い朝鮮族は日本への留学生として選抜されるにあたって有利であったため、新中国から日本への留学が始まった草創期（一九七九年〜）において、中国人留学生のうち朝鮮族の数は相当に多かった。『(共産党全国代表、全人代代表、全国政治協商会議委員）朝鮮族英才録』（二〇〇四）にも、一九八〇年に日本に留学した幾人かの朝鮮族について記載があり、この時期の朝鮮族留学生は特定のエリート層であったことがわかる。(14) 権の整理によると、それが、「留学生一〇万人計画」の実施、日本語学校に通う就学生(15)に対する入国手続きの簡素化（一九八四年）を経て、特に一九九六年に来日のハードルのひとつであった日本の身元保証人制度が廃止されると、先に来日している親戚・友人・知人のつてといったエスニック・ネットワークが活用され、来日が加速化し、大規模化した。(16)

栖原によると、一九八三年に発表された「留学生一〇万人計画」は、日本にとって、「国際協力」「国際貢献」を目的とした計画であり、留学生は卒業をしたら帰国するものと考えられ、卒業後に日本で就職する選択肢は想定されていなかった。当時の日本では、「留学」の在留資格を持つ外国人（留学生）が卒業すると、仮に日本企業が日本での就職採用を決めたとしても、入国管理法上、該当する在留資格がないために日本で就労することはできず、帰国を含めた離日を余儀なくされていた。このような状況が、「留学生一〇万人計画」が打ち出されたあとも、一九九〇年に出入国管理法が改正されるまで一〇年ほど続いたという。(17)

しかし、一九八〇年代は、日本はバブル好景気で労働力不足が議論された時期でもある。日本政府は、海外からの単純労働力は受け入れないという方針を堅持しつつ、専門的・技術的労働者については、日本の大学で学ぶ留学生を「高度人材予備軍」とみなし、卒業後に彼らの日本での就労を可能にする制度的枠組みの検討を進めた。そして、一九九〇年の出入国管理法の改正において、「法律・会計業務」「医療」「研究」「教育」「人文知識・国際業務」「企業内転勤」の在留資格が新設され、「報道」「投資・経営」「技術」「興行」「技能」等の既存の在留資格についても、その該当する活動範囲が拡大された[18]。留学生が日本の大学を卒業し、日本で就職する時、主に文系専攻の学生は在留資格「人文知識・国際業務」に、理系専攻の学生は「技術」に変更する場合が多い（両者は平成二六年の入管法改正によって統合され「技術・人文知識・国際業務」となり、例えば文系と理系の双方の要素を含む職種に対して在留資格の許可判断が行いやすくなった）。一九九七年には、専門士資格を取得した専門学校卒業生にも就労可能な在留資格が認定されるようになった。

二〇〇三年に留学生数は一〇万人を超え、目標が達成された。その多くは、アルバイトで学費と生活費を工面する私費留学生である。二〇〇八年、福田首相（当時）が、こんどは二〇二〇年までに留学生三〇万人の受け入れを目指すという「留学生三〇万人計画」を提唱した。この「留学生三〇万人計画」は、「留学生三〇万人計画」の、単にその三倍の留学生を受け入れるという目標数値だけを増加させた計画ではない。「留学生一〇万人計画」は、日本にとって「国際協力」「国際貢献」を目的とした計画で、留学生は卒業後に帰国することを前提としていたのに対し、新たな「留学生三〇万人計画」は、大学院などへの優秀な人材の確保、卒業後の日本企業への就職が主要な目的として設定されており、日本の「グローバル化戦略」の一環として位置づけられている。日本政府が「留学生三〇万人計画」を打ち出したのは、おそらく、進む少子化と労働力不足のなかで外国人留学生を受け入れながら、外国人単純労働力は受け入れないという従前の方針に手を付けなくとも、留学生の受け入れを増やすことで、単純労働者と専門的・技術的労働者の双方をいくらかまかなうことができると経験的に学んだことによる。留学生は、学生時代はアルバイトのかたちで単純労働者の不足を補い、卒業後に日本で就職すれば専門的・技術的労働者の不足を補うことになるからである。今日では、日本で働く外国人労働者は約一二八万人（二〇一七年一〇月末時点）で、「このうち四割は、留学生のアルバイトや技能実習生といった就労目的ではない外国人」である（『西日本新聞』二〇一八年八月二四日）。コンビニ、スーパー、飲食店などで外国人留学生が働く姿は、いまでは日本社会のありふれた日常の光景である。

前出の筆者のアンケート調査（二〇一五年、三三名）からも、日本の留学生政策と朝鮮族の来日・日本滞在が連動していることが確認できる。一九九五年以降に来日した者が多く（表1）、これは一九九六年の身元保証人制度廃止が背景となっている。来日時の在留資格では、最多が（大学で学ぶ資格である）「留学」一九名、次いで（日本語学校で学ぶ資格である）「就学」一一名で、合計で三三名中三〇名を占める。そして、現在の滞在資格（表2）では、留学生が卒業後に日本で就職する際に変更取得する「人文知識・国際業務」「技術」がみられるほか、日本滞在期間が一〇年以上になる長期滞在者が多い（表3）こととあいまって、「永住者」資格や「日本国籍」を取得した者がみられる。

表1　（はじめて）来日した年（2015年調査）

来日した年	人数
1990〜1994	1
1995〜1999	11
2000〜2004	12
2004〜2009	5
2010〜2014	4
合計	33

出所：宮島美花『中国朝鮮族のトランスナショナルな移動と生活』国際書院、2017年、131頁。

表2　在留資格（2015年調査）

	人数
永住者	11
人文・国際業務	7
日本国籍	5
留学	4
技術	2
家族滞在	1
永住者配偶	1
欠損値	2
合計	33

出所：宮島、前掲書、134頁。

表3　日本滞在年数（2015年調査）

来日年数	人数
1年未満	1
1年以上～5年未満	3
5年以上～10年未満	4
10年以上～15年未満	11
15年以上～20年未満	11
20年以上～25年未満	1
欠損値	2
合計	33

出所：宮島、前掲書、131頁。

おわりに

国際移住機関（International Organization for Migration＝ＩＯＭ）によると、かつての移動は、永住を前提とした一回限りの（片道の）移動が主流であったが、今日の移動は、送り出し国と受け入れ国の間を繰り返し移動するような反復性を持つ傾向にある。また、送り出し国から受け入れ国への移動のあと、また異なる第三国へと移動がなされる場合もある。今日、人は、一生のうちに、いくつかの異なる国で、教育を受け、働き、子どもを育て、退職し老後を迎えることが可能になり、更にはそのような移動と生活が特殊ではなくなってきている(19)。受け入れた留学生に卒業後には日本で就業してもらうことのみを考える日本の留学生政策は、このような現在の国際移動の傾向を踏まえておらず、時代遅れの感を受ける。現在の国際移動の傾向を勘案するならば、その政策は留学生や元留学生の家族の問題、そして、繰り返される移動の可能性を念頭に置いたものになるはずである。

日本在住の外国人は、一九八〇年には七八万人、一九九〇年には一〇七万人、二〇〇〇年に一六八万人と増加しつづけ、二〇一七年一二月現在では二五六万人である。そのうち国別では中国（七三万人）が最も多く、その在留資格を見ると、最多が「永住者」（二四万人）、次に「留学」（一二万人）、「技術・人文知識・国際業務」（七万五〇〇〇人）、「家族滞在」（七万四〇〇〇人）と続く。[20] 前節では、日本在住の中国朝鮮族は、留学生として日本にやってくる者が多いこと、卒業後に日本で就職し（在留資格を「留学」から「技術・人文知識・国際業務」へ変更し）、長期滞在者となり、「永住者」資格を取得するものが増えていること、また、朝鮮族を含む留学生と元留学生の滞在によって日本の新たな留学生政策が方向づけられたことを見た。筆者が行った生活史の聞き取り調査では、留学生として来日した朝鮮族同士が、日本で結婚し、子どもを持ち、日本企業に就職した、さらにその先の興味深い展開が示されている。ある朝鮮族家族（夫婦と子）の場合は、家族全員で日本の永住者資格を取得したうえで、現在は家族で中国で暮らしている。夫は日本企業の駐在員として、妻は中国に転居した後に見つけた中国の職場で働いている。日本企業の駐在員である夫は引き続き日本の社会保障制度に加入し、毎月の給料から天引きで日本の社会保障関連の費用を支払っており、妻は中国の会社を通じて中国の社会保障制度に加入している。今後の居住国や、老後はどこで暮らすかなどは、今のところ未定である。夫婦が留学生の時期は学業とアルバイトで忙しく、子どもは中国の祖父母の手も借りて、日中間を往復しながら成長した。妻にとって家庭生活で最も心を砕いてきたことのひとつが子どもの学校ないし教育の問題であってきた。国際転校が子どもにとって大きな負担であることは想像に難くない。[21]

本章で指摘したように、日本の留学生政策は、すでに国内の労働力不足と連動し、それを補填する外国人労働者政策の意味合いを持っている。朝鮮族の事例を通じて明らかになることには、外国人留学生を受け入れるということは、単なる留学生政策を超えて、受け入れた外国人（留学生）の子女に対する教育サポートや、留学生の卒業後の多様な就労形態に既存の社会保障制度が対応しきれていない問題への政策的な対応も必要となる。日本はますます多くの留学生を受け入れる姿勢を打ち出しており[22]、法務省は二〇一九年四月から入国管理局を格上げした「入国在留管理庁」を設け、入管業務だけでなく、外国人の受け入れ環境の整備について関係省庁や自治体との調整も担う方針を打ち出した[23]。現在の日本の留学生政策には、留学生のアルバイトに週二八時間以内の制限を課しながら[24]、卒業前も卒業後も留学生の労働力に期待しているという矛盾が見られ、また、留学生と元留学生の家族の問題や、一生のうちにいくつかの国で暮らすという今日の国際移動の傾向も念頭に置かれていない。今後、日本は、表面的な看板としては「留学生政策」としながらも、その内実において、留学生と元留学生、およびその家族を含めた包括的な外国人政策への転換を迫られていくであろう。

注

(1) Thomas Risse-Kappen, ed., *Bringing Transnational Relations Back in: Non-State Actors, Domestic Structures and International Institutions*, New York: Cambridge UP., 1995, pp. 4-6.
(2) Robert O. Keohane and Joseph S. Nye, Jr., eds., *Transnational Relations and World Politics*, Cambridge: Harvard UP., 1971, pp. xvii-xxiv.
(3) 石川一雄「脱国家的行為体」川田侃・大畠英樹編『国際政治経済辞典』東京書籍、一九九三年、四〇七頁。
(4) 坂本義和・中村研一「トランスナショナルな関係」朝日新聞社『知恵蔵二〇〇七』をベースにしたウェブ版「知恵蔵」を参照（二〇一八年九月八日アクセス）。
(5) 川田侃・大畠英樹編『国際政治経済事典』改訂版（東京書籍、二〇〇三年）所収の武者小路公秀「グローバリズム（地球主義）」および「グローバル化（グローバリゼーション）」を参照。
(6) 猪口孝・岡沢憲芙・スティーブン・R・リード・大澤真幸・山本吉宣『政治学事典』弘文堂、二〇〇〇年。川田侃・大畠英

樹編『国際政治経済事典』改訂版、東京書籍、二〇〇三年、猪口孝・田中明彦・恒川惠一・薬師寺泰蔵・山内昌之『国際政治事典』弘文堂、二〇〇五年。

（7）長友淳編『グローバル化時代の文化・社会を学ぶ—文化人類学／社会学の新しい教養』世界思想社、二〇一七年、一二五頁。

（8）Peter B. Evans, "National Autonomy and Economic Development: Critical Perspectives on Multinational Corporations in Poor Countries," in Robert O. Keohane and Joseph S. Nye, Jr., eds., *op. cit.*, pp. 340-342; Donald P. Warwick, "Transnational Participation and International Peace," in Robert O. Keohane and Joseph S. Nye, Jr., eds., *op. cit.*, pp. 321-324.

（9）馬場伸也「非国家的行為体と国際関係」『国際政治』第五九号、一九七八年、viii—ix頁。

（10）Mike Bowker and Robin Brown, eds., *From Cold War to Collapse: Theory and World Politics in the 1980s*, Cambridge UP., 1993, p. 13.

（11）宮島美花『中国朝鮮族のトランスナショナルな移動と生活』国際書院、二〇一七年、九〇—九二頁。

（12）Risse-Kappen, *op.cit.*, pp. 4-6.

（13）宮島、前掲書。

（14）鄭亨奎「新中国の草創期における日本留学と予備教育」『朝鮮族研究学会誌』第五号、二〇一五年、一一頁。

（15）大学等の高等教育機関で教育を受ける場合には「留学」、高等学校や日本語学校を含む専修学校及び各種学校等において教育を受ける場合には「就学」として、在留資格が区分されていたが、二〇一〇年から在留資格の「留学」と「就学」の区別はなくなり、現在はすべて「留学」に一本化されている。

（16）権香淑「日本を生きる朝鮮族」吉原和男編集代表『人の移動辞典』丸善出版、二〇一三年、二一四頁。

（17）栖原暁「高度人材予備軍としての留学生」吉原和男編集代表、前掲書、一六二頁。

（18）鷲尾紀吉「入管法の在留制度」『中央学院大学商経論叢』第二五巻第一号、二〇一〇年、五八頁。

（19）ＩＯＭ（International Organization for Migration), *IOM policy brief July 2006: Integration in today's mobile world*, 2006, pp. 2-3.

（20）e-Stat 政府統計の総合窓口＞在留外国人統計（二〇一八年八月二五日アクセス）。

(21) 宮島、前掲書、一七六―一八一頁。

(22) 「菅官房長官単独インタビュー　留学生、卒業後の就労拡大　在留資格見直しへ」『西日本新聞』二〇一八年八月二四日。

(23) 「入国在留管理庁、来年四月に設置へ　入国管理局を格上げ」『朝日新聞』二〇一八年八月二八日。

(24) 在学する教育機関の長期休業期間にあたっては一日八時間まで就労が可能であるが、浅野は、制限時間内のアルバイトで生活費と学費の両方を稼ぎ出すことは困難で、日本の産業界の側でも「日本人若年層が集まりにくい職場」では留学生のアルバイト労働力に対する需要はとりわけ大きく、日本の留学制度は、「非現実的な想定」をした「虚構のうえに成り立っている」と指摘している。入国管理局ホームページ>資格外活動の許可（入管法第一九条）（二〇一八年八月二五日アクセス）。浅野慎一「中国人留学生・就学生の実態と受け入れ政策の転換」『労働法律旬報』一五七六号、二〇〇四年。

第6章 〈周縁〉からのヒトの移動と平和学
――中米の場合

竹村　卓

はじめに

日本平和学会難民・強制移動民研究分科会をけん引して来た小泉康一が指摘するように、「強制移動民（難民もその中に含まれる）は、他の何らかの強制的な理由により移動するが、危機にあい、個人の選択肢が限られる状況にあっても、逃げるか残るかという決定はくだすことができる」（傍線引用者）[1]。言い換えれば、そこには「動きたいか、動くニーズがなければならない」のである[2]。二〇一八年一〇月末現在、ヒトの移動と人間の安全保障をめぐる世界と日本の状況を概観すると、世界各地に動くニーズに突き動かされて移動するおびただしい人々が存在している。そしてその人々の移動先と目される国や地域においては、ヒトの移動を阻止しようとする勢力が、ポピュリズムの手法を用いて政治的に台頭して来ている。そしてその動きは、東北アジアの島国に住んでいる私たちにも、様々な選択を迫って来ている[3]。平和学の泰斗である佐藤幸男は、早くも二〇〇五年にヒトの移動とそれを阻止しようとするポピュリズム勢力の政治的台頭の意味を、人間の安全保障の視点を通して、世界

史的・人類史的な暴力の体系の中に位置づけている。(4)

眼を筆者がフィールドとしている中米という〈周縁〉に転じて見れば、人々が今この時も中米という〈周縁〉から、文字通り生命からがら究極の選択の結果移動している（移動できない人々については後述）。本章は、〈周縁〉である中米から、〈中心〉であるアメリカ合衆国（米国）への、〈中心〉への途上である〈準中心〉または〈準周縁〉であるメキシコ合衆国（メキシコ）への、さらに〈周縁〉である中米に位置するコスタリカ共和国（コスタリカ）への、ヒトの移動を、人間の安全保障の視点から検討する事によって、平和学とその研究者に、何らかの示唆を得ようとする試みの一つである。

第1節　〈周縁〉＝中米から〈中心〉＝米国への移動――脅かされ続ける人間の安全保障

二〇一八年一〇月に入って中米ホンジュラス共和国（ホンジュラス）を発し、主に徒歩で米国を目指す人々「キャラバン」が、当初一六〇名程度の集団から瞬く間に数千人規模に膨れ上がり、メキシコに到達したニュースが大きく報じられている。中間選挙の投票日が一一月六日に迫った米国のドナルド・トランプ大統領は、メキシコとの国境地帯に軍を派遣すると同時に、大規模なヒトの移動を阻止する対応を取り得なかったホンジュラス・エルサルバドル・グアテマラの中米三共和国に対し、援助の停止や大幅な減額で対抗する旨明らかにしている。二〇一六年一一月「不法移民」排除を公約に掲げたトランプの大統領当選が確実になって以来（二〇一七年一月大統領就任）、米国国内だけでなく、隣国メキシコや移民の主要な送り出し国である中米各国においても大きな混乱を生み出してきた。二〇一八年前半、米国内で不法移民と認定された家族・親子が離れ離れに収監されたり、強制送還されるに至って、内外の強い批判を浴びた事は記憶に新しい。

一九八〇年代内戦に苦しむ中米特にエルサルバドルから、激しい暴力を逃れた多くの人々がほとんど徒歩で隣国グアテマラに逃れ、南部国境からメキシコに入り同国を縦断して米国入りを目指した。その当時エルサルバドルに関する笑えないブラック・ジョークに「エルサルバドルで生き残りたかったら、政府軍とその手先「死の部隊（Death Squad）」に入るか、反政府ゲリラのファラブンド・マルティ民族解放戦線ＦＭＬＮに加わるか、それとも国を捨てて逃げ出すか」というものがあった。劇映画『サルバドル』や『Ｅｌ Ｎｏｒｔｅ（北へ）』は、そういう人々の状況をドキュメンタリータッチを交えて描き出している。米国におけるエルサルバドル出身者の多くは、この時期米国に逃れた人々とその子孫とされている。エルサルバドルは、日本の四国にも満たない国土中可耕地の大半を一四家族とも二一家族とも言われる大地主が独占し、同国を含め中米各国には相続税の制度も存在しなかった。エルサルバドルの国会で相続税導入を提案した議員が、見せしめに惨殺される事件も起こった。中米では直接的暴力と構造的暴力が手を携えて、人間の安全保障を脅かしているのである。

従来中米諸国では、米国への移民からの仕送り即ち移転所得が国の経済を支えてきた。例えば二〇一二年の移転所得の対ＧＤＰ比は、エルサルバドルでは一三％、ホンジュラスでは一五・七％を占める。米国内での合法・不法併せた移民人口は、エルサルバドル出身が約二三〇万、ホンジュラス出身が約八〇万とされる。ホンジュラスからの米国への移民は比較的最近の動向であり、二〇一二年時点で米国在住ホンジュラス出身者の半分以上が二〇〇〇年以降に移住し、約四分の一は二〇〇六年以降に移住。ホンジュラス出身移民の六〇％以上が不法移民であり、その数は二〇〇〇年一月現在の一六万人から二〇一一年には三八万人に増加、その間の増加率は一三二％に及び、同時期の不法移民増加率では、グアテマラ出身者の八二％やエルサルバドル出身者の五五％を大きく上回っている[5]。

二〇一〇年代初頭までに〈周縁〉である中米から米国はじめ北米へのヒトの移動は、中米と北米とを往き来する「往還型」の形態が顕著となっていた。[6]二〇一〇年まで米国の市中銀行に扱いを拒否され、手数料の高い海外送金会社を利用せざるを得なかった中米からの「デカセギ」労働者たちにも、利用可能な送金システムを日本人の元銀行員が立ち上げた。送金システム利用者の中には、故国にマイホームを建設する者まで現れた。[7]送金システムの可能性を知った国際復興開発銀行（世界銀行ＩＢＲＤ）や米国連邦準備制度理事会（ＦＲＢ）は、そこに新たなビジネスチャンスすら見出していた。[8]

しかしその後間もなく事態は暗転する。米国における中米出身不法移民の中で、青少年や大人に伴われない子ども達だけの不法入国者の増加が、大きな社会問題としてクローズアップされて来た。背景には中米において犯罪と暴力が蔓延し、日常的に人間の安全保障が脅かされている状態がある。例えばエルサルバドルにおいては、二〇一二年に人口一〇万人当たりの殺人率は四〇名台に下落したものの、暴力による死者数が、一九八〇年代の内戦中よりも内戦終了後の方が多い、という状況は変わらない。その隣国ホンジュラスから伝えられる情報は、より深刻の度を増している。人口一〇万人あたり殺人事件被害率は、米国への麻薬輸送ルート化とそれに伴う海外犯罪組織の進出もあって、二〇一一年・一二年の両年九〇名を超え、「世界で最も殺人に遭遇しやすい国」となってしまった。この犯罪の犠牲となるのは、第一に子どもたちであり、女性がそれに次ぐ。日常的に犯罪や暴力に巻き込まれる死傷者、特に幼小児の死傷者の増加は、目を覆うばかりであり、現地からは、二〇一八年一〇月末現在に至るまで連日のように悲惨な状況の報道が届いて来る。根底には貧困があり、新自由主義経済政策の導入による貧富の格差拡大に、二〇〇八年のリーマンショックが拍車をかけた。構造的暴力と直接的暴力の連鎖は、益々深刻の度合いを深めているのである。

ホンジュラスに代表される中米地域において、人間の安全保障が日常絶えず脅かされ続けている。特に子どもと女性、そして老人という社会的弱者は、生命の危機に日々直面している。人々は、文字通り生命を全うするため、生き残りをかけて自らの生まれ育った土地を離れて移動せざるを得なくなる。せめてわが子の生命を守ろうと親たちが、地縁・血縁など様々な手段を使って国外に脱出させた子どもたちの中で、米国までの移動途中で犯罪の犠牲になったり事故に遭うなどして落命するものも、少なくない。移動中性犯罪や人身取引といった脅威に曝され続けているのは女性たちも同様である。[9] 最も深刻なのは、移動する能力を持たない老人たちであろう。彼ら彼女たちは、子供や孫を外の世界に送り出した後も、日々安全が脅かされる現地に留まらざるを得ない。しかし不幸中の幸いと言うべきなのか、老人たちが犯罪の犠牲になる可能性は、青少年や子どものそれより低いと考えられている。[10]

第2節 〈周縁〉＝中米から〈準中心〉（または〈準周縁〉）＝メキシコへ——滞留・定住とそこでも脅かされる人間の安全保障

〈周縁〉である中米から〈中心〉である米国へと移動するヒトにとって、その中間に位置するメキシコは、中米から見れば〈準中心〉にあたり、米国からすれば〈準周縁〉にあたる。その意味でもメキシコは〈周縁〉と〈中心〉の中間の位置を占める。メキシコ外務省は二〇〇四年にイラスト入りのパンフレット『メキシコ移民ガイド』を発行し、〈周縁〉から移動して来たヒトを〈中心〉に誘う役割を担って来た。そこで〈中心〉である米国から「不法移民を推進した」との非難も受けたのである。[11]

しかし近年、〈周縁〉である中米から移動して来た人々の中には、当初最終目的地であったはずの〈中心〉＝米国には赴かずに、本来中継地であったメキシコに滞留し定住する者も増えて来た。メキシコにおける滞留や定住する者は、一般に女性が多いとされる。[12] 内戦終結後中米から移動して来た女性たちの多くは、男が「捨てた」

家庭の出身者とされる。エルサルバドルなど中米では、経済のグローバル化、新自由主義経済政策の進展に伴って、リストラされて失業する男性が増加した。実際には、家庭に生活費を入れていた男は少なかった。しかし「自分が社会で働いて、家族を養ってやっている」というマチスモ（男性優位）社会での最後の沽券を失った男たちは、家族を捨ててどこへともなく蒸発してしまった。無責任な男たちが「逃げた」後、家族の生活は残された女性たちの肩にのしかかってくる。彼女たちは家族を養うため、家事労働にさいていた時間を、社会に出て働くことに当て始めた。[13] しかし女性の社会進出と言ってもその実態は、日雇いやパートなど、低賃金の上、不定期で不安定な労働に過ぎなかった。[14] そこに先述のリーマンショックが追い打ちをかけた。家庭から社会に「出た」女性たちは、〈周縁〉である中米から出ざるを得なくなり、〈中心〉への移動の途上、〈準中心〉であり〈準周縁〉でもあるメキシコにひとまず辿り着いたのである。

辿り着いたメキシコで彼女たちは、〈中心〉である米国への入国が困難な現実に直面する。一時滞在のつもりとはいえ、生活する必要がある。そこでメキシコ現地のカトリック系団体などの手助けを得て、多くはメイドなどの家事労働者として働き始める。滞留しているうちに、メキシコに定住し、家族を再構成する例も報告されている。[15] 論文の基になった学会研究会報告において浅倉は、地域によっては中米からの移住者とメキシコ現地住民との軋轢の例や、定住化の成功・不成功には地域差がある事も報告していた。[16] 現地で、参与観察やインタヴューが行われたのは、二〇一〇年九月から二〇一二年九月にかけての時期であり、研究報告事例からは牧歌的な印象すら受ける。しかしそのメキシコにおいても、いわゆる「麻薬戦争」の名の下で日常的に人間の安全保障が脅かされ続けているのである。[17]

第3節 〈周縁〉から〈周縁〉へ——コスタリカをめぐるヒトの移動

一方、目をコスタリカに転じてみれば、情勢は一変して見える。コスタリカから米国への移住民は、二〇〇〇年から二〇一〇年の間、六万八五五八人から一二万六四四八人に増加したに過ぎない。GDPに占める移民からの移転所得も僅かなものである。コスタリカは憲法第三一条により政治亡命を認め、国際的には難民問題はじめ国際人権保障に熱心な国是で広く知られて来た。移民に関しても、建前では歓迎してきた。在住外国人や移民の増加に伴い「白人国」の神話が根強かった国民意識にも変化が見られ、二〇一五年一月には憲法第一条を改正して、「コスタリカは、『多民族、多文化の』民主的、自由で独立した共和国である」と多民族・多文化を国柄に加えた。[18]

コスタリカの英字ニュースサイト *Costa Rica News* は、二〇一七年八月二一日付配信記事で、ニカラグア共和国（ニカラグア）との国境付近でコスタリカの国境警察が、一台のトラックに押し込まれた五〇名のニカラグア人労働者を発見し、コスタリカ人運転手を人身不法移送の罪で逮捕した、と報じた。[19] また別の日には米国を目指す複数国籍の人間の不法移送が摘発された、と報じられている。米国とキューバ共和国（キューバ）の国交が回復した二〇一六年には、米国行きを希望する数千人単位のキューバ難民が、米・キューバ間の関係改善という国際力学の狭間に落ち込んだ形となって、コスタリカ領内に留まらざるを得ない状況にあった。これらの事実が示すようにコスタリカは、〈周縁〉である中米のみならず、同じく〈周縁〉であるラテンアメリカ・カリブ各地域からのヒトの移動にとって、一種の「緩衝地帯」としても機能しているのである。

国連開発計画（UNDP）の『人間開発報告二〇〇九』（*Human Development Report 2009*）によればニカラ

グアの対GDP比一二・一%に及ぶ移転所得の六五%以上は、ラテンアメリカ・カリブ地域からのものである。その大半が、コスタリカからの送金である事は想像に難くない[20]。コスタリカは憲法第三一条で政治亡命を認めており、キューバのフィデル・カストロはじめラテンアメリカ政界の大物たちの多くが、庇護を求めて避難して来た。元来「来る者は拒まず」が国是でもあり、難民・移民受け入れに寛容な社会を誇る気風も、市民の間に建前としては定着していた[21]。

ニカラグアから移動してきた人々は、コスタリカにおいては主に、コーヒー農園の季節労働はじめ「キツイ・汚い・危険」の3K労働に従事する。コスタリカ人とニカラグア人は隣国人であるにも関わらず、いや、だからこそ昔から仲が悪い、とされてきた。筆者が両国で耳にしたジョークに「『コスタリカは観光立国というけれど、誰が観光になど行ってやるものか』とニカラグア人は口にし、それを聞きつけたコスタリカ人が『じゃあ働きに来るな』と言い返す」というものがあった。とは言え、ニカラグア人の労働力がなければ、コスタリカ経済が立ち行かないのも現実の姿である。

ニカラグアからの移動民が増加するにしたがって「税金を払わずに、教育や医療などのサービスを受ける。要は、『ただ乗り』だ」「カッパライなどの小さな犯罪はニカラグア人が行い、麻薬や売春などの大きな犯罪はコロンビア人たちがしている」といった、建前ではない本音の言説がコスタリカ社会で表面化するようになってきていた。かつては家の中でコソコソ口にしていたような内容を、市民が大っぴらに口にするようになったのだ[22]。

コスタリカ大学法学部の国際法担当教授であり、国会議員も経験し、首都サンホセにある中米人権裁判所でも著名な人権派弁護士として知られていたカルロス・バルガス博士という一歳年上の友人が、かつて筆者にはいた（残念ながら二〇一二年八月ジョギング中心臓発作にて急逝、享年五八）。コスタリカでは成功者とも言える彼の両親も、隣国ニカラグア出身であり、二〇〇二年初めて会った頃から外国出身者を受け入れるコスタリカ社会の寛容さを大いに自慢するのを、筆者は何度も耳にしたものだった。しかし二〇一一年八月、外務省高官を務めていた博士に現地で会った際「コスタリカには、移民や移動労働者を受け入れる余地はなく、従来と同じようには寛容な政策はとれない」と語るのを、直接聞かされる事となった。同時期現地を訪れていた著名な日本人ラテンアメリカ研究者と博士の間で、移民・移動労働者の受け入れをめぐって大論争となった事も記憶に強く残っている。バルガス博士のような出自と経歴の持ち主ですら、外国人受入に関しては考えを一八〇度変えるほど、コスタリカ市民の意識は変化していたのである。[23]

一九八四年に約二三〇万だったコスタリカの人口は、二〇一八年には五〇〇万を突破した。もちろん人口増加の原因が、すべて外国からの流入とは言えない。しかし出生率の低下が伝えられるコスタリカ社会においては、国外から移動して流入して来る人々、特にニカラグア人に対して「出生率が高い」という不確実な言説が流布して、反感と恐怖が募っている。加えて二〇一八年四月以降、ニカラグアにおけるダニエル・オルテガ政権の国内弾圧から逃れた市民が、文字通り難民化し、コスタリカに大挙押しかけている。コスタリカ当局は国連難民高等弁務官事務所（ＵＮＨＣＲ）などとも協力して、この新たな避難民とも向き合っている。[24] しかしコスタリカ市民によるニカラグア人移動者への反発は強く、二〇一八年八月ついにニカラグア市民に対するヘイト集会が開催され、一部暴力化したとの報道もされるに至った。

おわりに――〈周縁〉からのヒトの移動が問いかけるもの

小泉は「世界中で起きている避難の姿は変化し、これまで考えられてきた国家、国境、移住、ネットワークについて、新しい思考法をもつことがせまられている。このことは、国連システムを人の移動の視点から見る場合にも、当てはまる」[25]と指摘している。事実、UNHCRなどからの強い警告と注意喚起を呼び、極めて不充分ながら、中米各国政府と米国・メキシコ両政府、各種国際機関も二〇一七年から二〇一八年にかけて、複数回の会合を重ねて対策を協議している。[26]しかしながら国際関係における既存アクターの機能不全は明瞭である。人間の安全保障を脅かされて犯罪や貧困から、半ば強制的に避難を余儀なくされている、これら移動するヒトたちを、既存のいかなる国際公法の規定も掬い上げる術を持たない。国際人権法をはじめ従来の国際人権レジュームでは、対処仕切れない現実が間違いなく存在する。

それはちょうどジャック・アタリが「いかなる権力、いかなる対抗勢力、いかなる制度機関も、さまざまな出来事の推移に対して有効な影響力を与えることが、もはや少しもできない」[27]と指摘するように、ほとんどすべての既存の制度やパラダイムが、問い直されていると言えよう。もちろん平和学も、その例外ではない。中米という〈周縁〉からのヒトの移動は、人間の安全保障という視点を通して、今、平和学とその研究者に鋭い問いを投げかけている。その問いに答えようとするのが、平和学と平和学徒に課せられた喫緊の責務なのである。

【付記】本章は平成二九年―平成三一年度科学研究費補助金基盤研究（B）課題番号一六H〇五七〇〇〇「東アジアにおける重層的サブリージョンと新たな安全保障アーキテクチャ」（研究代表：多賀秀敏）の研究成果の一部である。なお本章脱稿直前（二〇一八年一〇月二五日）「複雑化する移民・難民問題とそのインパクト」を特集したラテンアメリカ協会会報『ラテンアメリカ時報』二〇一八年秋号（通号一四二四号）が刊行された。同特集研究成果の反映は、別の機会に譲りたい。

注

（1）小泉康一「〝グローバル難民危機〟と過渡期の難民・強制移動民研究」日本国際連合学会編『人の移動と国連システム』第一九号、国際書院、二〇一八年、五〇頁。

（2）同右、六二頁。

（3）池田丈佑「難民・国内避難民は弱者か、脅威か」佐藤史郎・川名晋史・上野友也・齊藤孝祐編『日本外交の論点』法律文化社、二〇一八年、一七九―一八八頁。

（4）佐藤幸男「世界秩序における暴力体系の変容とポピュリズム：『人間の安全保障』からみたオーストラリア・タンパ号事件を中心に」『法律論叢』（明治大学法律研究所）第七七巻六号、二〇〇五年三月、一一五―一四四頁。

（5）The Office of the Unites Nations High Commissioner for Refugees（UNHCR）*Children on the Run* http://www.unhcrwashington.org/sites/default/files/1_UAC_Children%20on%20the%20Run_Full%20Report.pdf （二〇一四年七月九日付）（二〇一五年一一月五日筆者ダウンロード・確認）

United States Department of Homeland Security U.S. Customs and Border Protection "Southwest Border Unaccompanied Alien Children"

The World Bank *Personal remittances, received (% of GDP)*"

http://data.worldbank.org/indicator/BX.TRF.PWKR.DT.GD.ZS（二〇一五年一一月二六日筆者ダウンロード確認）

http://www.cbp.gov/newsroom/stats/southwest-border-unaccompanied-children（二〇一五年一一月五日筆者ダウンロード確認）

田上祥子「米国で増加した中米出身の子どもの単身不法入国：ホンジュラス出身者の例を中心に」富山大学人文学部社会文化コース国際関係論教育研究分野二〇一六年度卒業論文、二〇一七年三月（未公刊）。

（6）中川文雄・田島久歳・山脇千賀子編著（駒井洋監修）『ラテンアメリカ・ディアスポラ』明石書店、二〇一〇年。

（7）『ＮＨＫ教育テレビ』「ＥＴＶ特集：小さな金融が世界を変える：アメリカ発元銀行マンの挑戦」二〇一〇年一〇月一〇日放送（筆者録画）。番組概要は『ＮＨＫオンライン』「ＥＴＶ特集」http://www.nhk.or.jp/etv21c/update/2010/1010.html（二〇一一年九月三〇日アクセス)。

(8)『テレビ東京』系「ワールド・ビジネス・サテライト」二〇一〇年六月二四日放送(『BSジャパン』同日放送分視聴)。

(9)(5)と同じ。

(10)工藤律子『マラス:暴力に支配される少年たち』現代企画室、二〇一六年、同『ギャングを抜けて』合同出版、二〇一八年。

(11)柴田修子「『メキシコ移民ガイド』:メキシコは不法移民を推進したのか?」『社会科学』(同志社大学人文科学研究所)第四六巻第一号、二〇一六年、一四七—一六八頁。

(12)浅倉寛子「移動と再生産労働:メキシコ、モントレイメトロポリタン地区に住む中米出身家事労働者の事例から」『社会科学』(前掲)第四六巻第一号、二〇一六年、三—三一頁。

(13)後藤政子「ネオリベラリズム時代の女性たち:ラテンアメリカのケース」神奈川大学人文学研究所編『ジェンダー・ポリティクスのゆくえ』勁草書房、二〇〇一年、一六九—二〇七頁、特に一七八—一八五頁。

(14)竹村卓「マチスモ社会の変貌と女性の社会進出:交錯する『進化』と『保守』」国本伊代編著『コスタリカを知るための五五章』明石書店、二〇〇四年、二五二—二五五頁。

(15)浅倉、前掲論文。

(16)浅倉寛子「家族再統合の過程:モンテレイメトロポリタン地区に居住する中米女性移住者の経験から」ラテン・アメリカ政経学会関西研究会・日本ラテンアメリカ学会西日本研究部会・同志社大学人文科学研究所合同研究会、二〇一五年一二月一九日於同志社大学烏丸キャンパス志高館。

(17)ヨアン・グリロ(山本昭代訳)『メキシコ麻薬戦争:アメリカ大陸を引き裂く「犯罪者」たちの叛乱』現代企画室、二〇一四年、工藤律子『マフィア国家:メキシコ麻薬戦争を生き抜く人々』岩波書店、二〇一七年。

(18)足立力也「人口の一割は外国出身:『移民大国』の光と影」国本伊代編著『コスタリカを知るための六〇章【第二版】』明石書店、二〇一六年、一三八—一四一頁、特に一四一頁、国本伊代「神話『白人国』:多民族・多文化社会の現実」同書、二七四—二七七頁。

(19) *Costa Rica News*, "Costa Rica Frontier Police detains truck with 50 illegal Nicaraguan immigrants," August 21 2017.

http://news.co.cr/costa-ricas-frontier-police-detains-truck-50-illegal-nicaraguan-immigrants/64676/（二〇一七年八月二一日アクセス）。

（20） United Nations Development Programme , *Human Development Report 2009; Overcoming barriers: Human mobility and development*, UNDP, 2010.

（21） 竹村卓「ゲッツ・ザ・サポーター：コスタリカ外交の特色」国本編著、前掲書（二〇〇四年）、一二八―一三一頁。

（22） 足立、前掲書、竹村卓「コメンテーター2」「地域主義再考：誰がアクターか―サブリージョナリズムの可能性」（北東アジア学会第一七回学術研究大会二〇一一年一〇月二日於北海商科大学）平成二一―二三年度科学研究費補助金（基盤研究（B））研究成果報告書課題番号二一四〇二〇一六『グローバル時代のマルチ・ガバナンス：EUと東アジアのサブリージョン比較』（研究代表：多賀秀敏）二〇一二年三月、一六四―一六六頁。

（23） 竹村、同右。

（24） UNHCR, "UNHCR steps up its response as thousands flee violence in Nicaragua," 31 July, 2018. http://www.unhcr.org/en-us/news/briefing/2018/7/5b601e4f4/unhcr-steps-its-response-thousands-flee-violence-nicaragua.html?query=nicaragua（二〇一八年九月一一日アクセス）, UNHCR/Alexander Villegas', "Fleeing violence, Nicaraguans seek safety in Costa Rica," 13 August 2018, *The TICO Times*, 15 August 2018, This story was originally published by the UN Refugee Agency. http://www.ticotimes.net/2018/08/15/fleeing-violence-nicaraguans-seek-safety-in-costa-rica（二〇一八年九月一一日アクセス）, Laura, Alevado "UN Refugee Agency Recognizes Costa Rica's Efforts in Eradicating Statelessness," *Costa Rica News*, October. 2, 2018. https://news.co.cr/un-refugee-agency-recognizes-costa-ricas-efforts-in-eradicating-statelessness/76377/（二〇一八年一〇月五日アクセス）。

（25） 小泉、前掲論文、七二頁。

（26） 例えば、The Wilson Center, "Migration : Temporary Protected Status at Risk: Implications for Central America and U.S. Policy," held on December 22, 2017, Woodrow Wilson International Center for Scholars, Washington, DC, USA. https://www.wilsoncenter.org/event/temporary-protected-status-risk-implications-for-central-america-and-us-policy?mkt_tok=eyJpIjoiT1RWaU5qRmhaV0ZqTlROaSIsInQiOiJIbkVtMVU1OGpGenlFZTdNcEFhNVg1RjdaXC9rYWowS0oyOGZWZ2RjQzhYMl d1SDFqTFwvUnFlTUlrNzB1V0xLRmk4U3FhNGc2RVEwSTdyYmVVbm1yN0hmbUZ2RVhLNFlqTlhtK1k5WnFKYjVVeEx3U0dodFFTVllsempKbVplN2phIn0%3D（二〇一七年一二月二五日アクセス）。

（27） ジャック・アタリ（山本規雄訳）『新世界秩序：二一世紀の「帝国の攻防」と「世界統治」』作品社、二〇一八年、二五四頁。

第7章 SDGs時代における平和学
——ローカルとエシカルの視点

佐渡友　哲

はじめに

今日、「持続可能な開発」、「持続可能な社会」という言葉を様々な機会に耳にするようになった。これは世界的な傾向で、いまやグローバルな課題を議論したり、私たちの社会の将来を語るときにキーワードとなっているようである。いわく、持続可能な都市、持続可能な農業、持続可能な自治体、持続可能な企業、というように。持続可能（サステイナブル）という言葉が世界的に広がるきっかけとなったのは、一九八七年に出されたブルントラント報告であった。そこでは「持続可能な開発／発展」（Sustainable Development）とは「将来の世代の要求を損なうことなく、現代の世代の要求を満たすような開発／発展」（ブルントラント委員会報告書『我ら共通の未来』一九八七年）とされている。そして今日、多くの人々がこのことばに触れるようになったのは、二〇一五年九月に国連サミットで採択された「持続可能な開発目標」（Sustainable Development Goals=SDGs）がきっかけとなっていると考えてよいであろう。

本章は、このSDGsを世界に平和をもたらす人類最大の目標として位置づけ、平和学の視点から分析しようとするものである。冷戦時代に誕生した平和学が、戦争や紛争の解明から貧困・飢餓・抑圧・人権などの構造的暴力の解明、地球的諸問題の解決にまで発展していく過程を踏まえながら、今日のSDGs時代にどのような役割を果たすべきなのかについて提示したい。国連SDGsには、私たちが持続可能な社会をとり戻さなければ、人類に未来はないという強いメッセージが秘められている。国連SDGsの一七分野の目標やその理念を分析し、SDGs達成のためのローカルな活動や運動、エシカル消費の運動、そして企業によるESG投資など、具体的な動きを紹介しながら、現状分析を試みる。平和学は「平和」という価値を基本に据えて、現状分析や理論分析を試みるが、それだけではない。教育や運動と結びつき、政策提言も積極的に行う研究分野でもある。

第1節　平和学の今日的課題

平和学（Peace Studies/Peace Research）は、第二次世界大戦後の国際情勢の中から誕生した比較的新しい学問分野である。その契機となった国際情勢とは、①米ソ冷戦がエスカレートして核戦争に発展するという恐怖（nuclear fear）の世界的な広がり、②様々な地域に勃発している紛争をいかに解決するのかという紛争解決（conflict resolution）の科学的研究への期待の高まり、③先進国（北）と途上国（南）の経済的格差から発生する貧困、開発、環境汚染、人権などの地球的諸問題（global issues）への関心の高まり、などであった。英国の元駐米大使オリヴァー・フランクス（Oliver S. Franks）が、南北問題が東西問題とともに世界の当面する二大課題となったことを演説で述べたのは、一九五九年末であった。米ソ冷戦の時代に、南北問題（North-South problem）という視点が提供されていたのである。

では、平和学とはどのようなことを研究する学問分野なのだろうか。一九六三年に設立された国際平和研究学会（International Peace Research Association=IPRA）によると、それは「戦争の諸原因と平和の諸条件に関する研究と教育」と簡潔に示されている。このような「戦争と平和」という伝統的な二分法だけではなく、「平和」を新たな概念で捉え直そうとしたのがインドのスガタ・ダスグプタ（Sugata Dasugupta）とノルウェーの平和研究者、ヨハン・ガルトゥング（Johan Galtung）であった[1]。

ダスグプタは一九六五年のＩＰＲＡの総会で、戦争はしていなくても平和ではなく貧困と餓死が続いているインドの現状を、「平和ならざる状態（peacelessness）」と呼んだ。底辺の人々の視点に立つと、貧困、飢餓、栄養失調、疾病、失業、差別などの日常の中で、宗教や人種をめぐる紛争も発生し、それらに巻き込まれる。平和の対極にあるのは「非平和」というわけである。また、ガルトゥングは、平和とは「暴力の不在（absence of violence）」を意味する、と一九六九年の論文で主張した。そして暴力の概念を「直接的＝物理的暴力」と「間接的＝構造的暴力」の二つに分類した。前者は戦争やテロ、暴行や殺傷を意味し、後者には貧困、搾取、差別などが挙げられる。平和の対極は「暴力」であり、暴力には物理的暴力と構造的暴力があるとの主張は、平和学におけるパラダイム転換をもたらしたといえるだろう[2]。第二次大戦後にアジア、アフリカで次々に独立国家が誕生し、それらの途上国が国際連合に加盟するようになると、国

図表１　世界76億人の中での人々の暮らし

- 薪・石炭・動物の排泄物を調理や暖房に用いている人々＝30億人
- 身近にトイレ・公衆便所を利用できない人々＝25億人
- １日２米ドル未満で生活している人々＝22億人
- 電気を日常的に使用できない人々＝13億人
- 身近に安全な真水の供給を受けられない人々＝10億人
- 15歳以上で字の読み書きができない（非識字者）人々＝９億人
- 栄養不良人口は1990年以来半減しているが、依然として＝８億人
- スラムに暮らす人々＝８億人

（出所）SDGsのファクトシートより筆者作成。

連総会などで開発援助や構造的暴力についての議論が盛んになる。

一九六〇年代に途上国が国連加盟国の大半を占めるようになると、国連の場で途上国の開発や先進国による途上国援助が議論されるようになった。図表2にあるように、国連総会は六〇年代を「国連開発の一〇年」と名付けて、途上国の経済成長率を年率五%に引き上げるための国際開発戦略を決議した。七〇年代末まで途上国の経済的発展／経済開発が注目されるようになった。七〇年代末から八〇年代にかけて、途上国の教育・公衆衛生・環境保全などの社会開発に視点が向けられるようになる。そして九〇年代からは、途上国の衣食住・医療・安全な水など「基本的人間ニーズ（Basic Human Needs = BHNs）」にも関心が向けられることになる。一九九二年にリオデジャネイロで開催された国連環境開発会議（地球サミット）において地球規模の環境問題が本格的に議論されるようになった。二〇〇〇年代には、国連総会において二つの人類の目標が決議された。二〇〇〇年九月のミレニアム開発目標（ＭＤＧｓ）と二〇一五年九月の持続可能な開発目標（ＳＤＧｓ）である。これらについては後で述べる。

平和学は、こうして国連で議論されてきた南北問題、構造的暴力そして環境問題を含む地球的諸問題などに注目して、それらの分析や解決に取り組んできた。そして私たちは、今日体験している二つの大きな課題にも注目しなければならない。

第一の課題は、グローバル経済がもたらす貧困、格差、環境破壊などの地球規模での構造的暴力である。グローバリゼーションの進展について私たちは、地球は小さな「地球村」になる、富や技術が世界に広がり人々が経済的に豊かになる、民主主義や人権の思想が世界に普及する、などと肯定的に考えることもある。しかし現実には、世界的な貧富の格差をもたらし、地球温暖化を促進し、多国籍企業に利益が集中するのでは、などとする懸念も否定できない。社会学者のアンソニー・ギデンズ（Anthony Giddens）が「暴走する世界（runaway world)」と表現したように、世界はすでに簡単には制御できない情況に陥ってしまっているのかもしれない。[3]平和学が取り上げなくてはならない課題は、市場の自由競争にすべてを任せようとする市場原理主義（market fundamentalism）によって推進されている新自由主義（neoliberalism）グローバル経済である。

「持続可能な社会」が叫ばれながら、自由貿易と規制緩和、「小さな政府」の推進により、グローバル競争、商品化文明の拡大、大量生産・大量消費・大量廃棄の時代が生み出されてきた。こうしたグローバル経済は私たちの生活を便利で豊かなものにしている面があることも確かである。だが、その連鎖と恩恵とは無縁の人々、その急激な進展により逆に深刻な影響を受けている途上国問題、いわゆるグローバル・サウスの問題にも注目しなければならないのである。そこから見えてくる世界的な構造的暴力を回避する方法を探ることが平和学の潮流になってきたのである。

第二の課題は、現在六〇〇〇万人を超える人々が暴力や迫害を逃れて難民や国内避難民になっていて、その半分は子どもであるという状況に関わっている。すなわち国境を超えてさまよう移民・難民たちの「人間安全保障（human security）」の確保と、彼らを受け入れる西欧社会における「多文化主義（multiculturalism）」という価値の揺らぎという課題である。二〇一五年以来、シリアや北アフリカから一〇〇万人単位で欧州に押し寄せた移民・難民たちをめぐり、EU各国が彼らの受け入れを拒否したり制限する政策に転換すると事態は急変する。内戦という直接的暴力の恐怖と「不安全（insecurity）」から逃げ出し、シリアなどから地中海を渡り欧州へやってきた人々が、欧州各国の入国管理と警察当局からも人間の安全を侵害される。こうした状況を平和学の開拓者、武者小路公秀は「人間安全保障のジレンマ」と呼んでいる。[4]グローバリゼーションの時代において、紛争や格差がもたらす人間安全保障の問題は複雑化し、新たな構造的暴力を生み出しているのである。平和学は、こうした人間安全保障と構造的暴力を無視することができなくなったのである。

第2節　ＳＤＧｓの達成へ向かって

今日、「持続可能な開発目標」（ＳＤＧｓ）という言葉は、世界共通のキーワードとなった。ＳＤＧｓは、二〇一五年九月に国連サミットで採択されたもので、一七分野の目標、一六九のターゲットを二〇三〇年までに達成することになっている。そしてＳＤＧｓは、世界に平和をもたらす二一世紀の人類最大の目標であるといえる。

ＳＤＧｓ達成に向かっての国連の理念と方法には、次のような特徴がある。

① 持続可能な社会を構築しないと人類に未来はない、という強いメッセージ性。
② 「誰ひとりとして置き去りにしない」（No one will be left behind!）という野心的取り組み。
③ 貧困・教育・経済不平等・環境・平和と公正など、達成すべき目標は相互連結的。
④ 達成に向けて政府・国際機関・自治体・企業・市民団体・個人などが全員参加。
⑤ 途上国だけではなく先進国も達成目標に向かって必要な行動。

国連の全加盟国によって採択された「持続可能な開発目標（ＳＤＧｓ）アジェンダ二〇三〇」には、「私たちは、地球を救う機会を持つ最後の世代になるかもしれない」「私たちは地球を破壊から守ることを決意する」と記されている。持続可能な社会を取り戻さないと人類に未来はないとする危機感があるからこそ、ＳＤＧｓには強いメッセージ性が感じられる。ＳＤＧｓの一七分野の目標に掲げられているものは、貧困をなくそう、飢餓をゼロに、安全な水とトイレを世界中に、質の高い教育をみんなに、ジェンダーの平等を実現しよう、生産と消費

図表２　国連における南北問題と構造的暴力への取り組み

1960年代～70年代＝経済開発に注目

貿易のルール、先進国の経済援助、経済的発展を中心とした開発
＊1960年代を「国連開発の10年」とする
＊1964年第１回国連貿易開発会議（UNCTAD）
＊1974年国連資源特別総会で「新国際経済秩序（NIEO）樹立に関する宣言」を採択

1970年代末～80年代＝社会開発に注目

教育・公衆衛生・環境保全・雇用、社会環境整備を中心とした開発
＊社会開発の重点が「人間開発」へ向う

1990年代～2000年代＝人間開発に注目

衣食住・安全な水など人間の「基本的人間ニーズ（BHNs）」、貧困克服、公平な分配を中心とした開発
＊「人間の安全保障」「潜在能力の発揮」を重視
＊1990年から国連開発計画（UNDP）が『人間開発報告』を発行
＊2000年国連「ミレニアム開発目標」（MDGs）
＊2015年国連「持続可能な開発目標」（SDGs）

（出所）筆者作成。

図表３　国連「持続可能な開発目標」（SDGs）の17の目標

（出所）国際連合広報センター：http://www.unic.or.jp/news_press/（2019年３月２日アクセス）。

の責任、気候変動への対策など、一見、個別の目標のように見える。しかしこれらは相互に連結性をもつ。貧困をなくすためには安全な水とトイレが不可欠で、仕事を得るためには質の高い教育とジェンダーの平等が求められるからである。

ＳＤＧｓは先進国の私たちにも、ジェンダーの平等、生産と消費の責任、そして気候変動への対策などを要求している。大量生産と大量消費の中で豊かな生活を享受している先進国の人々も、食品の大量廃棄、レジ袋・ペットボトルの大量処分・廃棄、そして温室効果ガスの大量排出などの課題を抱えている。海洋生物に甚大な影響を及ぼすプラスチックごみの海洋排出は、毎年約八〇〇万トンといわれている。これは先進国と途上国を問わず、今や世界の環境汚染問題である。また目標達成のために、政府から企業や私たち個人に至るまで、全員参加が求められている。二〇〇〇年のＭＤＧｓ（ミレニアム開発目標）は、途上国が達成すべき目標のように受け取られたが、ＳＤＧｓは先進国の課題をも含む、全人類的な目標なのである。次に私たちがローカル（生活の場）においてできる、ＳＤＧｓ達成に向けての活動について紹介したい。

第３節　ＳＤＧｓ実現のためのローカルの視点

ＳＤＧｓの実現のためには、国連などの国際機関、各国政府、多国籍企業などが貢献しているが、同時に生活に根差したローカルからの役割も見逃せない。草の根的なローカルな活動／運動がＳＤＧｓを実現し、地球的諸問題を解決すると考えるからである。そのことを解説するために、イタリアで生まれたローカルな運動を事例に紹介しよう。

1　スローフード運動から考える

いまや世界的に知られるようになった「スローフード運動」が、北イタリアの小さな町、ブラ（Bra）ではじまったことをご存じだろうか。一九八六年にブラでジャーナリストのカルロ・ペトリーニらによってこの運動がはじめられたきっかけは、ローマのスペイン広場の向かい側ビルに、アメリカ資本のハンバーガーチェーン・マクドナルドが進出する計画が発表されたことだった。だがもうひとつ、ペトリーニが地元ブラの行きつけのレストランで、注文したピーマン料理の味が変わっていたことに気づき、それが輸入野菜であることが判明したことだったといわれている。

地元の食材を大切にして長時間の食事を家族で楽しむイタリア人にとって、「スローフード」はいわずと知れた当然の食文化であったのかもしれない。効率と画一化を追求する「ファーストフード」に対抗する目的で、イタリア人があえて英語の「スローフード」という名称で、伝統的で安全な食材や食文化を守ろうとしたのである。スローフード運動は、パリで調印された「スローフード宣言」（一九八九年）によって世界に向けて発信され、現在、日本を含む世界一六〇カ国以上に一〇万人を超える会員がいるという。ブラに国際事務局を置き、そこには世界中から集まった若手スタッフがいるが、実際には世界各地にある一五〇〇以上のローカルな草の根活動によって展開されていると考えた方がよいであろう。(5)

スローフード運動は、「おいしい（good）・きれい（clean）・正しい（fair）食べ物をすべての人が享受できるように」をスローガンにした、「食」と「農」のグローバリゼーションに対するローカルからの抵抗運動であるといえる。スローフード運動は、ただ単に「ゆっくり食べよう」ではない。イタリア人らしい「美食の追求」も下地にあるが、伝統的農業（有機農業）の継承、遺伝子組み換え作物の拒否、地産地消や食育の推進、環境保護、地球温暖化防止など、様々な目標がある。この運動は、ローカルな視点からはじまり、結果的にはＳＤＧｓ

の目標と同じようなグローバルな視点をもっているのである。

2 ローカリズムの思想と活動

ローカルな運動が地球的諸問題の解決に向けられたり、ローカルな規模での生活が持続可能な社会を実現するという事例や思想は数多く見受けられる。『スモール・イズ・ビューティフル』（一九七三年）を著したシューマッハー（Ernst F. Schumacher）は、化石燃料を動力として成長を続ける現代工業文明のあり方を批判し、人間の身の丈に合わせた小規模な生活圏が持続可能な社会であることを力説した、おそらく最初の経済学者であった。そして、七〇年代にすでに「大量生産の技術は、本質的に暴力的で、生態系を破壊し、再生不能資源を浪費し、人間性を蝕む」と述べている。(6) インドの科学者ヴァンダナ・シヴァ（Vandana Shiva）は、地球と生命の持続可能性を求める「アース・デモクラシー」を提唱している。アース・デモクラシーとは、強欲、不平等、過剰消費の世界に立ち向かい、共感と公正、持続可能性をグローバル化する運動である。そしてシヴァは、生命中心の経済は、ローカルな経済を基盤として構築されるとし「地球資源の保護、持続可能で十分な生業の創出は、ローカルなレベルでこそ、最も深い配慮と最も豊かな創造性によって、そしてまた最も効率的に、最も公平に達成される」と力説している。(7) またシヴァは、最先端科学技術によって産み出された遺伝子組み換えされた種を世界に普及させようとする多国籍企業の活動を「生物多様性と生命の尊厳に対する暴力」とし、自らＮＧＯナヴダーニャを立ち上げ、伝統的な有機農法で産み出された六三〇種類の米、二〇〇種類の麦などを混合栽培する農園をインドで運営している。彼女は著作物が多い研究者であり環境活動家でもあると同時に、「食」と「農」のグローバリゼーションに対抗するローカリストでもある。

同じく、ローカリストのヘレナ・ノーバック＝ホッジ（Helena Norberg-Hodge）は、ローカリゼーション

（ローカル化）こそ、社会に公正さと持続可能性をもたらすと主張している。スウェーデン生まれの言語学者ホッジは、一九七〇年代に「小チベット」と呼ばれるインド北部のラダックを訪れ、伝統的なライフスタイルや農業がグローバル経済の中に投げ込まれようとする状況に遭遇した。そして彼女は、シューマッハーの『スモール・イズ・ビューティフル』に確信を得て、大規模で速くて中央集権的な経済構造から離れて、地域分散型で人間らしい規模の経済へとシフトするという課題を訴えることになった、と告白している。[8] 彼女は「食」と「農」のグローバリゼーションに抵抗しローカリゼーションを提唱する環境活動家でもある。

興味深いことは、小規模な人間の生活圏、そこでのローカルな活動が持続可能な世界を実現すると主張する研究者や活動家たちが、シューマッハーを含め、ガンディー（Mahatma Gandhi）の思想の影響を受けていることである。ガンディーは「大地は一人ひとりの必要を満たすだけのものは与えてくれるが、貪欲は満たしてくれない」と説いている。[9] インド独立の父であるガンディーは、スワラージ（自治）を重視し、農村における地産地消を実践していた。そして都市と農村の関係については次のように述べている。「都市の成長は悪であると、私は考えます。人類にとっても、世界にとっても不幸です。（中略）英国は都市を通してインドを搾取しました。そして、インドの都市は、農村を搾取してきました。（中略）貧しい村人から吸い取らなくてもすむように、都市の人々に生活を改めてもらいさえすればよいのです」（『ハリジャン』一九四六年六月）[10]。これはインド独立前のガンディーの主張であった。

このようにグローバルな潮流に対抗したり、ローカルな運動がグローバルな課題解決につながるような事例は、実際、世界各地で見られる。図表4はそれらの動きをモデル化したものである。日本でも、有機農業、一村一品、地産地消、フードマイレージ、フェアトレード、コミュニティ・ビジネスなどのローカルな活動は各地にみられる。これらの活動／運動はグローバリゼーションの大波に対抗し、持続可能で主体性のあるローカルを創

図表4　グローバルとローカルの対話

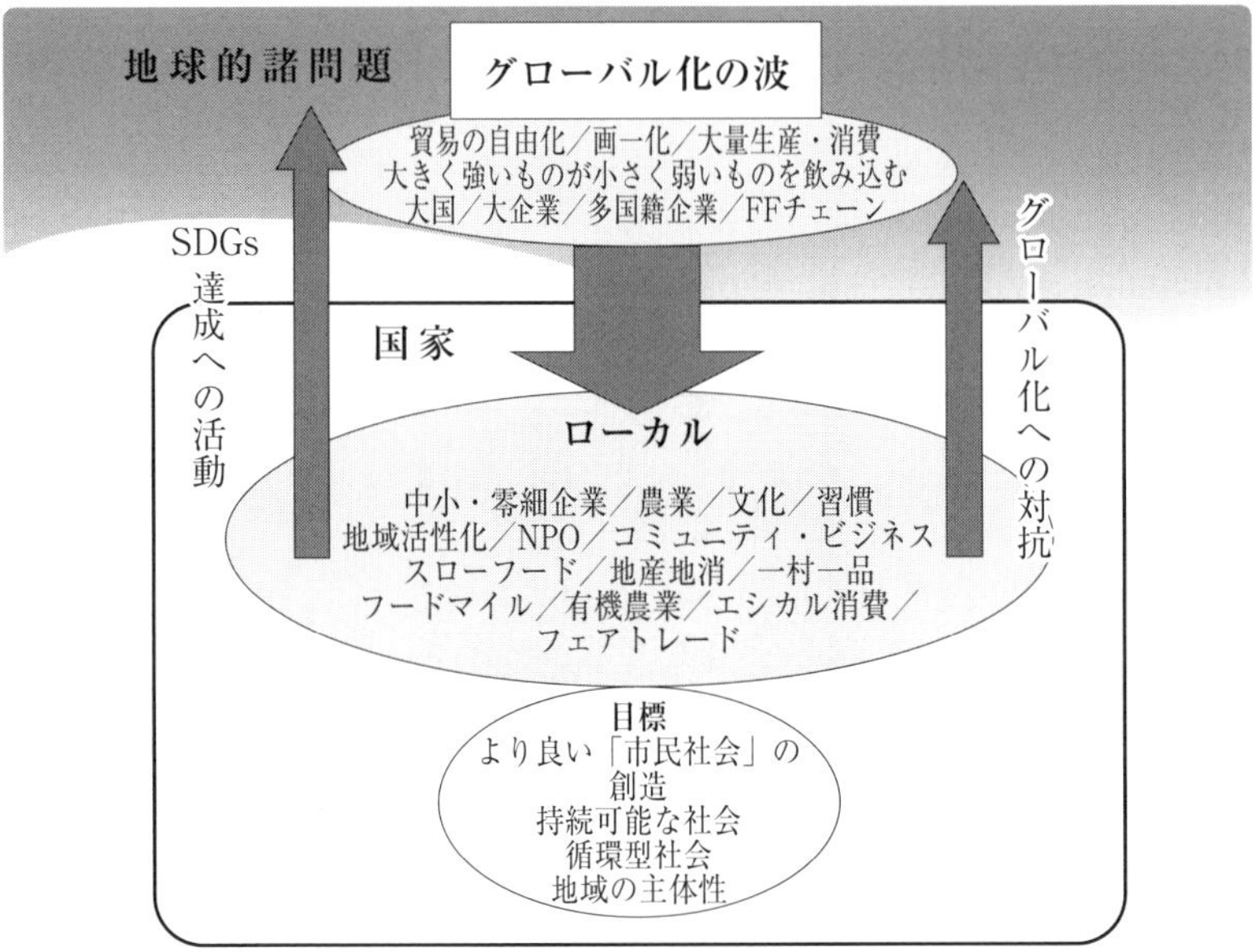

（出所）筆者作成。

造する試みとみなすこともできる。こうした運動の共通点は、①経済成長重視や市場原理主義からの脱皮、②グローバリゼーションからローカルの文化・経済・生活習慣を守る、③ローカルが国境を超えて世界と関わって連携する（グローカライズする＝Glocalization）、ということであろう。本章では検証する紙幅はないが、これまでの事例から、グローバルとローカルという異なったベクトルの関係性については、次のような仮説が提示できるように思う。

〔仮説1〕グローバリゼーションが進展すれば、ローカリゼーションも活発になる。

〔仮説2〕ローカルは「ローカルからグローバルへ」「グローバルからローカルへ」という双方向の文化・価値の対話の場である。

〔仮説3〕ローカルは、グローバリゼーションの大波に対抗し創造する場である。

〔仮説4〕ローカルはグローバルな課題解決に取り組む場である。

第4節　エシカル消費とESG投資の視点

最近、エシカル消費、エシカルファッションという言葉を日本でも耳にするようになった。これは、貧困、人権、環境、社会などに配慮した工程・流通のもとで製造された商品を選択し、そうでないものを購入しないという消費者運動のことである。グローバリゼーションの進展により、私たちが購入している食料や衣料などの輸入品が、どこの国の誰がどのような労働環境で生産しているかについて知ることは困難になった。よく取り上げられるものは、コーヒー豆、カカオ豆、バナナ、パーム油、衣料や靴などの生産現場である。エシカル消費とは、私たちが買い物の選択をすることによって、生産者や生産地をめぐる貧困・不公正・人権・環境などの諸問題を解決し、平和な世界の実現に貢献しようとする運動である。これはまさにSDGsの一二番目の目標「つくる責任、つかう責任」にあたる。同時にエシカル運動は、先進国と途上国を問わず、ローカルにある私たちの社会や経済を損なわないという価値も含んでいる。ローカルに生きる私たちに「エシカル（倫理的な）」な価値観が求められる時代になった。そしてエシカルな運動によってSDGsを達成する道も拓かれているのである。

「エシカル」な運動が本格化したのは、一九八九年に英国のマンチェスターで、雑誌「エシカル消費者（Ethical Consumer）」が創刊されたことだった。この雑誌発行の主な目的は、消費者の圧力により地球規模のビジネスをより持続可能にさせることである。[11] 今日、日本でもグローバルな視点をもつ消費者の間に「エシカル」な価値意識が広がった。なお、エシカルファッションについての運動が世界に広がったきっかけは、バングラデシュでの出来事であった。二〇一三年四月に首都ダッカ近郊にある八階建てのビル「ラナ・プラザ」が崩壊し、一一三八人が死亡した大事故のことである。このビルには五つの縫製工場が入居し、世界的に有名な多くのファーストファッションのブランド製品が作られていたが、始業時にミシンを一斉に作動させたときに崩壊したという。このビルは本来八階ではなく、屋上にビルを増築し次々に階を足し加えられたものであった。ブランド側はこの工場の労働環境を把握していなかったことと、製品の盗難防止のために出入り口が外から施錠されていたことが被害を広げたことになった。これをきっかけにエシカルファッションの運動が若い世代にも少しずつ浸透するようになったのである。

また、企業のあり方をめぐり「ＥＳＧ投資」が注目されるようになった。これは、環境（Ｅ）・社会（Ｓ）・企業統治（Ｇ）を重視する経営が企業を持続可能にするという考えに基づいており、投資家や企業がエシカルな価値を求める活動でもある。二〇〇六年に国連が、投資家がとるべき行動として責任投資原則（ＰＲＩ）を打ち出し、ＥＳＧ投資を提唱したことにはじまる。具体的には下記のような企業活動が当てはまる。

Ｅ（環境）：二酸化炭素の排出量削減、森林破壊の抑制など。
Ｓ（社会）：人権への対応、地域社会への貢献など。
Ｇ（企業統治）：企業の法令順守、情報開示、社外取締役の独立性など。

実際、一七〇〇以上の世界の年金基金運用会社が国連のＰＲＩに署名し、合計運用資産は六二兆ドル（約七〇〇〇兆円）にのぼるという。大手機関投資家のロックフェラー・ブラザース・ファンドは化石燃料への投資から撤退、ノルウェー政府年金基金は石炭に依存する企業への投資をやめた。日本の大手生命保険会社やメガバンク

も この流れに続く姿勢を示している。多くの日本企業もこうした活動に加わっているが、ここでは二つ紹介する。パナソニックは、「ソーラーランタン一〇万台プロジェクト」を展開して、電気のない途上国の地域へ太陽光発電ランタンを無償で届けている。花王の社長は、インドネシアのパームヤシのプランテーションを訪ね、同社がシャンプーや石鹸などの原料としている現地のパーム油の生産地で森林が破壊されていないかを確認している。こうした日本企業の活動は、SDGs達成へ向けた企業活動といえるのである。

おわりに

二一世紀のSDGs時代のいま、人類の目標が明確となった。SDGsは世界共通のキーワードになっただけではなく、一七分野の目標、一六九のターゲットは、世界に平和をもたらす二一世紀の人類最大の目標であるといえる。「誰ひとりとして置き去りにしない」というSDGsの理念には、これまでとは違った野心的取り組みがうかがわれる。SDGsの起草に関わった国連副事務総長のアミーナ・モハメッド（Amina J.Mohammed）は「地球は私たち人間なしでも存続できるが、私たちは地球なしでは存続できない」と語り、持続可能な社会を取り戻さないと人類に未来はないとする危機感を示した。そして国連、政府、自治体、企業、NGO、市民などが「全員参加」で取り組むべき人類の目標を掲げたのは、国連史上はじめてのことである。日本政府は二〇一六年に、総理大臣を本部長に「SDGs推進本部」を設置し、ニセコ町や横浜市など一〇都市を「自治体SDGsモデル事業」に認定している。外務省もジャパンSDGsアクション・プランというホームページを作成し広報活動を展開している。

「地球規模で考え、ローカルで行動しよう」（Think Globally, Act Locally!）という標語は、筆者の記憶では、一九八〇年代の米国で環境・人権・国際協力などの分野で活動するNGOが配布したステッカーや缶バッジを通して普及したものである。NGOはグローバルなネットワークをもっていて、グローバルな視点で考えながら、日常の活動は生活の場であるローカルで行われる。大手の国際NGOであるオックスファム（貧困問題）、アムネスティ・インターナショナル（人権問題）、セーブ・ザ・チルドレン（子ども支援）なども、SDGsの大きな枠組みの中に各団体の活動を位置づけている。日本のNGOの一〇五団体を束ねて連携促進をはかる国際協力NGOセンター（JANIC）もSDGsの達成に取り組むキャンペーンを展開している。また約一〇〇団体が加盟するSDGs市民社会ネットワーク（SDGsジャパン）も結成されている。

現在、世界人口七六億人の約半分が都市に住んでいるといわれている。国連の予測では、五〇年後には都市人口が七〇%になるという。人類の将来は、持続可能な社会へ向かっているとはいえない。本章では持続可能な社会を目指すために、ローカリゼーションの有効性を強調した。本章でいうローカリゼーションとは、生活の場であるすべてのコミュニティを自給自足にしようとするものではない。グローバルに考えてローカルに生きる。そして特に「食」と「農」では、できる限り生産者と消費者の距離を縮めることが持続可能な生き方につながる。要するにグローバリゼーションとの関係において健全なバランスを創り出すローカリゼーションの力学を認識することである。ローカリゼーションの理論的研究が求められているのである(12)。

平和学は、紛争解決や平和構築に研究の基点を置く一方で、南北問題、構造的暴力そして環境問題を含む地球的諸問題などに注目して、それらの分析や解決に取り組んできた。また私たちは、今日体験している移民・難民問題に関わる人間安全保障と多文化主義の揺らぎという課題にも直面している。そして国連、政府、自治体、企業、NGO、市民などが共通した人類の目標として掲げているSDGsについても、二一世紀の平和学が取り組むべきビジョンである。

平和学の研究の本質は、価値指向的な学問分野であるという点である。平和学が軸足を置いている価値とは、次のような視点ではないかと考える。すなわち①貧困・環境・開発・格差・人権などの地球的諸問題の中に「構造的暴力」を見つけ出す視点、②市場経済や富の配分が公正であるかに注目する視点、③「人間安全保障」と「非暴力」の視点、④「経済成長」より「持続可能性」を重視する視点、⑤生活の場から考える「ローカル」の視点、⑥「西欧」と「非西欧」の双方から考える視点、などである。そして平和学は、研究・教育だけではなくアドボカシー（政策提言）や運動とも結びついている。本章で強調したように、私たちのローカルな活動・運動が二一世紀の課題を克服し、平和を実現しようとする大きな潮流になることを期待したい。

注

（1）平和学の発展過程については、佐渡友哲「平和学の発展過程と今日的課題：グローバリゼーションの時代の視点から」『政経研究』第五三巻第二号、日本大学法学部、二〇一六年を参考にした。

（2）Johan Galtung, "Violence, Peace and Peace Research", 1969. ヨハン・ガルトゥング（高柳先男、塩谷保、酒井由美子訳）『構造的暴力と平和』中央大学出版部、一九九一年、一八―三五頁。

（3）Anthony Giddens, *Runaway World*, London: Profile Books Ltd., 1990. アンソニー・ギデンズ（佐和隆光訳）『暴走する世界――グローバリゼーションは何をどう変えるのか』ダイヤモンド社、二〇〇一年、三三頁。なおグローバリゼーションの進展における光と陰の部分、その推進力となる新自由主義政策などの理論的分析については、拙稿「グローバリゼーションの時代をどう読むか」佐渡友哲・信夫隆司・柑本英雄編『国際関係論［第三版］』弘文堂、二〇一八年、五四―六八頁が参考となる。

（4）欧州（北）では、南から移民や難民に紛れてテロリストが不法入国することへの監視体制が強化される。武者小路公秀は、北側の監視体制がつくり出すこうした状況も構造的暴力だとし、また、北側の市民の安全のために、南の弱い立場にある貧困層やマイノリティの、とくに女性の人間安全が保障できない状況を「人間安全保障のジレンマ」と呼んでいる。武者小路公秀

「グローバル化時代における平和学の展望」藤原修・岡本三夫編『いま平和学とは何か』法律文化社、二〇〇四年。

（5）筆者は、二〇一六年に北イタリアのブラにあるスローフード国際事務局を訪問した。いわゆるローカル線の終着駅であるブラ駅は乗降客も少なく、街も小規模で人通りが少なく閑散としていた。事務局には欧州、アフリカ、南米、アジアなどから約四〇人のスタッフが集まり、Ｓｋｙｐｅを利用して各国とのネットワーク会議を行っていた。近くに「美食科学大学」を創設したり、ＥＵから補助金を受けて農業や食育の分野で貢献している。まさにローカルからグローバルな運動を展開していることを実感した。イタリアのスローフード運動については https://www.slowfood.com/ が参考になる。

（6）Ernst F. Schumacher, *Small is Beautiful: A Study of Economics As If People Mattered*, 1973. E. F. シューマッハー（小島慶三・酒井懋訳）『スモール・イズ・ビューティフル――人間中心の経済学』講談社学術文庫、一九八六年、二〇四頁。

（7）Vandana Shiva, *Earth Democracy: Justice, Sustainability, and Peace*, South End Press, 2005. バンダナ・シヴァ（山本規雄訳）『アース・デモクラシー――地球と生命の多様性に根ざした民主主義』明石書店、二〇〇七年、二六―三一頁。

（8）Helena Norberg-Hodge, *Localization: Essential Steps to an Economics of Happiness, Local Futures*, 2016. ヘレナ・ノーバーグ＝ホッジ『ローカル・フューチャー――〝しあわせの経済〟の時代が来た』辻信一監訳、ゆっくり堂、二〇一七年、一一―一三頁。

（9）シューマッハー、前掲書、四三頁。

（10）片山佳代子翻訳編集『ガンディーの遺言――村単位の自給自足を目指して』星雲社、二〇一七年、二九―三〇頁。

（11）英国の雑誌「エシカル消費者」とその運動については以下のサイトが参考になる。
http://www.ethicalconsumer.org/（二〇一八年九月一〇日アクセス）。

（12）ローカリゼーションの理論的視点については、佐渡友哲「国際関係論におけるローカルの視点――グローバリズムの対抗軸としてのローカリズム」『政経研究』第四五巻第二号、日本大学法学部、二〇〇八年が参考になる。

第3部

政治的移行期の平和学

第8章 アジアの民主化と分離主義
——「中心」と「周辺」、「市民社会」の視座から

五十嵐　誠一

はじめに

グローバルに拡大する民主化の「第三の波」がアジアに到来したのは、一九八〇年代後半である。フィリピンを皮切りに、韓国、パキスタン、ネパール、バングラデシュ、モンゴル、タイ、インドネシアで民主主義体制への移行が進んだ。しかし、これら一連の民主化の全てが平和裡に進んだわけではない。インドネシアでは、民主化過程で分離主義紛争が激化した。フィリピンとバングラデシュでは、民主化を経ても和平は成立せず紛争が継続した。ネパールは、内戦に直面した。タイでは、燻っていた分離主義が民主化を経て顕在化する。民主化が進むミャンマーでは、国軍と民族的武装組織との衝突が発生している。

民主主義が国内に平和を齎すと主張する学説は、「デモクラティック・シビル・ピース」(Democratic Civil Peace = DCP)」と呼ばれる。このＤＣＰは、未だ論争の渦中にある。肯定論者は、民主主義の投票、交渉、妥協による解決志向性や比例代表制が紛争と暴力を抑止すると指摘する。(1) 懐疑論者は、競争的選挙や組織間競合が

民族的な内戦や暴力を惹起すると唱え[2]、民主化移行期に内戦が発生する可能性は三倍になるとさえ主張する[3]。民主主義がグローバルな「市民権」を獲得し、民主化支援が開発援助でスタンダードになったとはいえ、懐疑論の主張を明確に否定できないのであれば、民主主義という「果実」の「コストは高い」と言わざるをえないのかもしれない[4]。実際、アジアでは、DCPへの反証例とも言うべきケースが散見される。果たして民主主義は、平和をもたらさず、紛争を惹起するのであろうか。この疑問を本章では、アジアの事例を用いて検証する。

紛争には、様ざまなタイプが存在する。本章が注目するのは、本書の主題である「周辺」とも深く関係し、民族的なアイデンティティを背景とする分離主義紛争である。分離主義とは、既存の国民国家に抗して新たな国家の樹立を求める運動と端的に定義される。広義には、広範な自治を求める運動も含められよう[5]。地理的に見て分離主義運動は、「中心（中央政府）」の支配の及びにくい「周辺（辺境）」で形成されやすい。「中心」と「周辺」との紛争は長期間にわたることも特徴の一つである。

これまで民主化研究は、なぜ民主化するのかという疑問を解明するために、政府レベルでは「中心」での権力奪取や権力構造の変容、社会レベルではもっぱら首都圏を中心とする民主化運動に注目してきた。この結果、「周辺」の視点は等閑視され、「中心」を重視した理論やアプローチの構築が試みられ、それが現実（の政策）をも構成してきた感は否めない。実際、民主化支援では、「周辺」での紛争は懸念事項ではあっても、「中心（＝中央政府）」が民主化し、それが牽引する民主主義が定着するか否かが最大の関心事と言える。

これに対して本章では、「周辺」の視点を取り込み、「中心―周辺」という視座から民主化と民主主義にアプローチする。ここで言う「中心―周辺」とは、従属論や世界システム論、平和学で提唱されてきた支配と従属に関わる関係性を表す概念である。本章では、もっぱら国内レベルでの「中心―周辺」に焦点を当て[6]、民主化および民主主義と分離主義との関係を検証し、そこでの紛争リスクを炙り出す。

「周辺」を詳察する際、紛争に直接的に関わる軍や武装勢力のみならず平和的な手段を選択する市民社会の役割も見逃せない。民主化過程では、「中心」だけでなく「周辺」の市民社会も興隆し、そこでしばしば「中心」が無視しえない活動が展開されるからである。先行研究では、つとに市民社会の平和構築機能が指摘されてきた[7]。これを踏まえて本章では、「周辺」の市民社会が平和の促進に貢献しうるのかについても考察する。

第1節　分析枠組みの検討

1 「周辺」と「土地の子」

フェアロンは、「周辺」に関わる分離主義の問題を「土地の子」として議論する。「土地の子」は、インドの先住民族を研究したウェイナーの言葉である。彼は、多数派民族による移民とそれを支援する国家に対して蜂起する周辺部の少数民族を「土地の子」と呼んだ[8]。この議論をもとにフェアロンは、「土地の子」紛争を「他の民族的集団によって支配される国家の周辺の民族的少数派を代表して戦う反乱集団で、国家の軍事的・準軍事的組織、そして少数集団が宣言する地域に農民として定住する多数派集団のメンバーに対抗し、支配的集団からの移民との間の土地紛争あるいは少数派の地域の燃料・天然資源の利権と支配をめぐる紛争」と定義した[9]。表1が、世界各地の「土地の子」紛争である。「土地の子」紛争には、「中心」と「周辺」との不平等な力関係に起因する抑圧、搾取、疎外が隠蔽されている。つまり「土地の子」は、「中心」による直接的暴力のみならず、多様な資源の分配決定における「中心」と「周辺」との不平等な権力配置に由来する構造的暴力にも直面してきた集団と言える[10]。

フェアロンの整理によれば、世界には三一の「土地の子」紛争が存在し、そのうち一六がアジアに集中してい

表１　世界の「土地の子」紛争

国：場所もしくは民族	開始年	終了年	期間(年)
ミャンマー：周辺部の少数民族	1948		71
イスラエル：パレスチナ	1949		70
インド：ナガ	1952		67
インドネシア：西パプア	1965		54
フィリピン：モロ	1968		51
スーダン：南部	1983	2011	29
中国：新疆ウイグル	1991		28
スリランカ：タミル	1983	2009	27
インドネシア：東ティモール	1975	1999	25
バングラデシュ：チャクマ	1976	1997	22
ロシア：チェチェン	1994	2009	16
インドネシア：アチェ	1991	2005	15
タイ：パッタニー	2004		15
イラク：クルド	1961	1974	14
パプアニューギニア：ブーゲンビル	1988	1998	11
セネガル：カザマンス	1989	1999	11
ジンバブエ：黒人	1972	1979	8
パキスタン：シンド	1993	1999	7
マリ：トゥアレグ	1989	1994	6
パキスタン：バローチスターン	1973	1977	5
ソ連：ラトビア・リトアニア・エストニア	1946	1948	3
中国：チベット	1950	1951	2

（出所）James D. Fearon and David D. Laitin, "Sons of the Soil, Migrants, and Civil War," *World Development*, Vol. 39, No. 2, 2011, p. 201のTable 1を一部修正して筆者作成。植民地戦争は除外した。同論文には、始年と終年の具体的なデータは掲載されていなかったため、フェアロンが2002年に公表した草稿のAPPENDIX 2を参照した（James D. Fearon, "Why Do Some Civil Wars Last So Much Longer than Others," July 2002）。なお、フェアロンは、「フォーマルな合意あるいは休戦とそれに伴いある程度の期間（２年か５年）の殺害の減少」を、「紛争の終結」と定義している（James D. Fearon, "Why Do Some Civil Wars Last So Much Longer than Others?," *Journal of Peace Research*, Vol. 41, No. 3, May 2004, p. 279）。

る。「土地の子」紛争の期間の中央値は一五・一年、「土地の子」紛争以外の中央値は七・一年であり[11]、「土地の子」紛争は長期化する傾向があることが見て取れる。

2 民主化と「周辺」

次に、アジア各国の民主化と「土地の子」紛争を、「体系的平和政策センター」(Center for Systemic Peace＝CSP)のＰｏｌｉｔｙデータ、メリーランド大学の「危機にある少数派」(Minority at Risk＝MAR)、ウプサラ大学の紛争データを用いて整理してみたい(表2)。

Ｐｏｌｉｔｙデータでは、民主政治と独裁政治の度合いがそれぞれ測定され、最も高い場合は一〇、最も低い場合は〇と評価される。体制の民主化度は、民主政治の点数から独裁政治の点数を引いて出された数字、すなわちマイナス一〇からプラス一〇で示される。判断基準は、以下の六つである。(ａ)行政府の長を補充する際の規定度、(ｂ)行政府の長を補充する際の競合度、(ｃ)行政府の長を補充する際の開放度、(ｄ)行政府の政策決定に対する制度的拘束度、(ｅ)政治参加の規制度、(ｆ)政治参加における競合度。そこでの政治体制は、独裁政治(マイナス一〇からマイナス六)、中間政治(マイナス五からプラス五)、民主政治(プラス六からプラス一〇)に分類される[12]。Ｐｏｌｉｔｙデータでは、民主化研究で支配的である「手続き的民主主義」が基準に採用されていると言えよう[13]。

「周辺」の少数民族や「土地の子」が関わる紛争を見る上では、世界各国の少数派集団の政治行動を数値化したＭＡＲが参照に値する。ただし、ＭＡＲは、一九八五年から二〇〇六年までしか提供されていないために、ここではウプサラ大学の紛争データを補完的に参照する。同データでは、死傷者数で紛争の発生・未発生が判定される。

92	93	94	95	96	97	98	99	00	01	02	03	04	05	06	07	08	09	00	11	12	13	14	15	16
6	6	6	6	6	6	6	6	6	6	6	6	6	6	6	−6	−6	5	5	5	5	4	1	1	1
2	2	2	2	2	3	2	2	3	3	1	3	2	0	0										
4	4	4	5	4	1	1	1	1	1	0	1	1	1	1										
−7	−7	−7	−7	−7	−5	6	6	6	6	6	6	8	8	8	8	8	8	8	8	8	8	9	9	9
							1	1	1	1	1	1	1											
0	0	0	0	0	0	3	5	5	3	3	3	3	3	5										
2	2	2	1	1	2	1	4	4	4	5	5	5	5	0										
1					1	1	1																	
0	0	3	3	4	3	5	3	2																
4	4	4	4	1	5	1	1	0																
2	2	0	1	3	0	3	3	4	3	−99	−99	3	4	3										
3	0	0	4	5	1	1	1	1	1	1	1	1	1	1										
8	8	8	9	9	9	9	9	9	9	9	9	9	9	9	9	9	9	9	9	9	9	9	9	9
1	1	1	1	1	1			1																
0	0	3	0	2	5	5	1	1	3	3	3	2	3	3										
4	4	4	5	4	2	1	5	4	1	1	1	1	1	1										
9	9	9	9	9	9	9	9	9	9	9	9	9	9	−5	−1	4	4	4	7	7	7	−3	−3	−3
												1	1	1	1	1	1	1	1	1	1	1	1	1
2	2	2	2	3	2	1	0	3	3	2	4	3	0	3										
1	2	1	4	2	5	4	1	4	4	4	4	4	4	5										
5	5	5	5	5	5	5	5	5	6	6	5	5	5	6	6	6	5	3	3	3	3	3	6	6
2	2	1	2	2	2	2	2	2	2		1		1	2	2	2	2							
2	2	2	2	2	3	2	3	3	2	0	1	2	3	1										
7	7	7	7	7	7	7	7	7	7	4	4	2	4	7										
8	8	8	8	8	8	8	8	8	8	8	8	8	8	8	8	8	8	8	8	8	8	8	8	8
	1																							
		1		1	1	1	1	2	1	1	1	1	1		1	1	1		1				1	
	1	1	1	1	1	1		1	1	1	1	1	1	1	1		1	1	1	1	1	1	1	1
2	2	2	2	3	4	3	0	0	1	4	4	3	3	1										
5	5	4	5	4	6	6	6	6	6	6	6	6	6	6										
8	8	8	8	8	7	7	−6	−6	−6	−5	−5	−5	−5	−5	2	5	5	6	6	6	7	7	7	7
		1	1	1																				
5	5	5	5	5	2	4	4	0	3	3	3	0	0	0										
2	2	2	5	4	1	4	1	1	0	0	0	0	0	0										
														1										
												1		1	1	1	1		1	1	1	1	1	1
																				1			1	
																1	1			1		1	1	
2	0	0	2	0	3	3	3	3	0	3	3													
1	0	0	1	0	0	0	0	1	0	0	0													
4	4	4	4	4	4	4	4	4	4	4	4	4	4	4	4	4	4	4	4	5	5	5	5	5
1	1	1	1	1																				
2	2	2	2	2	2	1	0	0	1	1	0	0	3	0										
4	4	3	5	5	4	0	0	0	0	0	0	0	0	1										
−7	−7	−7	−7	−7	−7	−7	−7	−7	−7	−7	−7	−8	−8	−8	−8	−6	−6	−6	−3	−3	−3	−3	2	8
1																			1	1	1	1	1	1
2	2	2	0	0	2	1	0	0	0	2	2	1	0	0										
6	0	0	0	0	0	0	0	0	0	0	0	0	0	0										
1				1									1											
2		1	1		1	1		1	1	1	1	1	1	1	1	1	1	1	1					
2	2	2	2	2	2	1	0	0	2	1	1	0	0	0										
6	6	6	6	1	5	4	4	4	4	5	5	5	5	5										
	1	1	1																					
				1	1	1	1	1	1	1			1	1	1	1	1	1	1		1			
																			1		1		1	
2	2	2	2	2	2	1	1	0	0	0	0	0	0	0										
5	5	5	5	4	4	4	4	4	5	4	1	5	5	5										
					1																			
																	1					1	1	
			1					1	1				1	1	1									
																					1	1	1	
−7	−7	−7	−7	−7	−7	−7	−7	−7	−7	−7	−7	−7	−7	−7	−7	−7	−7	−7	−7	−7	−7	−7	−7	−7
0	2	2	3	3	2	3	3	3	3	3	3	1	1	0										
0	0	0	1	1	0	1	0	0	0	0	0	0	0	0										
3	3	3	4	4	4	4	2	0	1	1	1	3	0	0										
2	2	2	2	2	2	2	2	2	0	0	0	0	0	0										

プサラ大学の紛争データ（http://ucdp.uu.se/downloads/dyadic/ucdp − dyadic −172.xlsx）とメリーランド大学の「危機にある少数data/marupdate_20042006.csv）を参照して筆者作成。地名・民族名のある欄が、ウプサラ大学の紛争データであり、「1」は戦闘関開されていない。MARの「抗議」の数値は以下を意味する。0：報告なし、1：言語による反対、2：シンボリックな抵抗、3：1：政治的強奪・散発的テロ、2：テロ活動、3：ローカルな反乱、4：小規模なゲリラ活動、5：中規模なゲリラ活動、6：大規ない紛争は抽出していない。

表2　アジアの民主化と分離主義

国		80	81	82	83	84	85	86	87	88	89	90	91
バングラデシュ	Polity	−4	−4	−7	−7	−7	−7	−5	−5	−5	−5	−5	6
	チッタゴン（JSS/SB）	1	1	1	1	1	1	1	1	1	1	1	1
	抗議						2	2	2	2	2	2	2
	反乱						5	5	5	5	5	5	5
インドネシア	Polity	−7	−7	−7	−7	−7	−7	−7	−7	−7	−7	−7	−7
	アチェ（GAM）											1	1
	抗議						0	0	0	0	0	0	0
	反乱						0	0	0	0	5	5	5
	東ティモール（Fretilin）	1	1	1	1	1	1	1	1	1			
	抗議						3	3	3	3	3	3	3
	反乱						5	5	5	5	5	4	4
	西パプア（OPM）		1			1							
	抗議						2	2	2	2	2	2	2
	反乱						5	5	5	4	3	3	3
インド	Polity	8	8	8	8	8	8	8	8	8	8	8	8
	ナガランド（NNC）												
	抗議						3	3	3	3	3	0	0
	反乱						4	4	4	4	4	4	4
タイ	Polity	2	2	2	2	2	2	2	2	3	3	3	−1
	パッタニー												
	抗議						2	2	2	2	2	2	2
	反乱						2	2	2	2	2	2	2
スリランカ	Polity	6	6	5	5	5	5	5	5	5	5	5	5
	イーラム（LTTE）					1	1	1	2	1	1	2	2
	抗議						2	2	2	2	2	2	2
	反乱						7	7	7	4	4	7	7
フィリピン	Polity	−9	−8	−7	−6	−6	−6	1	8	8	8	8	8
	ミンダナオ（MNLF）	1	1	1	1	1	1	1	1	1	1	1	
	ミンダナオ（MILF）											1	
	ミンダナオ（ASG）												
	抗議						2	2	2	2	2	2	2
	反乱						6	5	5	5	5	5	5
パキスタン	Polity	−7	−7	−7	−7	−7	−4	−4	−4	8	8	8	8
	MQM											1	
	抗議						2	2	5	5	4	5	5
	反乱						0	0	0	0	0	2	2
	バローチスターン（Baloch Ittehad）												
	バローチスターン（BLA）												
	バローチスターン（BLF）												
	バローチスターン（BRA）												
	抗議						0	0	0	2	0	0	2
	反乱						0	0	0	0	1	0	0
パプアニューギニア	Polity	4	4	4	4	4	4	4	4	4	4	4	4
	ブーゲンビル（BRA）											1	
	抗議						0	0	0	2	2	2	2
	反乱						0	0	0	2	4	4	4
ミャンマー	Polity	−8	−8	−8	−8	−8	−8	−8	−8	−6	−6	−7	−7
	カチン（KIO）	1	1	1	1	2	1	1	1	1	1	1	1
	抗議						2	2	2	4	2	2	2
	反乱						6	6	6	6	6	6	6
	カレニー（KNPP）								1				
	カレン（KNU）	1	1	1	2	2	1	1	1	1	2	1	1
	抗議						2	2	2	4	2	4	2
	反乱						6	6	6	6	6	6	6
	シャン（MTA）						1	1	1	1			
	シャン（NSH）												
	シャン（RCSS）												
	シャン（SNUF）												
	シャン（SSA）												
	シャン（SSIA）												
	シャン（SSNLO）												
	シャン（SSPP）												
	シャン（SURA）	1	1	1	1								
	シャン（TRC）					1							
	抗議						2	2	2	4	2	4	2
	反乱						5	5	5	5	5	5	5
	ワ（UWSA）												
	コーカン（MNDAA）												
	ラフ（LUNP）	1	1	1									
	ナガランド（NSCN − K）												1
	パラウン（PSLF）												
中国	Polity	−7	−7	−7	−7	−7	−7	−7	−7	−7	−7	−7	−7
	チベット												
	抗議						3	3	3	3	3	2	2
	反乱						0	0	0	0	0	0	0
	新疆ウイグル												
	抗議						2	2	2	2	2	3	3
	反乱						0	0	0	0	0	2	2

（出所）民主化度は Center for Systemic Peace の Polity データ（http://www.systemicpeace.org/inscr/p 4 v2016.xls）、紛争はウ
派」（Minorites at Risk = MAR）のデータ（http://www.mar.umd.edu/margene/setup.exe および http://www.mar.umd.edu/
連の死者数が25人から999人、「２」は戦闘関連の死者数が1000以上を意味する。MAR データは、1985年から2006年までしか公
小規模なデモ、４：中規模なデモ、５：大規模なデモ、－99：判断根拠なし。「反乱」の数値は以下を意味する。０：報告なし、
模なゲリラ活動、７：内戦、－99：判断根拠なし。なお、ウプサラ大学の紛争データに関しては、中国を除き MAR にデータが

表2から「土地の子」を抱えて民主化した事例として、バングラデシュ（一九九一年）、パキスタン（八八年）、インドネシア（九八年）、フィリピン（八七年）、タイ（九二年）、ミャンマー（二〇一六年）を抽出できる[14]。このうちバングラデシュを除く五カ国では、ウプサラ大学の紛争データとMARの「反乱」から判断するに、民主化移行前後五年間に明らかに紛争が拡大している。バングラデシュは、MARの「反乱」から、民主化を経ても紛争が継続した事例と言える。

3 「中心―周辺」と民主化

MARを主導するガーは、民族紛争に関わる多様な要因の因果関係を図1のように整理する。図から民主化は、政治的機会構造としての「国内的機会」と捉えることができる。古くから「周辺」に密集して居住し、「中央」を支配する多数派民族による抑圧と搾取を通じて強い相対的剥奪感を持つ「土地の子」は、図の中の「民族的アイデンティティの顕在性」「民族文化的行動のインセンティブ」「集合行動のための集団能力」、いずれにおいても民族政治的行動を起こす可能性が高い民族ということになろう。ただし、ガーの議論は、もっぱら少数民族を「主役」に据えているため、民主化研究で得られた知見から以下の点を補足しておきたい。

第一に、「周辺」の「土地の子」がしばしば対峙するのは多数派民族が支配する「中心」の政府とそれを支える軍であるため、民主化に伴う「中心」の政軍関係の変化は「土地の子」の政治行動と大きく関わってくる。「中心」の文民統制が十分に確立しておらず、軍の政治化が進んでいる場合、国家統一というイデオロギーから軍は、分離主義への対応をめぐって文民と対立し、それが和平と抑圧を混在させ、不信感を助長し、紛争を複雑化させうる。

第二に、「中心」が正当性を確保すべく導入する「手続き的民主主義」の陥穽である。「中心」が選択する「手

図1　民族政治的紛争の因果関係

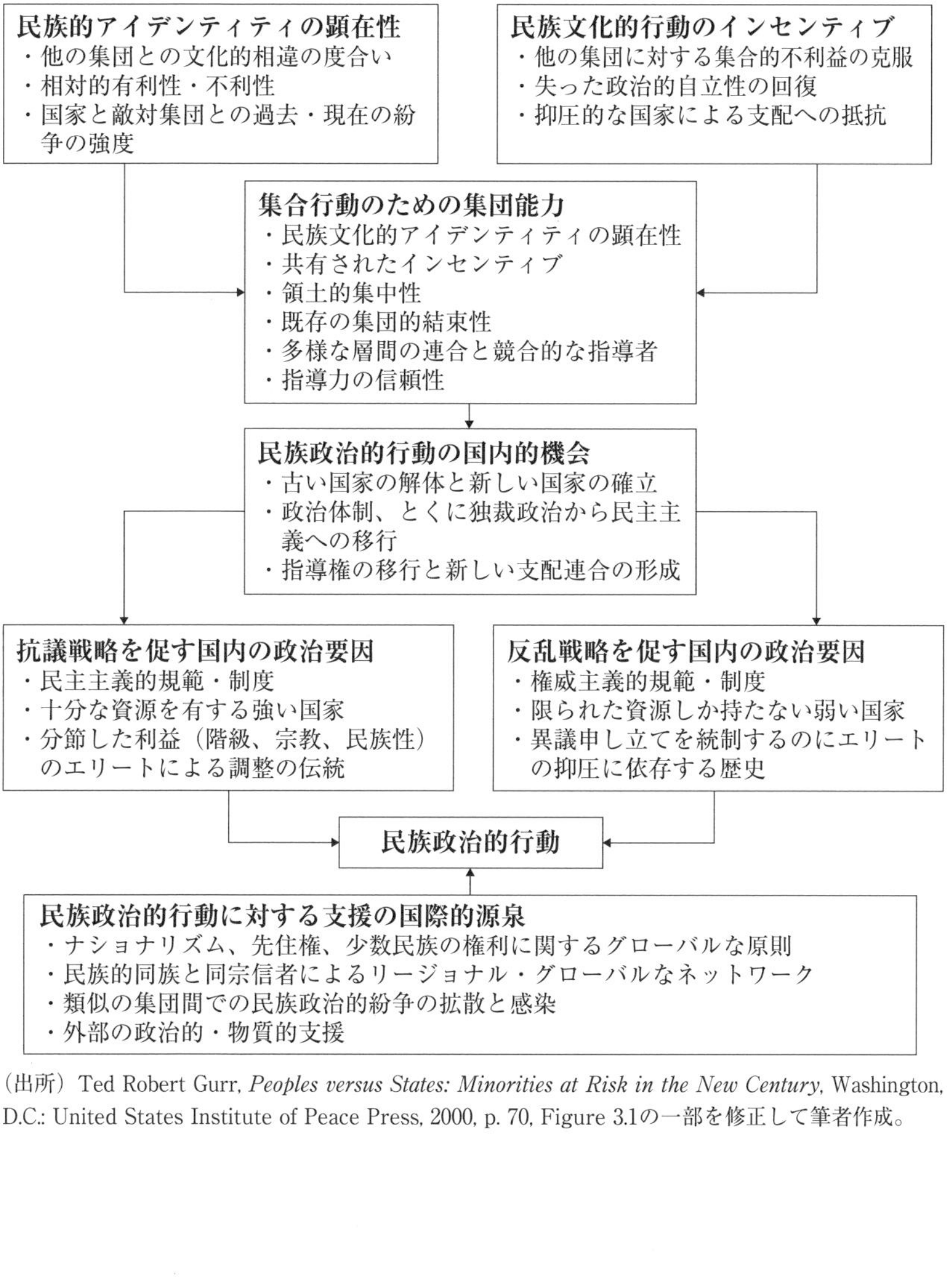

（出所）Ted Robert Gurr, *Peoples versus States: Minorities at Risk in the New Century*, Washington, D.C.: United States Institute of Peace Press, 2000, p. 70, Figure 3.1の一部を修正して筆者作成。

続き的民主主義」の枠内での民主的手続きは、「中心」の安定性に資する一方で、「周辺」にとっては受け入れ難い場合もあり、それが紛争を再燃させることもある。「手続き的民主主義」に伴う「中心」での政治的競合が、和平を阻害したり紛争を惹起したりすることも考えられよう。

第三に、表2の「抗議」の欄から端的に読み取れるように、「周辺」の市民社会も民主化に伴い興隆する。インドネシアのアチェ、東ティモール、西パプア、パキスタンの「ムハジール民族運動」(Muhajir Qaumi Movement = MQM)、バングラデシュ、タイで市民社会の活動が民主化以前より活発化している様子が窺えよう。ただし、「中央」、とりわけ軍が容認できない主張を展開する活動は、民主主義体制下であっても抑圧の対象となり、それが紛争を継続・拡大させせう。

第2節　「周辺」をめぐる「中心」の政軍関係

新たに誕生した民主主義体制は、往々にして民主化という「政治的機会」を利用して「土地の子」問題に平和的にアプローチしようとする。しかし、こうした政治的機会によって必ずしも平和が訪れるわけではない。民主化に伴う「中心」での政軍関係の再編は、しばしば「周辺」に関わる和平と侵攻を併存させ、それが「周辺」の不信感を惹起し、「中心」と「周辺」との紛争を継続させさえする。最たる例は、インドネシアのアチェとミャンマーのカチンである。

世俗主義を掲げるインドネシアの中で、保守的なイスラム教徒が多数を占めるアチェは、オランダからの独立後、自治区の設置を要求し、一九五九年五月には幅広い自治権を持つ特別地域としての地位を付与された[15]。しかし、スハルト政権の下で中央集権化が強まると、アチェでは不満が再燃し、七六年一〇月に分離独立を目指す

「自由アチェ運動」（Gerakan Ache Merdeka ＝ GAM）が誕生する。スハルトは、治安の確保を主たる理由として、八九年にアチェ州を「軍事作戦地域」（Daerah Operasi Milite ＝ DOM）に指定し、分離主義運動の掃討作戦を展開した。

スハルト大統領は、アジア経済危機に端を発する大規模な抗議活動や暴動に直面し、一九九八年五月に退陣を余儀なくされる。大統領には、副大統領であったハビビが就任し、「暫定政権」の下で緩やかに民主化が進んでいった。ハビビ政権は、ＤＯＭの指定解除や人権侵害に対する調査と謝罪など、アチェ問題に正面から取り組む。[16] 九九年一〇月に大統領に就任したワヒドも、二〇〇〇年五月にＧＡＭと「人道的停戦」を結び、特別自治法案にも着手していった。[17]

しかし、政府による和平の姿勢とは裏腹に、国軍はアチェを抑圧してゆく。欧米流の文民統制に服さず、いわゆる「二重機能」という独自のドクトリンを掲げる国軍は、軍事だけでなく政治にも深く関与する義務があると主張して、政治的影響力を保持し続けてきた。民主化に伴い、国軍は東ティモールやアチェなどの紛争地域から撤兵し、「二重機能」の見直しを発表するが、[18] 一九九九年一月にハビビ大統領が、東ティモールに対して独立の是非を問う住民投票の実施を決定すると、国軍は政治工作を試み、国軍の支援を受けた民兵集団により大規模な騒乱が生じた。[19] ＤＯＭが解除されたアチェでも、住民は「ＤＯＭ２」と揶揄されるような事態に直面した。[20] このような「中心」による抑圧によって、伝統的にジャカルタ寄りとされていた都市部でも失望が広がり、ＧＡＭへの支持が拡大し、支持層や主義主張の違いを越えてＧＡＭと市民社会との共闘が進んでいった。[21]

ミャンマーでは軍事政権が、二〇〇三年八月に民主化のロードマップを発表し、「上」から漸次的に民主化を進め始めた。二〇〇八年五月には、国民投票によって新憲法が採択され、それに則り二〇一〇年一一月には複数政党制に基づく総選挙が実施された。選挙では、国軍が後ろ盾となっている「連邦団結発展党」（Union

Solidarity and Development Party＝USDP）が勝利するが、二〇一五年一一月の総選挙では、民主化勢力の「国民民主連盟」（National League for Democracy＝NLD）が圧勝し、政権交代が実現した。

こうした一連の民主化プロセスの中で紛争が勃発したのはカチン州である。同州では、一九六〇年代から「カチン独立軍」（Kachin Independence Army＝KIA）と国軍との間で戦闘が続いてきた。九四年二月に政府とKIAは停戦協定を結び、「カチン独立機構」（Kachin Independence Organization＝KIO）が州の大半を実効支配していた。しかし、二〇一一年六月に政府は一方的に停戦協定を破棄し、攻撃を仕掛けた。軍事政権は、KIAの支配地域でのダム建設のために二〇〇七年五月に中国資本と提携しており、プロジェクトを進めるためにKIAを排除しようと考えたことが背景にあるとされる。また、新憲法に則り（第二〇条（c）国軍最高司令官は、全ての武装勢力の最高司令官となる）、全ての武装勢力は国軍の支配下に入ることが求められたが、KIAはこれを拒否していた[22]。豊富な天然資源に対する支配権も紛争と無関係ではない[23]。

二〇一一年八月に政府は、武装勢力に対して停戦交渉を提案し、同年一二月と二〇一二年一月にテインセイン大統領は、国軍に対してカチンへの攻撃をやめるよう指示を出すが、戦闘は継続した[24]。ミャンマーでは、インドネシアの「二重機能」を模倣する国軍の政治的影響力が保持されながら民主化が進んでいる[25]。新憲法の規定により議会の議席の二五％が非民選の軍人とされ、未だ文民統制は十分に確立しているとは言い難い。国内的解決は困難と考え、カチンの市民社会は、国連に対して国軍を国際司法裁判にかけるよう要請している[26]。

第3節　「手続き的民主主義」の陥穽――住民投票の功罪

民主化では、自由選挙の実施、議会の復活、場合によっては新憲法の制定が分水嶺となる。これらの制度的要素を中心とする「手続き的民主主義」は、「中心」の正当性の確立に貢献し、経路依存的にその後の体制の軌道を規定するが、「中心」と「周辺」との間で根強い紛争が生じている場合、「周辺」の合意をも獲得できるわけではない。フィリピンのミンダナオとインドネシアのアチェを見てみよう。

フィリピンでは、一九八六年二月にマルコス独裁体制が崩壊し、アキノ大統領の下で民主主義体制が成立した。反政府民主化勢力のシンボルとなったアキノは、体制崩壊への序曲となった繰り上げ大統領選挙に出馬するにあたり、ミンダナオのモロ(イスラム教徒)に自治を与えることを公約に掲げていた。この公約に従いアキノ政権は、速やかに和平交渉の準備を進め、八六年九月五日にモロ民族共和国の独立を目指す「モロ民族解放戦線」(Moro National Liberation Front = MNLF)のミスワリ議長と会談し、停戦が成立した。八七年一月にMNLFとの第一回交渉が行われ、マルコス体制下で成立したトリポリ協定による自治範囲一三州を二三州に拡大して完全自治を民主的なプロセスに則って議論してゆくことで合意が成立する。MNLFは、分離独立という目標を撤回し、主権国家内での自治を選択することを公式に宣言した[27]。

しかし、両者は、住民投票という民主的プロセスを用いるか否かで対立した。MNLFは、住民投票を経ずにトリポリ協定の迅速かつ完全な実行を求めたが、アキノ政権は、新憲法に自治条項を挿入し、住民投票が唯一の選択肢であることを示した。八七年七月には新憲法に則り、「地域諮問委員会」(Regional Consultative Commission = RCC)が設置され、自治法案の作成が開始された。こうした「中心」による「手続き的民主主義」内での自治法整備プロセスをMNLFとその分派でイスラム国家の樹立を掲げる「モロ・イスラム民族解放戦線」(Moro Islam Liberation Front = MILF)は拒否し、MNLFは八八年二月から再び戦闘を開始した。MNLFのみならずモロの市民社会も、集会(八六年三月)や会議(八七年七月)でトリポリ協定の迅速かつ完全な実行を求めており[28]、「周辺」と「中心」との認識の乖離は明白であった。

合意が得られない中で一九八九年一一月に実施された自治を問う住民投票の投票率は五五・三％と低く、一三州のうちムスリムが多数を占める四州だけが自治案に賛成であった[29]。その後、ＭＮＬＦとの和平は九六年、イスラム国家の樹立を掲げるＭＩＬＦとの和平は二〇一四年まで待たねばならなかった。

アチェでは、国民国家を前提とする「手続き的民主主義」の枠外であり、「中心」の軍が容認しえない「独立の是非を問う住民投票の実施」を市民社会が強く要求した点でミンダナオとは大きく異なる。例えば、「アチェ学生改革行動連盟」（Koalisi Aksi Reformasi Mahasiswa Aceh = KARMA）は、一九九八年一二月九日に、以下の五項目を中央政府に要求している。すなわち、①天然資源収入の八割の地方財政への還元、②人権侵害の徹底追及、③アチェ常駐部隊の中に潜伏している域外所属の部隊の撤退、治安当局による扇動活動の停止、④政治犯の釈放、⑤特別州の地位の法的保証、である。一二月一八日には、これらの要求が九九年二月までに達成されなければ、学生の名で住民投票を実施することを宣言した[30]。九九年一一月八日には、アチェ全域から一〇〇万人を超える民衆がバンダ・アチェに集まり、「アチェ住民投票中央情報」（Sentral Informasi Referendum Aceh = SIRA）の主導で住民投票総会が開催され、住民投票の実施が声高に叫ばれた[31]。

このような要求が噴出していたアチェにおいて、「手続き的民主主義」の中核要素となる九九年六月の総選挙は機能不全であった。ＳＩＲＡは、住民投票こそが平和的解決の道であると主張して選挙へのボイコットを住民に呼びかけ、ＧＡＭは、総選挙への参加は不必要と唱えた。アチェ地域の総選挙の投票率は、全国平均の半分にも満たなかった[32]。平和的な活動とはいえ、市民社会による住民投票要求は、皮肉にも東ティモールの二の舞いを懸念する国軍による掃討作戦を助長し、前述したように住民はＤＯＭ2に直面した。

第4節　「手続き的民主主義」の陥穽——政党政治の功罪

「手続き的民主主義」で重視される選挙を通じた政治的競合も、「土地の子」紛争の解決を困難にし、時には紛争を惹起しさえする。バングラデシュとタイを見てみよう。

バングラデシュでは、軍事独裁体制が民主化運動により崩壊し、一九九一年三月に総選挙が実施され、「バングラデシュ民族主義者党」(Bangladesh Nationalist Party = BNP) が勝利した。BNP政権は、九二年七月にチッタゴン丘陵県委員会を設置して対話の姿勢を見せ、これを受けて先住民族の政治団体である「チッタゴン丘陵人民連帯連合協会」(Parbatya Chattagram Jana Samhati Samiti = PCJSS) は、休戦を宣言する。しかし、バングラデシュ民族主義を強く掲げる右派政党のBNPにとって、チッタゴン丘陵地帯の先住民族による自治とベンガル人入植者の立ち退きを求めるPCJSSの要求は受け入れ難く、交渉は主たる成果なく終わった[33]。

和平交渉が進む中でも、チッタゴン丘陵での軍による抑圧は継続したが[34]、民主化はチッタゴン丘陵の市民社会の興隆を促した。先住民族であるジュマ人による「丘陵学生委員会」(Pahari Chattro Parishad = PCP) や「丘陵民衆委員会」(Pahari Gono Parishad = PGP) などが大衆動員を試み、とくに人権侵害の調査を進めていった。こうしたジュマ市民社会の活動に対して、一九九五年九月には軍の支援によって「丘陵学生委員会・丘陵民衆委員会によるテロリズムに抵抗するための委員会」(Pahari Chattra Parishad, Pahari Gano Parishad-er Santras Pratirodh Committeeor = PPSPC) が設立された。PPSPCは、九六年一二月に軍が解散を命じるまで、PCPやPGPに対する破壊活動を展開した[35]。

一九九六年六月の選挙でチッタゴン問題の政治的解決を掲げる中道左派の「アワミ連盟」(Bangladesh

Awami League ＝ AL）が勝利すると、和平が一気に進む。「国家チッタゴン丘陵地帯委員会」（National Committee on the Chittagong Hill Tracts ＝ NCCHT）が設置され、七回にわたる交渉の末、九七年一二月に和平協定が成立した。これに対して野党のＢＮＰは、和平協定を国家の主権と憲法を損なう「暗黒協定」として批判し、「ホルタル」（全国規模のストライキ）を実行する。[36] ＡＬは、協定を完全に実行に移せば、ＢＮＰを中心にホルタルが継続し、民主主義が機能不全に陥るが、さりとて野党を満足させるよう条項を修正すれば、再び武力紛争を誘発するかもしれないというジレンマに直面する。[37] この結果、和平協定の実行速度は、極めて緩慢となった。[38]

九割以上が仏教徒であるタイにあって、マレーシアに近い最南部の五県の人口は、五割から八割以上がムスリムである。一九六〇年代から、武装組織が誕生し、分離独立運動が本格化する。しかし、八〇年三月に登場したプレム政権以降、ムスリム文化に留意した政策が進められた結果、散発的な暴力事件はあったものの、運動は下火となっていった。[39]

一九九二年五月に国王の仲裁により民主化が実現し、九七年一〇月にはタイ史上最も民主的と言われる新憲法が制定される。この新憲法下での初の総選挙で圧勝したのが、タクシン率いるタイ愛国党であった。選挙での勝利を背景にタクシンは、南部のマレー系ムスリムの暴動に対して抑圧政策を復活させた。二〇〇二年五月には、タイの治安機構の中でリベラルな立場をとり、ムスリム指導者とその共同体との信頼構築に努めてきた「南部国境県行政センター」（Southern Border Provinces Administrative Center ＝ SBPAC）と「市民・警察・軍コマンド四三」（Civilian-Police-Military Command 43＝ CPM43）が廃止された。これに伴い分離主義運動が再燃し、二〇〇四年一月には、分離主義勢力による軍施設への武力攻撃が発生した。タクシン政権のタイ南部政策の背景には、野党である民主党と伝統的な王室の支持基盤を切り崩そうとする意図があり、[40] これがのちにタクシン派

（赤シャツ）と反タクシン派（黄色シャツ）との対立につながってゆく。

第5節 「周辺」から見た民主化と民主主義

以上のような「中心」の行動や態度は、「周辺」の「中心」に対する従来からの不信感をさらに助長し、紛争の解決を困難にしよう。最後に、「周辺」の意識を具体的に見ておきたい。

アチェの地元タブロイド紙であるKONTRASの世論調査では、政府機関に対するアチェ住民の不信感が示されている。例えば、「人道的停戦が続かない場合、不安な理由は何か」という質問に対しては、「人道的支援が届かない」が八・三三％、「GAMが市民を脅す」が〇％、「政府機関がさらに勝手な行動をする」が九一・六％であった[41]。二〇〇一年のアチェの状況について、「もし困難が増すなら、最も重要な理由は何か」という質問に対しては、「GAMが議論をしようとしない」が二・五％、「政府機関がさらに人権を侵害する」が四・五％、「GAMが完全な独立を望む」が二・五％、「政府がアチェ社会の富を必要とする」が二・〇％、「政府とGAMが双方とも頭が固い」が四二・五％であった[42]。

「周辺」とそれ以外の地域との住民の意識の相違も見られる。KOMPAS紙の世論調査によれば、アチェ外の六一％は、「GAMが紛争を終結させる真剣さを持っていない」と答え、六三％はGAMを拒否する。また、五八％は、GAMに対する政府の対応の真剣さを賞賛し、六〇％は、GAMが交渉に参加しない場合、GAMを和平の場に戻すために国軍がGAM司令部を攻撃することに賛成する[43]。アチェ住民に対するKONTRASの世論調査の結果とは対照的である。自治法案に関しては、それがアチェ問題を解決できると答えたのはアチェ外で四九％であったが、逆にアチェでは四九％が法案に疑いを持っていた。二〇〇一年七月に誕生したメガワティ政権に対する信頼度については、信頼しないと答えた人の割合は、アチェでは三七％、アチェ外では一六％であった[44]。

ミンダナオについては、カガヤン・デ・オロ市にあるザビエル大学が、一九八七年五月・六月にミンダナオで実施した意識調査がある。「マニラの人びとはミンダナオとスルーの問題を本当に理解してはいない」という質問に同意したイスラム教徒は七〇・二％、キリスト教徒は五八・二％であった。「ミンダナオとスルーの人びとに影響を与える問題について、マニラの政府役人がいつも決定をすることは最も良いことだ」という質問に対しては、イスラム教徒の五四・〇％、キリスト教徒の五六・二％が同意していない[45]。

タイ南部については、まず軍に対する支持率で差が見られる。タイ中部では軍が重要な役割を果たしていると七一％が感じているのに対して、深尖部三州では四九％と低くなる。軍の規模が大きすぎると考えている人の割合も、全国では一三％であるのに対して南部では三七％と差がある。「政府による地域独自の歴史の承認と軍の撤退が紛争を減少させるか」という質問に対しては、マレー系イスラム教徒人口が最も多いパッタニー州のマレー語話者の六三％が肯定的だが、タイ語話者では四三％と低くなる。「地方分権あるいは限定的な自治が紛争を解決するか」という質問に同意するタイ中央の人の割合は三六％であるが、深尖部では六二％と高い。「タイ中央からタイ南部への移民は紛争を悪化させているか」という質問に対しては、マレー語話者の四二％が同意するが、タイ語話者は三三％と低い[46]。

「中心」と「周辺」との認識の乖離は、ミャンマーでも顕著に見られる。軍事政権の主導で制定された二〇〇八年の新憲法では、連邦制が謳われているが（第八条）、実際には強固な中央集権体制が採られ、連邦から離脱してはならないとさえ規定されている（第一〇条）。六四二キロの国境線に沿った地域が、カチン族を含め自治意識の強い少数民族の居住地であるミャンマーにおいて、「土地の子」にとっての民主化の最終目標は、民主政府の回復だけに留まらず、真の連邦国家の建設にも置かれている。[47] それゆえ、「土地の子」は、軍事政権と民主化勢力との二者対話ではなく少数民族を含めた三者対話を求めてきた。KIAを含む一一の少数民族の武装勢力が結成した「統一民族連邦評議会」（United Nationalities Federal Council = UNFC）は、「全ての少数民族の平等権と自決、人権、民主的権利が法的に保障された真の連邦国家」の実現を掲げ、[48] 二〇一一年九月に憲法改正を要求している。[49] 二〇一五年に連邦国家の樹立を公約に掲げて政権の座に就いたNLDに対してさえも、少数民族組織は「中心」による根強いビルマ族優越主義への懸念を示している。[50]

おわりに

民主主義は、暴力よりも協議によって問題の解決を図ることを規範とする政治体制である。しかし、アジアの民主化を「中心—周辺」という視点から改めて検証して明らかとなったのは、民主化と民主主義のリスクである。民主主義が確立する前後の流動期に「中心」では、政軍関係が揺らぎ、軍の政治からの撤退が議論されるが、軍はナショナリズムの「守護者」としての役割を簡単には放棄しない。独自の強い民族的アイデンティティを有する「土地の子」が生活を営む「周辺」では、高度な自治や分離独立を希求するエスノナショナリズムが高揚する。かかる状況下において民主化は、和平の契機となることもあれば、「中心」と「周辺」との認識の乖離を顕在化させ紛争を惹起させる政治的機会ともなる。

「手続き的民主主義」とその中核要素たる選挙、政党、議会は、欧米が期待するような機能を果たすわけではなく、紛争を鎮火させるどころか逆に再燃させる場合もある。しばしば「手続き的民主主義」と親和的に語られる市民社会の「周辺」における興隆は、「中心」による抑圧を助長させさえし、「周辺」の市民社会は時に武装組織と共闘関係をも構築する。「中心」と「周辺」との著しい乖離ゆえに、「周辺」の主義主張は、「中心」の主義主張とは相容れず、「火種」とさえなる。さりとて、世論調査から端的に読み取れるように、両者の認識の差を埋めるのは容易ではない。

注

（1） Rudolph J. Rummel, "Democracy, Power, Genocide, and Mass Murder," *Journal of Conflict Resolution*, Vol. 39, No. 1, March 1995, Stephen M. Saideman, David J. Lanoue, Michael Campenni, and Samuel Stanton, "Democratization, Political Institutions, and Ethnic Conflict: A Pooled Time-Series Analysis, 1985–1998," *Comparative Political Studies*, Vol. 35, No. 1, February 2002.

（2） Lars-Erik Cederman, Kristian Skrede Gleditsch, and Simon Hug, "Elections and Ethnic Civil War," *Comparative Political Studies*, Vol. 46, No. 3, 2012, Jacques Bertrand and Sanjay Jeram, "Democratization and Determinants of Ethnic Violence: The Rebel-Moderate Organizational Nexus," in Jacques Bertrand and Oded Haklai, eds., *Democratization and Ethnic Minorities: Conflict or Compromise?*, London: Routledge, 2014.

（3） Håvard Hegre, Tanja Ellingsen, Scott Gates, and Nils Petter Gleditsch, "Toward a Democratic Civil Peace?: Democracy, Political Change, and Civil War, 1816–1992," *American Political Science Review*, Vol. 95, No. 1, March 2001.

（4） Christoph Zürcher, Carrie Manning, Kristie D. Evenson, Rachel Hayman, Sarah Riese, and Nora Roehner, *Costly Democracy: Peacebuilding and Democratization after War*, Stanford, Calif.: Stanford University, 2013.

（5） Jason Sorens, *Secessionism: Identity, Interest, and Strategy*, New York: McGill-Queen's University Press, 2012, p. 5.

（6） 同様の視点からコークリーは、地方的周辺が地方的中心を介して勢力を広げる動きとして分離主義を論じている（John Coakley, *Nationalism, Ethnicity and the State: Making and Breaking Nations*, Los Angeles: Sage, 2012, pp. 168–172）。

（7） Thania Paffenholz, ed., *Civil Society & Peacebuilding: A Critical Assessment*, Boulder, Colo.: L. Rienner, 2010.

（8） Myron Weiner, *Sons of the Soils: Migration and Ethnic Conflict in India*, Princeton, N.J.: Princeton University Press, 1978, pp. 13–14.
（9） James D. Fearon, “Why Do Some Civil Wars Last So Much Longer than Others?,” *Journal of Peace Research*, Vol. 41, No. 3, May 2004, p. 283.
（10） 抑圧、搾取、疎外は、構造的暴力の主要な形態である（Johan Galtung, “Violence, Peace, and Peace Research,” *Journal of Peace Research*, Vol. 6, No. 3, 1969, p. 171, Johan Galtung, “A Perspective on Conflict and Peace,” in Debidatta Aurobinda Mahapatra, ed., *Conflict and Peace in Eurasia*, London: Routledge, 2013, p. 30）。
（11） James D. Fearon and David D. Laitin, “Sons of the Soil, Migrants, and Civil War,” *World Development*, Vol. 39, No. 2, February 2011, p. 201.
（12） http://www.systemicpeace.org/polityproject.html（二〇一九年二月一七日アクセス）。
（13） ハンチントンの定義が最たる例である。彼は、民主主義を「候補者が自由に票を競い合い、実質的に全ての成人が投票する資格を有する公平で公正な定期的選挙によって、その最も有力な決定作成者集団が選出される二〇世紀の政治システム」と簡潔に定義する（Samuel P. Huntington, *The Third Wave: Democratization in Late Twentieth Century*, Norman: University of Oklahoma Press, 1991, p. 7〔S・P・ハンチントン著／坪郷實、中道寿一、藪野祐三訳『第三の波―二〇世紀後半の民主化』三嶺書房、一九九五年〕）。「手続き的民主主義」の功罪を論じた以下の研究も参照されたい。五十嵐誠一『民主化と市民社会の新地平―フィリピン政治のダイナミズム』早稲田大学出版会、二〇一一年、三二―四〇頁。
（14） スリランカは、二〇〇一年に二〇年ぶりにプラス六の評価となったが、その間、継続してマイナス五であり、二〇〇三年には再びプラス五となり、二〇〇六年に再びプラス六となっていることから、ある時点を境に明確に民主化した事例とは言い難い。
（15） Michelle Ann Miller, *Rebellion and Reform in Indonesia: Jakarta’s Security and Autonomy Polices in Aceh*, London: Routledge, 2009, pp. 42–43.
（16） Yandry Kurniawan, *The Politics of Securitization in Democratic Indonesia*, Cham: Palgrave Macmillan, 2007, pp. 123–124.
（17） Larry Niksch, “Indonesia Separatist Movement in Aceh,” in William C. Younce, *Indonesia: Issues, Historical Background*

and Bibliography, New York: Nova Science Publishers, 2001, p. 21.

（18）　増原綾子「インドネシアにおける政軍関係の変容─二〇〇二年国防法及び二〇〇四年国軍法に注目して」『アジア研究所紀要』第三八号、二〇一一年、一五三頁。

（19）　Damien Kingsbury, *East Timor: The Price of Liberty*, New York: Palgrave Macmillan, 2009, pp. 68–71.

（20）　ＤＯＭ解除に対する治安部隊の対応を、イギリスに本部を置く人権擁護団体Ｔａｐｏｌは、以下の四つの時期に区分して分析する。すなわち、①脅迫（ＤＯＭ解除～一九九九年一月）、②公然と行われる虐殺（一九九九年一月～八月）、③謎の発砲・射殺や不可解な殺害（一九九九年八月～二〇〇〇年二月）、④市民活動家に対する暴力、拷問、殺害（二〇〇〇年二月～）、である（Ｔａｐｏｌ著／南風島渉訳『暗黒のアチェ─インドネシア軍による人権侵害』インドネシア民主化支援ネットワーク、二〇〇一年）。

（21）　Kirsten E. Schulze, *The Free Aceh Movement* (*GAM*): *Anatomy of a Separatist Organization*, Washington, DC: East-West Center Washington, 2004, pp. 17–18, Michelle Ann Miller, *Rebellion and Reform in Indonesia: Jakarta's Security and Autonomy Policies in Aceh*, London: Routledge, 2009, pp. 32–33.

（22）　Paul Keenan, "The Conflict in Kachin State: Time to Revise the Costs of War," Briefing Paper No. 2, Burma Centre for Ethnic Studies, Peace and Reconciliation, February 2012, pp. 1–5.

（23）　Eugene Mark, "The 'Resource War' in Kachin State," *The Diplomat*, March 16, 2018.

（24）　Su Mon Thazin Aung, "The Politics of Policymaking in Transitional Government: A Case Study of the Ethnic Peace Process in Myanmar," in Nick Cheesman and Nicholas Farrelly, eds., *Conflict in Myanmar: War, Politics, Religion*, Singapore: ISEAS Yusof Ishak Institute, 2016, p. 35.

（25）　Lina A. Alexandra and Marc Lanteigne, "New Actors and Innovative Approaches to Peacebuilding: The Case of Myanmar," in Charles T. Call and Cedric de Coning, eds., *Rising Powers and Peacebuilding: Breaking the Mold?*, Cham: Palgrave Macmillan, 2017, p. 212.

（26）　Clare Hammond and Kyaw Lin Htoon, "Ten Civilians Killed in Kachin This Week as Others Remain Trapped in Conflict Zone" *Frontier Myanmar*, April 27, 2018.

(27) anon., "Gov't, MNLF Sign Autonomy Accord," *Manila Bulletin*, January 5, 1987.

(28) Thomas M. Mckenna, *Muslim Rulers and Rebels: Everyday Politics and Armed Separatism in the Southern Philippines*, Berkeley: University of California Press, 1998, pp. 241–245, R.J. May, "The Philippines under Aquino: A Perspectives from Mindanao," *Journal of Institute of Muslim Minority Affairs*, Vol. 8, No. 2, July 1987, p. 352.

(29) *Manila Chronicle*, November 27, 1989.

(30) anon., "Ancaman Referendum Iringi Tuntutan Mahasiswa Aceh," *Serambi Indonesia*, December 19, 1998.

(31) anon., "Dua Juta Umat Gelorakan Referendum," *Serambi Indonesia*, November 9, 1999.

(32) 西芳実「アチェ紛争—ポスト・スハルト体制下の分離主義的運動の発展」（日本比較政治学会編『民族共存の条件』早稲田大学出版部、二〇〇一年）一一三—一一六頁。

(33) Amena Mohsin, *The Chittagong Hill Tracts, Bangladesh: On the Difficult Road to Peace*, Boulder, Colo.: L. Rienner, 2003, pp. 40–41.

(34) Amnesty International, Bangladesh: Human Rights in the Chittagong Hill Tracts, 2000, pp. 21–23.

(35) The Chittagong Hill Tracts Commission, *Life is not Ours: Land and Human Rights in the Chittagong Hill Tracts Bangladesh*, Kopenhagen: Organising Committee Chittagong Hill Tracts Campaign and International Work Group for Indigenous Affairs, 1997, pp. 20–22.

(36) Kamal Uddin, "Opposition Toeing Tough Line," *Dhaka Courier*, December 26, 1997, p. 11, anon., "97 Makes Adieu with 105 Days of Hartals," *The Bangladesh Observer*, December 31, 1997, p. 12.

(37) Zillur R. Khan, "Sovereignty, National Interests, and the Challenges of Democratization in Bangladesh," *Journal of Bangladesh Studies*, Vol. 1, No. 2, June 2000, p. 14.

(38) The Chittagong Hill Tracts Commission, *Life is not Ours: Land and Human Rights in the Chittagong Hill Tracts Bangladesh*, Kopenhagen: Organising Committee Chittagong Hill Tracts Campaign and International Work Group for Indigenous Affairs, 2000, pp. 10–21.

(39) Neil J. Melvin, *Conflict in Southern Thailand: Islamism, Violence and the State in the Patani Insurgency*, Stockholm:

Stockholm International Peace Research Institute, 2007, pp. 15–17.

(40) Duncan McCargo, "Thaksin and the Resurgence of Violence in the Thai South: Network Monarchy Strikes Back?," *Critical Asian Studies*, Vol. 38, No. 1, March 2006, pp. 41–50.

(41) anon., "Jika Perang, Semuanya Kalah," *KONTRAS*, No. 118, Tahun Ⅳ 3–9 Januari 2001.

(42) anon., "Aceh Makin Runyam karma Pelanggaran HAM," *KONTRAS*, No. 118, Tahun Ⅳ 3–9 Januari 2001.

(43) anon., "Bau Mesiu di Meja Perundingan," *Kompas*, November 24, 2002.

(44) Nurul Fatchiati, "Mencari Obat Mujarab bagi Aceh," *Kompas*, August 27, 2002.

(45) Ma. Ofelia Durante, "Perceptions about Life in Mindanao," in Marilou Palabrica-Costello, ed., *Autonomy for Mindanao?: Results of a Survey Study*, Cagayan de Oro City: Research Institute for Mindanao Culture, Xavier University, 1989, pp. 31–32.

(46) James Klein, *Democracy and Conflict in Southern Thailand: A Survey of the Electorate in Yala, Narathiwas, and Pattani*, Bangkok: Asia Foundation, 2010, pp. 45–46, p. 111, p. 121, p. 129.

(47) Lian Sakhong, "A Two-Fold Path: The Transition to Democracy and Federalism in Burma," *Burma Debate*, Vol. 8, No. 2&3, 2001.

(48) http://burmese.unfcburma.org/?page_id=3814（二〇一九年二月一七日アクセス）。

(49) Lun Min Mang, "UNFC's Demands Increase as DPN, Peace Commission Meet," *Myanmar Times*, November 9, 2016.

(50) Kyaw Phone Kyaw, "NLD Goes it Alone, Raising Ethnic Party Ire," *Frontier Myanmar*, May 2, 2016.

（付記）本研究は、二〇一六―二〇二〇年度科学研究費補助金新学術領域研究（研究領域提案型）（研究課題番号16H116551、研究課題名「文明と広域ネットワーク―生態圏から思想、経済、運動のグローバル化まで」）の成果の一部である。

第9章

境界における武力紛争の再発と継続
——カチン紛争の外部要因としての中国

峯田　史郎

はじめに

本章ではミャンマー国内で継続するミャンマー政府と少数民族武装組織との間の武力紛争について、国境付近で発生する武力紛争の地理的特性と、武力紛争継続の要因について検証する。(1)

ミャンマーは、北東部のカチン州、シャン州で中国の雲南省およびチベット自治区と国境を共有しており、国境を挟んだ区域の政治的、経済的、社会的な結びつきは強い。(2) そのため、本章で取り上げるミャンマー国軍とカチン独立組織（Kachin Independence Organization=KIO）およびカチン独立軍（Kachin Independence Army=KIA）との間で発生しているカチン紛争の戦局は、中国の国境の安定に直接的に影響する（図1）。二〇〇九年、シャン州でのコーカン紛争の際には、ミャンマー国軍の攻撃を恐れた約三万七〇〇〇の人々が、中国雲南省側へ流れ込む事件があった。それからというもの、国境の安定は中国・ミャンマー首脳会議上で、頻繁に取り上げられる争点となっている。本章で取り上げるカチン紛争は、中国国内の安定、とりわけ西南部の安定にも影響を及ぼし

図１　ミャンマー・カチン州・シャン州―中国雲南省徳宏タイ族ジンポー族自治州国境

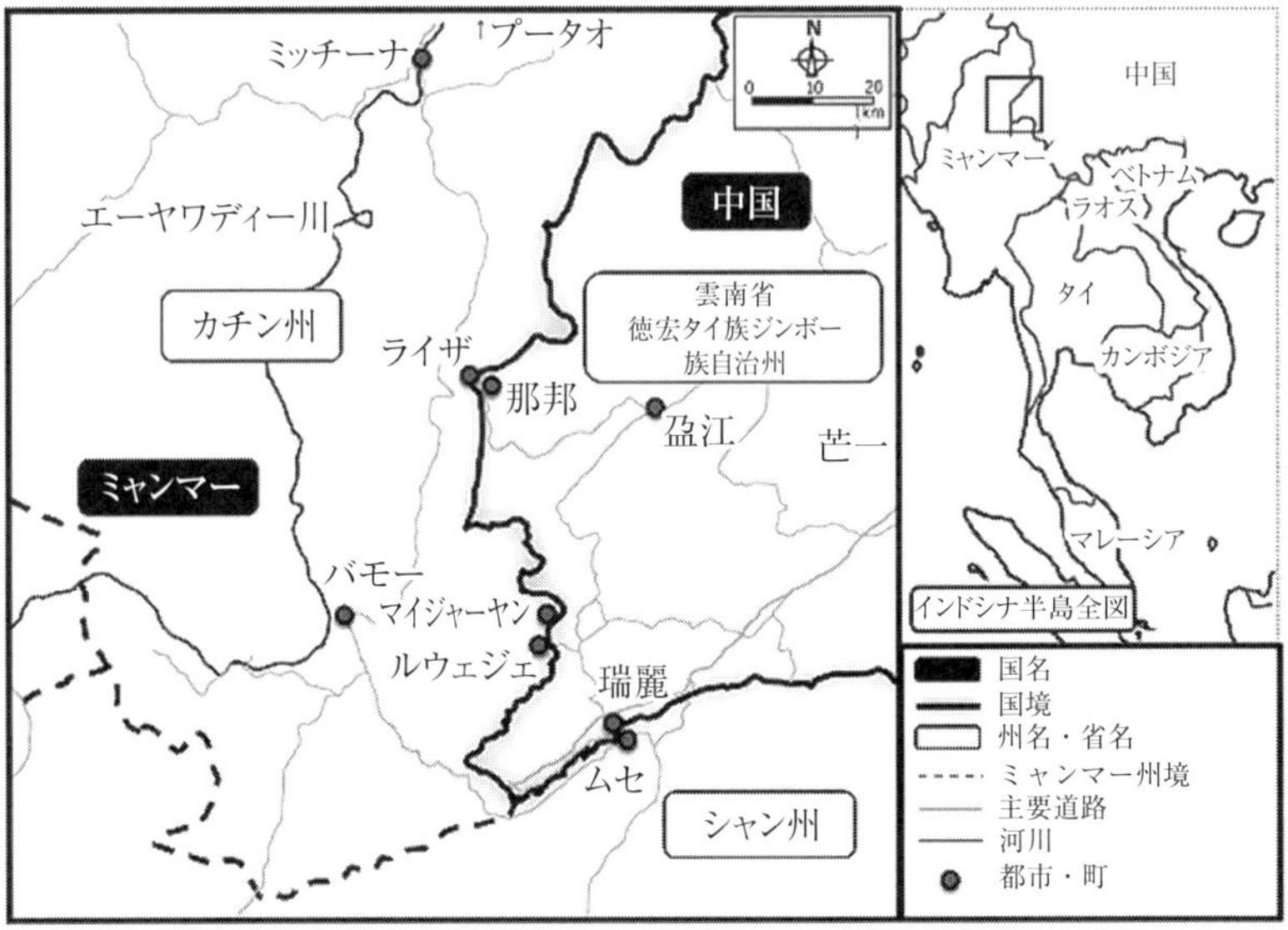

（出所）筆者作成。

ているのである。

政治的な側面からみた場合、中国では、カチン紛争関与が中国政府にとっての外交政策上の利益をもたらすかどうか、あるいはKIO／KIAをミャンマー政府に対する単なる反政府勢力とみなすべきかどうかについての議論が続いている。これは、中国政府だけではなく、雲南省政府、自治州政府、国境貿易から利益を得ている中国企業との間でも議論されている。中国政府はミャンマー政府が欧米諸国の動向に関心を払う傾向があると判断し、中国の安定と利益のために、ミャンマー国内で中国の影響力を強化する必要があると考えている。

経済的な側面から見ると、中国は電力需要のある中国西南部の水力発電による電力の供給元としてのミャンマー、そしてカチン州、シャン州の天然資源である翡翠や木材に期待を寄せてきた。例えば、中国資本によるミャンマー最大の投資プロジェクトを挙げることができる。すでに三六億米ドルが投入され、現在でも建設の再開を巡って議論されているミッソン水力発電用ダムはカチン州北部に位置している。さらに、インド洋からミャンマー国内を経由し、中国内陸部へ石油・天然ガスを供給するパイプラインのプロジェクトは中国国営企業によって建設された。このパイプラインはカチン州ではなくシャン州を通過しているが、カチン州南東部とシャン州北部で展開しているカチン紛争の戦闘区域至近を通過している。

本章では、第一節でミャンマー・カチン州と中国・雲南省との間の経済的取引を整理し、第二節にて、紛争が再発した二〇一一年から二〇一三年までの中国政府のカチン紛争への関与を検証する。その上で、カチン紛争において、中国という外部要因が紛争継続の要因になっていることを明らかにする。

第1節　ミャンマー・カチン州と中国・雲南省

国際法に基づいて策定された国境を、法を順守して越境する行為を「公式」とするのならば、ここで少数民族組織が活動を継続するためには「非公式」の越境を選択せざるを得ない。ここに非公式の越境を巧みに利用することによる少数民族武装組織の生存戦略がある。

ミャンマー北部に位置するカチン州の少数民族武装組織と中国との政治、経済、社会的な関係はかなり深い。ミャンマーと中国との間の国境は、おおよそ世界中の陸路国境がそうであるように、両国政府によって地理的連続性をもって管理されているわけではなく、いくつもの極めて不鮮明な孔が空いている。もちろん両国の間での国境策定作業は完了しており、毎年一〇〇〇万人以上の人々が瑞麗の国境ゲートを通過しているが（写真1）、この公式の国境ゲートのある町から離れると、国境線に沿って政治的に国を隔てる壁もなければ、両国の国境警

写真１　中国―ミャンマー国境ゲート（中国雲南省徳宏タイ族ジンポー族自治州瑞麗市）

（出所）筆者撮影（2015年３月）。

備隊が常に駐屯しているわけでもない。ただし、国境情勢の変化があれば軍隊が派遣され、国境線管理が厳しくなる場合もある。国家間における公式の国境ゲートとは別に、中国の国家領域とＫＩＯ／ＫＩＡ管理区域との間に設けられたゲートも存在する。その代表的なものは、雲南省徳宏タイ族ジンポー族自治州那邦とＫＩＯ／ＫＩＡが本部を置くライザとの間に設けられている。このゲートの管理にミャンマー政府は関与していない。この他に、ＫＩＯ／ＫＩＡは、中国領域との間に独自のチェックポイントを複数構えており（写真２）、日常的にヒトとモノが、国境を非公式に利用し、非公式な出入りを繰り返している。国境を非公式に利用できるカチンの人々が中国での商品の売買や労働のために越境する姿はしばしば見られる光景である(3)（写真３）。

二〇一一年にカチン紛争が再発して以降、ＫＩＯ／ＫＩＡとミャンマー国軍との間の交戦状態により、カチン州の中でもＫＩＯ／ＫＩＡ管理区域とミャンマー平野部とのヒト・モノの移動は途絶され

写真２　中国領域から KIO/KIA 管理区域へ入るためのチェックポイント

（出所）筆者撮影（2016年３月）。

写真３　小川を渡り KIO/KIA 管理区域（左側）から川を渡り中国領域（右側）へ出かける少女

（出所）筆者撮影（2016年３月）。

たままである。そのため、ＫＩＯ／ＫＩＡが外部と接触する方法は、中国・雲南省側の境界を巧みに利用する他ないのである。[4][5] 現在、ＫＩＯ／ＫＩＡとその管理区域に居住する人々の生存のための活動は、中国・雲南省との、非公式のヒトとモノの移動に支えられている。

1　中国国営企業による開発プロジェクト

中国企業による数多くの開発プロジェクトは、カチン州全体に亘っている。中国側から見た場合、中国西南部にとって、カチン州での利権は非常に魅力的である。中国は、カチン州での開発プロジェクトに多額の資金を投入しており、とりわけ中国国営企業による水力発電施設の建設や石油・天然ガスのパイプラインの敷設を進めてきた。水力発電施設で作られた電力はカチン州内から中国国内へ送電される予定になっている。ただし、これらの開発計画は、中国国営企業とミャンマー政府との契約を通じて合意されており、直接的にＫＩＯ／ＫＩＡの利益になることはない。

二〇〇七年、中国国営企業は、ンマイ川、マリ川、そしてイラワディ川での七つの大規模ダム建設の承認をミャンマー政府から得た。注目すべきなのは、ミッソンとダペインの発電用ダムである。まず、ミッソンダムは、カチン州北部での水力発電施設であり、イラワディ川開発における最大規模のダムとなるはずであったが、現在は建設が中止されている。このダムは、中国の大唐集団公司（China Datang Corporation）によって資金提供され、ミャンマー政府から三六億米ドルで請け負った中国電力投資集団公司（China Power Investment Corporation）が建設に携わっている。この水力発電用ダム建設プロジェクトは、カチンにとって文化的、生態的に重要なイラワディ川での史上初めてのプロジェクトであった。さらに、カチンが居住する複数の村がダム敷地からの移転を強いられた。そのため、他のプロジェクトと同様に、ミッソンダムはカチンの中で、反中国感情と反ミャンマー感情を同時に引き起こしてきた。これらの建設を妨害する目的で、二〇一〇年四月一六日、三回の爆発で、中国人労働者四名が殺害される事件が発生している。[6] しかし、それ以降であっても、カチン住民はミャンマー国軍によって建設区域から再び移動を強いられている。

次に第一ダペインダムは、カチン州南部のイラワディ川水系のダペイン川に建設された二つの中国のダムプロジェクトのうちの一つである。二〇〇七年に建設がはじまり、二〇一一年二月から操業を開始した。建設費用は一九〇〇万米ドルで年間一〇八一Ｇｗｈを発電し、三〇〇人の中国人労働者を雇用してきた。発電した電力のうち、九〇％を中国へ輸出しており、大部分が雲南省で消費される。後述するように二〇一一年六月九日、ＫＩＯ／ＫＩＡは、この建設プロジェクトを保護するために駐屯していたミャンマー国軍へ攻撃を仕掛けた。この事件はＫＩＯ／ＫＩＡとミャンマー国軍との間の停戦が破られる契機の一つとなった。この衝突により、発電用ダムは深刻なダメージを受けた。

三番目に挙げられるのが、石油・天然ガスパイプラインである。水力発電に加えて、中国企業は、ミャンマーに二本の巨大なパイプラインを敷設してきた。このパイプラインは、インド洋に面したミャンマー・ラカイン州のチャウピュの港からミャンマー国内を経由して、中国国内まで石油と天然ガスを輸送する目的で建設された。パイプラインが中国領域へと入る前に、ＫＩＯ／ＫＩＡとミャンマー国軍との戦闘が発生している区域を通過する。このプロジェクトは、二〇〇四年の中国国家石油天然気集団公司（Chinese National Petroleum Corporation）とミャンマー石油ガス会社（Myanmar Oil and Gas Enterprise）との間の協力合意として建設された。これにより、中国は、マレー半島から中国沿岸部に至る海路への依存を減らすことができる。[7]

これらの水力発電用ダムや石油・天然ガスパイプラインといったエネルギー関連の開発が中国・ミャンマー両国内だけではなく、国際的にも論争を呼んでいることは言うまでもない。[8] 中国政府は、表向きにはカチン紛争がミャンマーの国内問題として不干渉の態度を崩していない。しかし、中国政府は、これまで、カチン紛争でのミャンマー政府とＫＩＯ／ＫＩＡとの対話に関与してきた上に、仲介役としても振舞ってきた。[9]

2　国境を越えた非公式取引

カチン州と中国・雲南省との間での国境を越えたモノの移動は、ミャンマーと中国との間での合法的な公式取引と非合法な非公式取引に分けることができる。ここでは、ＫＩＯ／ＫＩＡが資金源とする非公式な取引を取り上げる。

カチン州は、質の高い宝石や木材を含む天然資源が豊富である。これらの資源は、カチン州で産出され、ミャンマー国内で流通する場合には、正確に言えば非公式商品ではない。しかし、ミャンマーから中国に公式の方法ではなく持ちこまれることで非公式商品となる。カチン州からの天然資源は、中国から世界規模で広がる闇市場で直接取引されるか、あるいは合法的な供給物と混合されることで、正規の市場へと出回るのである。ＫＩＯ／ＫＩＡは、中国・ミャンマー両国間の国境条約上では非公式的な貿易によって主な資金を得ている。中国政府は、公にはＫＩＯ／ＫＩＡのどのような非公式取引であっても許容することはないが、中国国内には非公式取引によって多額の収益を上げている企業・商売人が多く存在している。彼らはＫＩＯ／ＫＩＡと巧みに取引をすることで、大きな利益を上げているのである。

ＫＩＯ／ＫＩＡが非公式に取引する天然資源の代表的なモノとして、翡翠と木材が挙げられる。まず、翡翠は、二〇一四年の試算によるとミャンマーでの合法的な取引額が三一〇億米ドルに上り、世界全体の高品質翡翠硬玉の七〇％を占める[10]。ミャンマーの中でも、カチン州がミャンマーでの翡翠産出の大部分を占めており[11]、特にカチン州産の翡翠は世界で最高品質とも言われている[12]。主に中国側へ運び込まれる主要な公式ゲートである雲南省・徳宏タイ族ジンポー族自治州瑞麗市では、翡翠の販売所・加工場が数多く存在する。ＫＩＯ／ＫＩＡにとって、この翡翠の非公式取引が重要な財源となる。

次に木材である。カチン州には広大な森林があり、ここから算出される木材は中国企業にとって大きな魅力である。中国企業は木材を切り出し、国境を越えた取引をしてきた。二〇一三年の最初の一〇か月だけで、二〇〇万平方メートル以上の丸太がカチンから瑞麗市を経由して中国へ運び込まれた[13]。瑞麗市には、木材のうち、特に中国で人気の高い紅壇を使った家具・加工品の展示・販売場が、翡翠の場合と同様にいくつも開かれている。KIO／KIAは、木材取引も非公式的に実施しており、莫大な収入を得ている。

このように中国とカチン州との間には、中国・雲南省を窓口として、地理的近接性に由来する密接な関係が形成されている。中国からカチン州への開発プロジェクト投資や豊富な天然資源は、その利権をめぐり、KIO／KIAとミャンマー国軍との間の武力紛争の原因となっている。同時に、ミャンマーと中国との国境に存在する非公式の越境方法が、非公式の取引を可能にし、その取引から得られる利益によって、KIO／KIAが紛争を継続できるのである。次節では、地理的近接性から結びつきの強いミャンマーと中国との間で、中国側、特に中国政府がカチン紛争へどのように関与しているのかを検証する。

第2節　中国政府のカチン紛争への関与

地理的特性を抱える区域で武力紛争を継続するKIO／KIAにとって、中国政府および中国企業との関係は、彼らが生存する上での必要条件である。本節では、カチン紛争再発以前から再発後に至るまでの中国政府による関与を考察する。

1　二〇〇八―二〇一一――紛争再発以前

テインセイン大統領によるミャンマー民政移行期の早い段階で、中国政府はミャンマーによる少数民族武装組織への要求に懸念を抱いていた。中国政府にとって最も大きな関心事であったのは、ミャンマー政府がＫＩＯ／ＫＩＡをはじめとする少数民族武装組織をミャンマー国軍傘下の国境警備隊（Border Guard Force=BGF）へと編入することをひとつのゴールとしていたことである[14]。結果的に中国政府は、国境警備隊への編入に難色を示していたシャン州のワ州連合軍（United Wa State Army=UWSA）とＫＩＯ／ＫＩＡを暗黙裡に支援してきた[15]。この期間に中国政府は、かなりの量の軍事物資をＵＷＳＡとＫＩＯ／ＫＩＡへ提供したと考えられている。中国政府は、これらの物資供給について断固として否定しているが、カチン・シャン両州を本拠とする少数民族武装組織は中国製ライフルや、地対空ミサイル、装甲車を使用している[16]。ＫＩＯ／ＫＩＡ関係者の話によると、当時、ＫＩＯ／ＫＩＡの電波受信装置は、中国人民解放軍の空きチャネルを使用していたとのことである。この状況は、ＫＩＯ／ＫＩＡがそのチャネルを購入し、譲り受けるまで継続された[17]。現在では、中国政府によるＫＩＯ／ＫＩＡへの支援は、完全に実施されていない[18]。ただし、中国のＵＷＳＡへの支援は継続されている。筆者がライザにて実施したＫＩＯ／ＫＩＡ関係者への聞き取り調査では、ＵＷＳＡは中国から武器を購入しているが、ＫＩＯ／ＫＩＡは購入しておらず、北京で技術を学んだ技術者がＫＩＯ／ＫＩＡ管理区域内で製造しているとのことであった[19]。

2　二〇一一年――紛争再発時

中国国営企業が資金提供したダペイン水力発電用ダム建設は、ミャンマー国軍とＫＩＯ／ＫＩＡとの間で一七年間続いた停戦を破る決定的な引き金となった[20]。その結果、カチン州での武力紛争が再発してしまったのである。しかし、紛争が再発した当初、中国政府は、この出来事に関心を払わなかった上に、ＫＩＯ／ＫＩＡからの支援要請を拒否したと伝えられている。中国政府は、カチン州での中国企業の経済的利益を守るために、中国からの投資を支持するミャンマー政府を動揺させたくなかったのである。中国政府から見れば、ＫＩＯ／ＫＩＡへの欧米諸国からの影響力が増大したのではないか、という疑念も生じていた。なぜなら中国政府は、キリスト教徒が圧倒的多数を占める少数民族としてのカチンへの信用を失いつつあったからである。さらに、中国政府は、ＫＩＯ／ＫＩＡが中国政府の介入を促すことを目的として、二〇一一年六月九日に停戦合意を破る最初の攻撃を仕掛けたのではないか、とみなしていた。このことを契機として、中国政府のカチンに対する関心は衰退していくこととなる。

3　二〇一二年〜二〇一三年――ミャンマー政府との交渉

停戦合意が破られた後の数か月を経て、ＫＩＯ／ＫＩＡとミャンマー国軍との間の戦闘は全面戦争に展開していく。その際、中国政府は、カチンに対する政策を静観から関与する方向へと変化させている。なぜなら、カチン州で継続する戦闘が、中国企業によるカチン州での開発プロジェクトを阻害することを懸念したためである。さらに、中国政府がカチン側へ圧力をかけることは、カチンの約一〇万人の避難民が、ミャンマーと中国との国境の越境を試みることは容易に想像できた。そのため、二〇一二年に、中国政府は九つの公式難民キャンプを雲南省に設置し、七〇九七人を受け入れた[21]。それ以来、中国政府はＫＩＯ／ＫＩＡとミャンマー政府との間で中立的な立場をとり、積極的に関与することで仲介役を担った。二〇一一年から二〇一三年までの間、五回開催されたＫＩＯ／ＫＩＡ・ミャンマー政府間の和平協議のうち三回のホスト役を中国は務めたのである[22]。さらに表舞台だけではなく、舞台裏の議論にも参加している。これらの議論は、カチン州の州都であるミッチーナで実施されたものを除き、雲南省・瑞麗市で実施され、中国政府がＫＩＯ／ＫＩＡとミャンマー政府の相互の安全を確保した[23]。このような紛争に対する中国の関与姿勢の変化について、次節で検討する。

第3節　静観から積極関与へ――カチン紛争に対する中国の態度の変化

以上みてきたように、カチン紛争の影響が、政府・企業を含めた中国側の利益にどのように影響を与えているかということが、中国政府のカチン紛争への関与の程度に作用してきた。カチン紛争が再発した二〇一一年六月から二〇一二年の終わりにかけて、中国の立ち位置は、言わば静観的な振る舞いであった。カチン州で発生する流血事態は、二年前のコーカンでの武力衝突の時と比較して、北京からの反応は明らかに異なっていた。コーカン紛争の際、中国政府が呼びかけるのは、いつも決まって「自制と交渉」だけであった。

このような中国政府の傍観的な姿勢に変化がもたらされた。その理由として挙げられるのが、（1）カチン州での経済的利益の確保、（2）カチン問題の国際化の阻止の二点である。

1　カチン州での経済的利益の確保

中国が静観的姿勢をとっていた時、カチン紛争に関心を示さない大きな理由として、この期間、この紛争が中国の利益に大きな損害を与えることがなかったことが挙げられる。当時、戦禍を逃れるカチンの避難民が中国へ流入する規模は小さかった。八万人の避難民が、カチン紛争の交戦区域から中国との国境沿いへ集結したが、中国はこれらの人々を助ける判断を下さなかった。なぜならば、中国側はKIO／KIAを支援することは、中国側の経済的利益を奪う行為としてみていたからである。当時、KIO／KIAは二〇一一年六月からカチン州のミッソンダム建設プロジェクトに強く抗議し続けており、KIO／KIAは、中国の経済的利益を顧みることなく、ミャンマー国軍が管理するダペインダムを攻撃したのである。[24]

しかし、二〇一二年一二月から二〇一三年一月まで、カチン紛争の緊張の高まりに伴い、中国は政策を劇的に変化させていった。戦闘が中国国境の安定を脅かし始めたのである。中国側への迫撃砲が着弾したことによる破片の飛散、数千の難民の流入、ローカルな経済活動の停滞、ミャンマー国軍の活動に関する中国国民の不満等が挙げられる[25]。結果的に、国境沿いの軍事展開を強化する必要があった[26]。その上、二〇一三年中頃に中国・ミャンマー間の石油・天然ガスパイプラインの運用が決まっていたため、武力紛争の緊張が高まることは懸念事項であり、脅威であった。カチン紛争が中国によるカチン州での投資計画の阻害要因であることは言うまでもない。例えば、中国によるカチン州内の水力発電への投資によって六つの小規模ダムが建設されていたが、その工事が戦闘のため遅延していた[27]。国境を挟んだKIO／KIAと中国企業・商人との非公式の取引は、雲南省の企業には恩恵を与えてきたものの、ナショナルレベルで見た場合、それは中国国境の経済的な損害を埋め合わせできないと判断されていた。その他、中国の態度を変化させた基本的な要因は、カチンに関する議論が、所謂「国際化」したことである。これについては後述する。

カチン紛争への関与の姿勢を変化させた中国政府の政策調整は、素早く、効果的であった。北京からは上級外交官である、付瑩副外務大臣を特使として派遣した。二〇一三年一月一九日に彼女はテインセイン大統領と会見し、中国政府の不満を表明した。中国側の意向をミャンマー国軍も確実に受け取るために、中国人民解放軍の斉建国副総参謀長も同日、ミャンマー入りした。ミャンマーが「中国・ミャンマー国境の安定化と同様に、平和的な方法でカチン問題を適切に処理するか」は、両国の初めての戦略的安全協議の最優先事項であった。トップレベルでの政策協議や実行を強化するために、中国は、協議に参加する「アジア事務特使」を創設した[28]。過去に在フィリピン大使を務めたこともある王英凡が、特使としてミャンマーを初めて訪問し、三日間滞在した[29]。

カチン紛争に関する中国の最も重要な政策協議は、武力紛争当事者同士による交渉への介入である。中国は二〇一三年初頭に二回の会談の場を調整した。ＫＩＯ／ＫＩＡとミャンマー政府は相互不信のために、第三者の場を望んだ。そのため、中国は瑞麗市にある景成大酒店を交渉の場として提供した。加えて、中国はホテルの周囲に武装警官を配置して、交渉の参加者全ての安全を確保した。[30] 会談の内容に関して、中国は「勧和促談（和平を勧め、交渉を促す）」の役回りを演じた。

この場合の特徴的な点は、中国がこの数十年では初めて自国以外の統治国家において中央政府と反政府勢力との間で発生している国内紛争へ上級高官を調整のために送ったケースであった点である。その証拠として、中国政府の代表である外務省アジア局長羅照輝が二月四日の和平交渉に出席している。その五週間後、特使である王英凡が、三月一一日に次の対話ラウンドを主催した。続いて、二〇一三年一〇月と一一月に中国外務省代表と王英凡がカチン州での和平交渉を主催した。

2　中国が懸念するカチン紛争の国際化

カチン紛争に関する中国のもう一つの懸念事項は、カチン紛争の「国際化」の可能性であった。これが中国政府によるカチン紛争和平交渉への介入の最も重要な要因であるとも言われている。中国政府は、国家安全保障に鑑み、中国に隣接する地域で発生する事象への中国以外の第三国による関与、とりわけ米国の関与を拒否し続けてきた。米国の存在によって、中国は少数民族紛争そのものへの関心よりも、中国による和平交渉の独占を優先して希望した。

これに対してＫＩＯ／ＫＩＡは当初から、複数国家による交渉への参加を希望していた。ＫＩＯ／ＫＩＡの見解では、停戦と和解に向けた過去の試みが失敗してきた理由は、合意が国際的な保証を伴っていなかったからである。これまでの経験を踏まえて、ＫＩＯ／ＫＩＡは、今回の協議には、信用できる国際的な参加者に、監視役、調整役、保証人として参加してもらうべきと考えた。「信用できる国際的な参加者」とは、中国、国連、英国、米国の四者のことを示す。まず、中国に求めるものは、国境情勢を安定させた上での既得権益の保護、国境沿いに居住する少数民族との歴史的結びつきの維持、そしてミャンマー政府と国軍への影響力の保持である。次に国連に求めるものは、国際政治秩序と人道主義的権威の顕示、そして紛争和解に対する正当性の付与である。英国に求めるものは、植民地期の統治者として、ビルマとカチンとの歴史的関係性の担保、そしてパンロン協定についての理解者としての調整である。最後に、米国に求めるものは、唯一の超大国、民主国家として政治経済の影響力の顕示である(31)。

ミャンマー政府の立場に立てば、国際的な観察者が、公平であり、ミャンマーの国内政治に干渉さえしなければ、容認できる。国際社会が、少数民族の証言への同情によって影響を受けるよりもむしろ、和平交渉を公平で客観的に評価できるように国際的な観察者の参加は歓迎すると考えている。このような理解のもとで、カチン紛争和平交渉への参加者の招待状が、二〇一二年末から二〇一三年にかけて上記の四者に送られた。二〇一三年三月から協議でのKIO/KIAとミャンマー政府でのもともとの合意にも、国際的な第三者が次回の交渉に参加を招待する文言が盛り込まれている。

この提案は、中国を著しく当惑させた。中国は、この招待が中国の国益に対抗して、カチン紛争を「国際化」するために巧妙に仕組まれた企てとみなした。そもそも中国政府にとって、その深刻さに関わらず、ローカルで発生する武力紛争は、ミャンマーの国内問題に過ぎないのである。その紛争が中国に影響を与えたときにはじめて、中国とミャンマーの二国間の問題になる。中国政府は、二国間の課題とすることが、紛争の悪化を最小限に抑えると考えていた。中国政府は、KIO/KIA管理区域およびカチンの土地の平和を支える役割を演じることができる。しかし、このような状況では、中国は自らの重荷を増やすような役回りを演じたくないということが本音であった。

しかし、米英両国が和平交渉に参加する可能性は、カチン紛争がどれほど中国に影響を与えるかという中国の観測を根本的に変えることとなった。中国の見方では、米国の参加によって中国がカチン州での直接投資の独占を失うことを懸念した。その結果、カチン州だけではなく、ミャンマー全土で米国の影響力が増大し、中国政府のミャンマー政府に対する影響力が低下すると予測した。中国の勢力範囲で発生しているカチン問題での米国のプレゼンスが増大する可能性は、中国政府の役割をさらに低減させる状況とみなされた。中国西南部に隣接する地域として、カチン州は直接的に中国国境の安全に関係する決定的な意味を持っている。

そのため、中国は、国際的な第三者による介入の阻止に、多大な努力を払った。際立っていたのは、三月一一日の瑞麗市での和平協議で、中国の特使である王英凡は、最終的な声明の中に国際的な第三者を招待する文言の挿入に反対したことである。結果的にその条項を削除することにより、KIO／KIAとミャンマー政府関係者は中国の要求を受け入れた。中国のこの一方的な要求は、中国の威信と信頼を大きく落とすこととなり、最終的に、KIO／KIAとミャンマー政府は、その後に中国での和平協議開催を拒否した。そして、ミッチーナでの五月協議には米国特使を招待し、中国を除外した。五月協議に、王英凡特使は招待されなかったため、中国大使館は、代わりに政治顧問を派遣した。ただし、中国の三月協議での振る舞いは行き過ぎであったが、カチン問題の国際化を防ぐことを目的として、無駄ではなかったと断言する中国事務官もいる。譲歩案として、中国はカチン協議への国連関係者の受入れを提示して以来、この協議のオブザーバーは、中国と国連のみである。ただし、オブザーバーとしての役割は極めて制限されている。

カチン問題に関する中国国内の考え方は、全く一様ではない。中国政府は、ミャンマー政府との友好関係を優先しているし、紛争地域の平和と安定の回復を望んでいる。中国政府が強調するのは、中国が南アジアとインド洋へ至る回廊としてのミャンマーの戦略的な有用性である。この見方は、ミャンマー国軍と強い結びつきのある中国人民解放軍とも共有している。しかし、特にローカルレベルで権益をもつ企業は、カチン紛争でもたらされる非公式取引による利益に固執している。

中国政府は、将来的にも、ＫＩＯ／ＫＩＡとミャンマー政府との和平協議に参加し続け、同時に第三国の関与は拒否するとしている。

おわりに——中国の関与と避難民への人道支援

二〇一八年八月二七日、国連人権理事会が設置した調査団は、ミャンマー国軍のミン・アウン・フライン最高司令官ら六名に対するジェノサイド、人道に対する罪、戦争犯罪を理由に訴追を求めた。調査団の一八か月におよぶ調査は、ロヒンギャに関することだけではなく、カチン州の惨状にも言及している[32]。二〇一一年以来、ミャンマー国軍とＫＩＯ／ＫＩＡとの間の武力紛争によって、一〇万以上の人々が住居を追われ、ミャンマーが接する中国との国境へと向かった。主にキリスト教を信仰するカチンがミャンマー国軍による殺害、拷問などの暴力を受けている。再発後のカチン紛争は八年目に入り、人々は、現時点であっても、食、健康、住居、衛生への適切なアクセスを手にすることはできていない。

紛争から逃れている何万もの避難民は、人道支援を享受できない状況下で、いわばゆっくりと首を絞められている状態にある。本章で見てきたように、この避難民の生存はミャンマー・中国両政府の手中にある。そのため、事態はさらに悪化する恐れがある。二〇一八年五月二一日、ミャンマー国軍は、ＫＩＯ／ＫＩＡ管理区域で支援を提供している人道援助組織の一人を訴追する恐れがあった。もし有罪となれば、ミャンマー国内の人道支援組織であるカチン・バプテスト会議の代表は三年間投獄されると予想されている[33]。しかし、ミャンマー国軍による人道支援組織への妨害は、今に始まったことではない。

二〇一一年以来、ミャンマー国軍は、国連および人道支援組織が、避難民の身を寄せるＫＩＯ／ＫＩＡ管理区域へ自由にアクセスすることを許可してこなかった。ミャンマー国軍は、政府管理区域に留まっている避難民への支援について時折許可するものの、武力紛争によって影響を受けている避難民全体への支援は拒否される傾向にある。ＫＩＯ／ＫＩＡ管理区域であろうが、政府管理区域であろうが、シャン州北部とカチン州の大部分が紛争下にあるのである。

しかし、ミャンマー国軍は、国軍だけで支援組織の通行許可・不許可を出しているわけではない。つまり、避難民を人道的に支援する組織が、ミャンマー国内で避難民となっているミャンマー国籍者へ支援を提供することをミャンマー政府に指南しているのは中国政府だと考えることもできる[34]。

さらに、ミャンマー国内での制限を免れるために、中国領域を経由してカチン管理区域へ入る人道支援組織は、中国国内で公式に活動することは不可能である。人道支援組織の活動は、スタッフひとりひとりの危険を厭わない個人的な行動に支えられている。中国政府は、避難民に対する支援の提供をしていると政府が判断する組織のスタッフを、場合によっては逮捕するケースもある。支援スタッフによると、国内避難民支援のための経路が遮断されるとき、中国とミャンマー当局は同じ考えを持っている。中国政府がカチン州での戦禍から逃れてきた避難民をカチン州の紛争地域へ押し戻しているという事実が、スタッフの証言を裏付けている。

国境を挟みミャンマー・中国両国からの制限は、国際社会からの支援金も減少させ、生命を脅かされる一〇万人以上の人々が発生させている。カチン州から中国へのトラフィッキングについては、タイ・カチン女性協会がまとめており、現在でもその問題は継続している[35]。

中国にとってミャンマーの戦略上の重要性は、決して強調されすぎてはいない。中国政府による一帯一路イニシアティブ（Belt and Road Initiative=BRI）は、ミャンマーを経由したインド洋へのアクセスに基礎を置き、インフラ開発プロジェクトを通じたアジア内外との貿易を後押しすることを目論んでいる。このイニシアティブだけでなく、ガス、石油、水力発電、翡翠やその他の鉱物採取への莫大な投資が継続していることは、ミャンマー国軍の犯罪についての説明責任を求める国際的な呼びかけに対し、中国政府が意に介していない表れである。

本章で見てきたように、カチン紛争は単なる国内紛争ではなく、中国の関与が大きい。そのために、現時点で武力紛争終結の予想ができない状態で継続しているのである。

注

（1）カチン紛争の概要と国内避難民（ＩＤＰｓ）への支援についての考察は、峯田史郎「東南アジア大陸部における国内避難民への人道支援—ミャンマー・カチン民族を事例に」山田満編『「人間の安全保障」に向けた東南アジアの現在と課題』明石書店、二〇一六年、一八五—二〇四頁および、Shiro Mineta,"The challenge of geographical constraints in the border area between Myanmar and China: Local actors' support for the IDPs in the Kachin conflict, Mitsuru Yamada and Miki Honda eds., *Complex Emergencies and Humanitarian Response*, Union Press（Osaka）. 2018,pp.183-204を参照されたい。

（2）中国・ミャンマー国境画定の沿革については、多賀秀敏「ＧＭＳにおけるミャンマーの位置づけ—中緬国境の現状と展望—」『早稲田社会科学総合研究』第一六巻第一号、二〇一五年、四一—九四頁を参照のこと。

（3）Patrick Boehler, "The Kachin borderlands," *Le Monde diplomatique*, 2012. https://mondediplo.com/2012/06/12kachin（二〇一八年一〇月一五日アクセス）。

（4）Ibid.

（5） Daniel Schearf, “With Burma in Mind, China Quietly Supports Wa Rebels,” *Voice of America*, 2013. https://www.voanews.com/a/chinese-support-for-wa-rebels-designed-to-counter-burma/1590718.html（二〇一八年一〇月一五日アクセス）。

（6） Thomas Fuller, Myanmar Backs Down, Suspending Dam Project. *The New York Times*, 2011. https://www.nytimes.com/2011/10/01/world/asia/myanmar-suspends-construction-of-controversial-dam.html?_r=0（二〇一八年一〇月一五日アクセス）。

（7） Aung Shin, “Contested Sino-Myanmar oil pipeline nears completion,” *The Myanmar Times*, 2013. https://www.mmtimes.com/business/8784-contested-sino-myanmar-oil-pipeline-nears-completion.html（二〇一八年一〇月一五日アクセス）。

（8） Kristen McDonald, et al., “Exporting dams: China's hydropower industry goes global,” *Journal of Environmental Management*. Vol. 90, No. 3, 2009, pp. 294–302.

（9） Yun Sun, “China's Intervention in the Myanmar-Kachin Peace Talks,” *Brookings*, 2013. https://www.brookings.edu/articles/chinas-intervention-in-the-myanmar-kachin-peace-talks/（二〇一八年一〇月一五日アクセス）。

（10） Global Witness, “Jade” *A Global Witness investigation into Myanmar's “Big State Secret.”* 2015. https://www.globalwitness.org/jade-story/（二〇一八年一〇月一五日アクセス）。

（11） Christina Larson, “Myanmar's Growing- and Dangerous- Jade Trade,” *Bloomberg*, 2014. https://www.bloomberg.com/news/articles/2014-03-25/myanmar-s-growing-and-dangerous-jade-trade（二〇一八年一〇月一五日アクセス）。Eijas Ariffin, “Myanmar's dangerous jade trade,” *The Asean post*, 2018. https://theaseanpost.com/myanmars-dangerous-jade-trade（二〇一八年九月一日アクセス）。

（12） By Swe Win, “The Jade War,” *The New York Times*, 2012. https://latitude.blogs.nytimes.com/2012/10/17/clashing-over-jade-ethnic-kachin-continue-to-oppose-the-myanmar-government/?_php=true&_type=blogs&_r=0（二〇一八年九月一日アクセス）。

（13） Rachel Vandenbrink, “Kachin-Yunnan Timber Trade Hampering Peace Process in Myanmar,” *Radio Free Asia*, 2014. https://www.rfa.org/english/news/myanmar/kachin-01172014180515.html（二〇一八年一〇月一五日アクセス）。

（14） IRIN news, “Border guard plan could fuel ethnic conflict,” 2010. http://www.irinnews.org/report/91221/myanmar-borderguard-plan-could-fuel-ethnic-conflict（二〇一八年一〇月一五日アクセス）。

（15）Daniel Schearf, Ibid

（16）Ibid.

（17）Patrik Boehler, Ibid.

（18）Daniel Schearf. Ibid. およびミャンマー・カチン州ライザでのＫＩＯ／ＫＩＡ関係者への聞き取り情報とも一致している（二〇一六年三月一日実施）。

（19）ミャンマー・カチン州ライザにてＵＮＯＣＨＡ関係者への聞き取り調査による（二〇一六年三月一日実施）。

（20）Yun Sun, "China, the United States, and the Kachin Conflict," *STIMSON*, 2014, p. 4.

（21）The inside story on emergencies, "Kachin refugees in China in need," 2012. http://www.irinnews.org/news/2012/06/27（二〇一八年一〇月一五日アクセス）。

（22）Patrik Boehler, Ibid.

（23）Yun Sun, 2013, Ibid.

（24）東方早報「緬甸克欽独立軍宣布開打内戦」二〇一一年一月一五日。

（25）Yun Sun, 2013. Ibid.

（26）Reuters, "China sends troops to border with conflict-torn Myanmar: media," 2013. https://www.reuters.com/article/us-china-myanmar-idUSBRE90A0FN20130111（二〇一八年一〇月一五日アクセス）。

（27）ミャンマー・カチン州ライザでのカチン女性協会関係者への聞き取り調査による（二〇一六年三月三日実施）。

（28）Xinhua, "China confirms appointment of first special envoy on Asian affairs," 2013. http://en.people.cn/90883/8163063.html（二〇一八年一〇月一五日アクセス）。

（29）在ミャンマー中国大使館「中国外交部亜州事務特使王英凡訪問緬甸」二〇一三年。https://www.mfa.gov.cn/ce/cemm/chn/xwdt/t1022341.htm（二〇一八年一〇月一五日アクセス）。

（30）中国雲南省徳宏タイ族ジンポー族自治州盈江でのカチン・バプテスト会議関係者への聞き取り調査による（二〇一六年三月三日実施）。

(31) Yun Sun, 2014. Ibid. p. 9.

(32) UN News, “Myanmar military leaders must face genocide charges,” *UN report*, 2018. https://news.un.org/en/story/2018/08/1017802（二〇一八年一〇月一五日アクセス）。

(33) Radio Free Asia, “Kachin Aid Group Halts Humanitarian Work After Threat by Myanmar Army,” 2018. https://www.rfa.org/english/news/myanmar/kachin-aid-group-halts-humanitarian-work-after-threat-by-myanmar-army-06152018175506.html（二〇一八年一〇月一五日アクセス）。

(34) David Baulk, “How China Supports the Slow Strangulation of Myanmar's Kachin Minority,” *TIME*, 2018. http://time.com/5383634/myanmar-china-kachin/（二〇一八年一〇月一五日アクセス）。

(35) Kachin Women's Association, Thailand, *State terror in the Kachin hills- Burma Army attacks against civilians in Northern Burma*, 2013.

第10章 ベトナム戦争を巡る「北」と「南」の相克

福田 忠弘

はじめに

ベトナム戦争が一九七五年四月に終結して、すでに四〇年以上の月日が経過した。ベトナム戦争は第二次世界大戦後の世界において、超大国アメリカがはじめて敗戦を経験した、最大の国際的事件のひとつとして歴史に刻みこまれている。しかし、ベトナム戦争の一方の当事者であったベトナムでは、ベトナム戦争という呼び方をしていない。ベトナムは、フランスとの戦争を「抗仏戦争」、アメリカとの戦争は「抗米救国戦争」と呼び、これら二つの戦争を総称して、「三〇年戦争」の呼称を用いている(1)。

この三〇年戦争を指導し、ベトナムの完全独立と国土統一を達成したのが、ベトナム労働党（現在のベトナム共産党）であり、三〇年戦争を勝利に導いたことを正統性の根拠として、一度の政権交代もないまま今なお政権の座についている。

抗米救国戦争は、アメリカとの戦争という側面だけでなく、同じ民族が戦った内戦という側面も持っていた。

同じ家族でありながら、兄はベトナム共和国（いわゆる南ベトナム）のために戦い、弟は南ベトナム解放民族戦線のために戦うという事態が生じたのである。ベトナム共産党は、当時の党執行部の指導の正しさを強調し、抗米救国戦争を「北」＝ベトナム労働党と人民軍の「勝利」であったと評価している。ベトナム労働党と人民軍の「勝利」という評価からは、南ベトナムの革命勢力、特にその中心的な役割を果たした南ベトナム解放民族戦線や南ベトナム解放軍を評価するという発想は出てこない。一九七五年にベトナム戦争が終結してから、いわゆる「南」の存在は意識的に無視されてきたのであった。統一後、南ベトナム解放民族戦線は、北ベトナムのベトナム祖国戦線に吸収合併され、公式の場から姿を消した。そしてその後、一九九八年まで公に解放戦線旗が掲げられることはなかった。

しかし二〇〇〇年代に入ってから、南ベトナム解放民族戦線を見直す動きが出始めている。ベトナム戦争終結後、表舞台から姿を消したかに見えた南ベトナム解放民族戦線が、公の場所に姿を現し始めたのである。二〇〇〇年に行われた抗米救国戦争終結二十五周年の式典には、ベトナム社会主義共和国の金星紅旗と一緒に、金星紅旗と同じデザインだが、旗の上半分は紅色、下半分は青色の解放民族戦線の旗（二色金星紅旗）が登場した。[2] また、党・政府に公認された学術団体が発行する雑誌においても、二〇〇〇年に南ベトナム解放民族戦線特集を組むなどの動きが見られた。[3]

二〇〇〇年代に入って、他にも抗米救国戦争に関する新しい切り口の書籍が出版されている。例えば、ベトナム北部と南部をつなぐ輸送ルート、いわゆるホーチミンルートについて言及した、『五つのホーチミンルート』[4]が二〇〇八年に出版された。この書籍では、従来の狭義のホーチミンルート（チュオンソン山脈を通るルート）以外にも、南シナ海の海上ルートや海外の送金ルートなどが紹介されている。また、二〇一四年には、『戦争報告一・二・三・四―七五』[5]が出版された。この本の著者は、南ベトナム解放軍に従軍して、一九七五年四月三〇日のいわゆるサイゴン陥落時に南ベトナム政府の大統領府（現在の統一会堂）に最初に入場した記者チャン・マイ・ハイン（Tran Mai Hanh）である。サイゴン陥落に立ち会った従軍記者による書籍は注目を浴び、初版出版後の二〇一六年には第三版が出版されている。

こうした流れは、現在のベトナムにおける「北」と「南」の役割が対等に評価されるようになった証左かというと、恐らくそうではない。上述した南ベトナム解放民族戦線および南ベトナム解放軍の再評価は、あくまでも「北」が指導し、その指導の下に「南」が勇敢に戦ったというフィクションのもとに行われているからである。

本章の目的は、かつての南ベトナム解放軍司令官執筆による著作を巡る政治的な動きに焦点をあてることにより、「南」に対する「北」の優位性という仮構がいまだにベトナム国内に存在していることに焦点をあてると同時に、ベトナム側からのベトナム戦争の再検討には、いまだにベトナム共産党の強いイデオロギーが強く影響されている点を明らかにすることである。

第1節　チャン・ヴァン・チャーの生涯とその著作をめぐる政治性

本章で取りあげるのは、チャン・ヴァン・チャー（Tran Van Tra：一九一九年生まれ、一九九六年に逝去）が一九八二年に執筆した『鋼鉄のB二戦区の歩み・第五巻・三〇年戦争の終結』[6]という回想録である。チャン・ヴァン・チャーは、ベトナム中部のクアンガイ省ソンティン県ティンロン村（xa Tinh Long, huyen Son Tinh, tinh Quang Ngai）に生まれた。一七歳（一九三六年）の時に革命運動に参加し、一九歳（一九三八年）でインドシナ共産党（現在のベトナム共産党）の党員となった。フランス当局に二回逮捕された経歴を持っている。二六歳（一九四五年）には軍隊に入隊し、日本から独立を達成した八月革命に参加した。一九四五〜五四年まで、南ベトナムで抗仏戦争を戦い、一九五一年からは、南ベトナムにおいて軍の副司令を務めた。一九五四年七月に締結されたジュネーヴ協定によって、ベトナムは北緯一七度線で南北に分断されることになった。この協定により、南ベトナムで戦闘に従事していたベトナム民主共和国軍は北緯一七度線以北に集結することになり、チャン・ヴァン・チャーも軍隊とともに北ベトナムに移動した。一九五五〜六二年まで北ベトナムに滞在し、ベトナム人民軍副参謀長、訓練局副主任、軍政学院校長、中央軍事裁判所長を兼任した。[7] 一九五八年頃から南ベトナムにおける武装勢力の抵抗が激しくなり、南ベトナム政府軍と武装勢力の間で、激しい戦闘が行われることになった。一九五九年夏以降、南ベトナムでの武装勢力の軍事訓練のために、南ベトナムから北ベトナムに集結している軍人を南に送り返す決定が行われるが、この決定は、チャン・ヴァン・チャーとレ・ズアンが話し合いをもった結果である。[8] 一九六三年には、北から南へ戻り、抗米救国戦争に参加した。一九六八〜七二年まで南ベトナム解放軍の副司令官、一九七三年から司令官を務めた。一九七五年に行われたホーチミン作戦では、副司令に任命されている。ベトナム戦争後、一九七八〜八二年まで国防次官を務め、一九九六年に七七歳で死去した。ホーチミン大勲章を含む多くの勲章が贈られた、抗米救国戦争の英雄である。[9]

チャン・ヴァン・チャーは一九八二年に、抗米救国戦争の回顧録『鋼鉄のB二戦区の歩み・第五巻・三〇年戦争の終結』を出版した。彼は最後の巻から書き始め、順に歴史を遡って各巻を執筆する予定だった。第五巻の「はしがき」では、彼の今後の執筆の予定が明らかにされている。それによると、第一巻では一九五四年のジュネーヴ会議から一九六〇年の同時蜂起までを対象とし、題名は「平和か戦争か」、第二巻では一九六一〜六五年までアメリカが特殊戦争を遂行し失敗した時期を扱い、題名は「武装蜂起と革命戦争」、第三巻では一九六五〜六八年のアメリカの局地戦争の時期を主題とし、題名は「局地戦争」、第四巻では一九六九〜七三年までの「戦争のベトナム化」とアメリカ軍のベトナムからの撤退に焦点をあて、題名は「アメリカが逃げ出し、傀儡がひっくり返った」とする予定であった。しかし、一九八二年にチャン・ヴァン・チャーの本が発売された二週間後に、ベトナム共産党によって発禁処分にされたのであった。

この発禁処分に関しては、パリ会談でキッシンジャーと秘密交渉を行ったレ・ドゥック・ト（Le Duc Tho）が関わっていたことが明らかになっている[10]。レ・ドゥック・トはサイゴンにいる宣伝・訓練、新聞雑誌、出版当局の党の幹部を召集し、この本は最初から最後まで間違いだらけで、事実を正しく書いておらず、著者は自分で自分を持ち上げているという判断を下した。政治総局は軍内部での同書の流通を禁止し、全軍の図書館からの回収命令を出した。この措置がとられた後、チャン・ヴァン・チャーは国防次官を引退している。チャン・ヴァン・チャーの見解が、当時のベトナム共産党の「公式」な抗米救国戦争の解釈と適合しなかったことが原因である。チャン・ヴァン・チャーの第五巻は発禁処分になったが、彼はその後も執筆活動を行うことを許されていたようである。一九九二年には、回想録の第一巻「平和か戦争か」が出版され、二〇〇三年にはこの本の新装版が公刊されている。だが、第二巻から第四巻については、執筆することなく他界した。

その後、ベトナム共産党の抗米救国戦争の解釈に変化が現れている。その延長として、抗米救国戦争終結三〇周年の二〇〇五年にチャン・ヴァン・チャーの発禁本が一部「修正」され、『三〇年戦争の終結[11]』という本の中に再録された。この本は、チャン・ヴァン・チャーが生前執筆した原稿を集めた選集という形式をとり、総ページ数は一〇〇〇ページを超える。この選集の表紙には、往年のチャン・ヴァン・チャーの写真と共に、南ベトナム解放民族戦線の旗が掲載されている。

第2節　発禁本と再発行本との内容分析

一九八二年の発禁本と二〇〇五年の再発行本を比較分析して、発禁本のどの記述が修正[12]、改ざん[13]、削除[14]されているかを明らかにすることにより、現在のベトナム共産党の抗米救国戦争についての認識を明らかにすることが本章での目的である。サイゴン陥落をもたらした一連のホーチミン作戦の司令官を務めたベトナム人民軍総参謀長ヴァン・ティエン・ズン（Van Tien Dung）は、ホーチミン作戦についての回想録を一九七六年に出版している。ヴァン・ティエン・ズンの回想録は、党の指導の正しさを強調し、現在まで続くベトナム共産党の「公式」な歴史認識のものである。ヴァン・ティエン・ズンの回想録の記述と、チャン・ヴァン・チャーの回想録の記述の相違などについても、本章では分析対象の範疇に入れる。

発禁処分の対象となったチャン・ヴァン・チャーの回想録の第五巻の内容は、一九七三年に締結されたパリ協定から、一九七五年四月三〇日に旧南ベトナム政権の首都であったサイゴンが陥落するまでの時期を対象としている。発禁本の章立ては、そのまま再発行本にも引き継がれているため比較作業は容易にできる。

発禁本を再発行本に再録するにあたり、発禁本の内容の修正、改ざん、削除が行われている。これらの点について、以下、検討を加えていく。

1　改ざんされている箇所

再発行本において、改ざんされている箇所は一箇所のみである[15]。それは、南ベトナム政権の首都であったサイゴンが陥落した時の記述である。周知のように、一九七五年四月三〇日に、南ベトナム政権があった大統領宮殿

（現、統一会堂）の正門から戦車が突入し、北ベトナム兵士が金星紅旗を掲げた。その後、当時のズオン・ヴァン・ミン（Duong Van Minh）大統領が、南ベトナム政府軍に対して戦闘停止の命令を出し、三〇年戦争も終結を迎えた。この時、旧大統領宮殿の正面から戦車で突入したのが、ベトナム人民軍第二軍団に属する二〇三戦車旅団、および特殊部隊の一一六連隊であった。

予定では、二〇三旅団はドンナイ省において歩兵部隊と合流し、その後サイゴン市内に入ることになっていたが、歩兵部隊の到着が遅れていた。先に合流地点についた二〇三戦車旅団は、一一六連隊と遭遇した。チャン・ヴァン・チャーの発禁本では、この時、二〇三旅団の旅団長と一一六連隊の連隊長が、歩兵の到着を待たず、自分たちの判断だけでサイゴン市内へ入ることを決定したことが記録されている。その後、二〇三旅団と一一六連隊がサイゴン市内の大統領宮殿に突入し、ベトナム人民軍兵士が「政権移譲について話し合うために、あなた方を待っていた」と話す南ベトナム大統領ズオン・ヴァン・ミンに対して、無条件降伏を迫る場面が描写されている。

再発行本では上記の部分が改ざんされ、以下のような記述になっている。四月三〇日の朝、ベトナム人民軍の進攻の様子を知ったズオン・ヴァン・ミンが、ラジオ放送を通じて北ベトナム側に、停戦・政権移譲について討論するよう要請する。しかし、同日、ハノイの政治局が電報で軍に対して、「計画通り、引き続きサイゴンに進攻し、最も力強い気勢をもって進軍し、市全域を解放、占領し、敵軍を武装解除し、敵の各級行政機構を解体し、敵のあらゆる反攻を徹底的に粉砕せよ」という指令が出されたことになっている。この電報を受けた南ベトナムにある軍司令部は、「一、各軍団、軍区、部隊は、都市および地方のあらかじめ決められた区域および目標に向けて、迅速に進撃を続けること。二、敵に対し、投降とすべての武器の提出を呼びかけ、佐官以上の将校を捕らえ、集結させること。三、もし敵が抵抗する場合には、即座に攻撃し殲滅すること」を、各部隊に指示したことに書き換えられている。その後、第二軍団に属する各戦車が、大統領宮殿に突入したことが書かれているが、二〇三旅団や他の部隊名についての記述はなく、戦車の車体番号による戦闘の展開が記されている。その後、ズオン・ヴァン・ミンの降伏文書の作成に、二〇三旅団の政治委員が加わったとされているが、再発行本では、党の指導性が強調され、二〇三旅団の功績については明らかにされていない。

チャン・ヴァン・チャーの発禁本においては、政治局や司令部の指示については言及されていない。改ざんされた内容は、ヴァン・ティエン・ズンの回想録における記述に極めて似ている。おそらく、ズンの回想録の内容を下敷きに改ざんしたのであろう。また、二〇三旅団の功績についての現在のベトナムでの評価についてであるが、二〇〇四年に出版された『ベトナム軍事百科事典』には、二〇三旅団の項目が設けられ、二〇三旅団が第二軍団の先頭を切って大統領宮殿に突入し、南ベトナム政府の高官を逮捕し、ズオン・ヴァン・ミンに無条件降伏の声明を出させたことが記録されている。[16] 軍事的な評価と政治的な評価において、若干の相違があるのであろう。

再発行本での改ざんの意図は、恐らく二つ挙げられる。第一に、抗米救国戦争の最終局面において、ハノイのベトナム労働党中央が指示を出し、その指導のもとに現場の司令部が適切に行動したとする、党の指導の正しさを強調したかったためと考えられる。第二に、抗米救国戦争の終結という最も劇的な場面において、ベトナム国内で唯一の「公式な歴史」を維持するために、チャン・ヴァン・チャーの発禁本の内容を改ざんしたのだと考えられる。

2　削除されている箇所

削除されている箇所は、改ざんされている箇所に比べて多数ある。削除されている箇所は、おおむね以下の三つに分類することが可能である。第一に、当時の政策決定にあたって、ベトナム労働党内部の会議において、意見の相違があったという記述が行われている箇所。特にレ・ズアン（Le Duan）、ヴァン・ティエン・ズンの南ベトナムに対する情勢認識が提示されているところが削除の対象となっている。この点については、削除されている分量も一番多い。第二に、チャン・ヴァン・チャーが回想録のなかで、パリ会談以後に当時の南ベトナム政権がどのような方針を取るのかについて分析している箇所。削除されている分量は、二番目に多い。第三に、外国に対して批判的な記述がしてある箇所である。この点に関して、削除されている量は一番少ない。紙幅の制限から、第一の点のみを取り上げる。

再発行本で削除の対象となっている党内部の意見の相違や混乱について言及されている箇所は、二つに分類することが可能である。第一に、一九七三年一月に締結されたパリ協定後に、ベトナム労働党内部で、パリ協定の評価とパリ協定後の路線について、意見の相違や混乱があったことが記述されている箇所である。第二に、抗米救国戦争の勝利を決定づけた春季大攻勢が開始される以前に、ベトナム労働党内部で南ベトナムにおける軍事目標の策定を巡って、北ベトナムのベトナム労働党中央および人民軍首脳と、南ベトナムの現場で指揮を執っている司令官たちの間で、意見の相違があったことについて明らかにしているところである。第二の点については、「北」と「南」とどちらの役割が大きかったのかという論点にも関わってくる。

まず、第一のパリ協定に関する削除箇所についてである。発禁本の内容は、パリ協定が一九七三年一月に締結された直後の状況において、ベトナム労働党、南ベトナム解放軍が、パリ協定後にどのような方針を採用するのかを議論するところから始まっている。パリ協定は、アメリカのウィリアム・P・ロジャー（William P. Rogers）国務長官、ベトナム共和国政府のチャン・バン・ラム（TranVan Lam）外相、ベトナム民主共和国政府のグエン・ズイ・チン（Nguyen Duy Trinh）外相、南ベトナム共和国臨時革命政府のグエン・チ・ビン

(Nguyen Thi Binh) 外相の四者によって署名された。パリ協定の主な内容は、南ベトナムにおいて停戦し、アメリカおよびベトナム共和国（いわゆる南ベトナム）政府と同盟関係にある外国軍の撤退、停戦と外国軍の撤退を実行・監視するための四者合同軍事委員会の設立、捕虜となった外国の民間人・軍事要員の解放である。このなかでも、四者合同軍事委員会の設立は、南ベトナムでの停戦、アメリカ軍を含む外国軍の撤退の実施、監視を行う重要な決定事項であった。パリ協定締結前後から、ベトナム労働党、南ベトナム共和国革命臨時政府では、四者合同軍事委員会への参加者を決定し、党中央にも承認されていたが、四者合同軍事委員会が始まる数日前に、チャン・ヴァン・チャーに変更になった。この時の驚きが発禁本において述べられているが、この記述が最初の削除箇所となっている。

一九七三年一〇月に行われた第二一回中央委員会議では、パリ協定以後の方針が決議された。この会議では、「敵は、協定を実施しようとせず、実際には新植民地主義戦争にほかならない戦争のベトナム化をひきつづきおこない、全南ベトナムの支配をたくらんでいる。このような事態のもとにおいて、われわれは革命戦争を継続し、かれらを殲滅し、南ベトナムを解放する以外に方法はない」という二一号決議が出され、パリ協定に規定されているように平和的な解決方法を採用するのではなく、革命戦争を遂行し、南ベトナムを武力解放することが決定された。この決議は、ヴァン・ティエン・ズンの回想録でも、「戦局をわれわれに有利に変え、全国の力を前線に動員する原動力となった」と評価されている(17)。しかし、この決定が出されるまでに、ベトナム労働党内部、および南ベトナムの現場においても、相当の混乱があったことが、チャン・ヴァン・チャーの発禁本から明らかにされている。

一九七三年四月下旬に政治局会議が開催され、パリ協定後の情勢分析が行われ、パリ協定締結後の情勢は、北ベトナムおよび臨時革命政府と南ベトナムのどちらにとって優勢なのかが議論された。この際に、アメリカがベトナムから撤退することについては、党員の間から好意的に評価されている。しかし、アメリカの「戦争のベトナム化」政策によって、南ベトナム軍の装備が強化されたが、この点について、批判の対象になっている。「パリ協定が締結されたのに、なぜ傀儡軍、傀儡政権が崩壊しないのか」、「アメリカは撤退したが、傀儡政権は崩壊せず、さらに強力になっている」、「(パリ協定の締結は) アメリカが敗北を喫する過程でもあったが、傀儡政権が存在し続け、政治・経済・軍事面においてさらに強力になった過程でもある」と言った、批判的な意見が出されていたようであるが、それらの意見が述べられている箇所を含む、パリ協定の評価を巡る箇所の一部が削除の対象となっている[18]。

パリ協定の評価を巡る議論は、南ベトナムの現場においても行われていた。南ベトナムでも、パリ協定後の情勢において、南ベトナム政府と革命勢力で、どちらの勢力の方が優勢なのかの議論が行われた。こちらでも、パリ協定調印以後、アメリカが撤退したことを評価する一方、南ベトナム軍が強力になったことに対しての疑問が表明された。南ベトナムでは、政治闘争、武力闘争、対敵兵工作(binh van)が積極的に行われていたが、パリ協定以後、対敵兵工作を行うのかどうするのか、敵がどんどん強力になっていくのを目の当たりにして、何もしないでいいのかという意見があった[19]。南ベトナムの末端でも混乱が生じ、メコンデルタのミト省では、上級機関の承認を得ないで南ベトナム軍に対して攻撃をしかけ、ベンチェ省でも、攻撃を仕掛けてくる南ベトナム軍に対して、反撃するという事態が生じていたが、これらについてのチャン・ヴァン・チャーの記述も削除されている[20]。パリ協定以後のベトナム労働党内部、および南ベトナムにおいて混乱していた事実を述べている箇所が、再発行本では削除の対象となっているのである。

続いて、第二の春季大攻勢以前の方針を巡っての、ハノイのベトナム労働党中央と南ベトナムの現場の司令官たちの方針の相違に関する点についてである。ヴァン・ティエン・ズンの回想録では、一九七五年四月三〇日のサイゴン陥落に至るホーチミン作戦について回顧しているが、その回想録の第二章（チャンス到来）において、一九七四年一二月一八日から七五年一月八日まで開かれた政治局会議が極めて重要な役割を持ち、この政治局会議の最中に南ベトナムにおいて、「一四号道路―フックロン作戦」が行われ、この勝利が、「かいらい軍の衰退の新たな一歩を示すもの」であったと回想されている。そして、この勝利の二日後に、レ・ズアンが中部高原、フエ、ダナンを攻撃することを決定したとされている。そして、「（前略）一九七五年には、敵の不意を打って各地で大規模な攻勢に出て、七六年に総攻撃と一斉蜂起をおこなうための条件をつくる。そして一九七六年に、総攻撃、一斉蜂起によって全南ベトナムを解放するというものであった。この二カ年基本戦略計画と同時に、政治局は、一九七五年の初めあるいは終わりにチャンスが訪れるならば、ただちに一九七五年中に南を解放する、というきわめて重要な見通しをたて、その行動方針を予定していた」と、「一四号道路―フックロン作戦」の勝利の重要性を強調している。この後、ベトナム人民軍、南ベトナム解放軍が、中部高原、および南ベトナムの各省での猛攻を行い、サイゴン陥落へと繋がっていく。しかし、チャン・ヴァン・チャーの発禁本では、この「一四号道路―フックロン作戦」に対して、レ・ズアン、ヴァン・ティエン・ズンなどのベトナム労働党指導者達が、最初反対していたことが明らかにされている。

一九七四年下半期に、南ベトナムで活動するチャン・ヴァン・チャー達は、一九七四年一二月から一九七五年にかけて、大規模な軍事作戦を準備していた。それは、メコンデルタでの攻勢を強めると同時に、フックロン省（現在のビンフック省）の省都ドンソアイ（Dong Xoai）を攻撃するという計画であった。この計画のなかでも、ドンソアイにいる南ベトナム軍への攻撃（「一四号道路―フックロン作戦」）は、極めて重要な戦略目標であった。七四年一〇月末に、政治局からの電報を受けとったチャン・ヴァン・チャーとファム・フン（Pham Hung）は、一一月一三日に南ベトナムを出発して、カンボジア東部、下ラオスから九号線に出て、カムロー

（Cam Lo）、ドンハー（Dong Ha）を通って、北ベトナムの四区を通過して、ハノイに入った。チャン・ヴァン・チャーとファム・フンが留守をしている間は、レ・ドゥック・アイン（Le Duc Anh）が指揮をとった。この当時、ベトナム労働党中央は、一九七五年の計画を三段階に分けていた。「一、一九七四年一二月から一九七五年二月までの期間。この段階では、B二地区はすでに計画が準備されているので、B二地区のみで活動を行う。二、一九七五年三月から六月までの期間は、全南ベトナムで活動する。三、一九七五年八月以降は、一九七六年の活動を準備するための小規模な活動を行う」という計画を持っていた。[21] ベトナム労働党中央の計画では、ドンソアイの北に位置し、一四号道路沿いにあるブーダン（Bu Dang：現在のドゥックフォン（Duc Phong））と、ダクノン（Dak Nong）省のザーギア（Gia Nghia）へ、小規模な攻撃を行うのみであった。このベトナム労働党中央の計画に対して、南ベトナムから会議に参加していたチャン・ヴァン・チャーとファム・フンは頑強に反対し、ドンソアイへの大規模攻撃を主張した。結局、チャン・ヴァン・チャーとファム・フンの意見は却下され、一九七五年は、大規模な攻勢を行わず、メコンデルタにおいては、南ベトナム政府の平定政策に対抗し、フックロン省では一四号道路沿いの地点で小規模な戦闘を行うことに決定した。この時に、チャン・ヴァン・チャーは、レ・ズアン、ヴァン・ティエン・ズンと会談を持っているが、その内容の一部（特に、ヴァン・ティエン・ズンに関する記述）が削除されている。しかし、レ・ドゥック・アイン率いる南ベトナム解放軍は予定通りドンソアイを攻撃し、南ベトナム軍を撃退し、最終的にはビンフック省全省を解放するという戦果をあげた。この「一四号道路―フックロン作戦」の戦果の後も、ベトナム労働党中央は最初の方針通りに、一四号道路沿いの都市への小規模攻撃を考えていたが、チャン・ヴァン・チャーの主張により、軍事目標を中部高原に変更したことが発禁本では述べられているが、この点が再発行本では削除されている。春季大攻勢の幕開けとなる、「一四号道路―フックロン作戦」とその後の大攻勢のイニシアティブは、南ベトナムの現場にあったのであるが、それが党中央の見解から削除されてしまっているのである。

おわりに

本章では、一九八二年に発禁処分になったチャン・ヴァン・チャーの著作と、二〇〇五年に再発行された選集とを比較分析することにより、現在のベトナム共産党の抗米救国戦争に対する「公式」な認識、およびフィクションを抉りだす作業を行ってきた。紙幅の制限もあることから、再発行本において削除されている箇所のうち、当時の政策決定にあたって、ベトナム労働党内部の会議において、意見の相違があったという記述が行われている箇所について検討を行った。

チャン・ヴァン・チャーの発禁本で表明された「地方への視点の重要性」という主張は、再発行本でも読み取れる。しかし、パリ協定に対して批判的な意見を表明すること、重要な政策決定にあたって、ベトナム労働党指導者たちが現在から振り返ってみて過った判断をしていた箇所は削除の対象になっている。特に、レ・ズアン、ヴァン・ティエン・ズン、レ・ドゥック・トなどの指導者についての記述は削除されることが多い。それだけ、南ベトナムの現場と北ベトナムのベトナム労働党中央の間に情勢分析に対する相違があったことが伺える。こう言ったことは、抗米救国戦争が終結して四〇年以上が経過した現在においても、ベトナム共産党の「公式」な歴史解釈に反する部分なのである。ベトナム共産党の抗米救国戦争に対する評価は、今後も変っていくことが予想される。そういった変化する部分、不変の部分を見極めることが重要である。

注

（1）本章では、「ベトナム戦争」と「抗米救国戦争」を文脈に応じて使い分ける。

（2）坪井善明「『半分の満足』のなかで：戦後三〇年のヴェトナム」『世界』七月号、二〇〇五年および坪井善明「戦後二五年を迎えるベトナム」『世界』七月号、二〇〇〇年。

（3）Co Quan Hoi Khoa Hoc Lich Su Viet Nam, *Tap Chi Xua & Nay*, so 74B, thang 4, 2000.

（4）Dang Phong, *5 duong mon Ho Chi Minh*, Nha Xuat Ban Tri Thuc, 2008.

（5）Tran Mai Hanh, *Bien ban chien tranh 1-2-3-4. 75*, Nha Xuat Ban Chinh Tri Quoc Gia-Su That, 2014.

（6）Tran Van Tra, *Nhung Chang Duong "B-2 Thanh Dong", vol. V* (*Ket Thuc Cuoc Chien Tranh 30 Nam*), Nha Xuat Ban Van Nghe, 1982.

（7）Bo Quoc Phong, Trung Tam Tu Dien Bach Khoa Quan Su, *Tu Dien Bach Khoa Quan Su Viet Nam*, Nha Xuat Ban Quan Doi Nhan Dan, 2004, p.1009.

（8）Tran Van Tra, *Nhung Chang Duong "B-2 Thanh Dong", vol. I* (*Hoa Binh hay Chien Tranh*), Nha Xuat Ban Quan Doi Nhan Dan, 2003, pp.190–194.

（9）Bo Quoc Phong, Trung Tam Tu Dien Bach Khoa Quan Su, *Op. cit*, 2004.

（10）この点に関してタイン・ティンは、「客観的に見れば、一九七五年春に勝利をおさめることができたのは、南部司令部とチャ将軍の功績によるところが大きかった。彼は、他の人物たちよりも大きな存在だった。一九七四年一二月末のフォック・ロン省（現ビン・フォック省）進攻を早期に準備したのは、他ならぬチャ将軍と南部司令部だった」と述べている。タイン・ティン（中川明子訳）『ベトナム革命の内幕』めこん、一九九七年、二一九—二二三頁。

（11）Tran Van Tra, *Ket Thuc Cuoc Chien Tranh 30 Nam*, Nha Xuat Ban Quan Doi Nhan Dan, 2005.

（12）本章でいう修正とは、内容に変更を加えない程度の字句の削除・変更・追加、段落分割をさす。例えば、字句の削除の例は、重複する複数の主語の削除などである。修正は、再発行本全体に対して行われているが、本章では分析の対象からは除外した。

(13) 本章でいう改ざんとは、文章の内容が第三者によって意図的に書き換えられ、発禁本の内容と異なっている場合のことをさす。削除され、新たな文章が書き込まれた場合を改ざんとする。

(14) 本章でいう削除とは、文書の内容が第三者によって意図的に削除されている場合のことをさす。本章では、削除と改ざんを区別して検討していく。

(15) 筆者が調べた限りでは、改ざんされている箇所は、発禁本の二九一頁二八行～二九四頁八行目で、再発行本の八三八頁一一行～一七行目にあたる。

(16) Bo Quoc Phong, Trung Tam Tu Dien Bach Khoa Quan Su, *Op. cit.*, 2004, p.621.

(17) バン・ティエン・ズン（世界政治資料編集部訳）『サイゴン解放作戦秘録』新日本出版社、一九七六年、一七―二一頁。

(18) Tran Van Tra, *Op.cit.* 1982, p.50.

(19) *Ibid.*, p.83.

(20) *Ibid.*

(21) *Ibid.*, p.160.

追記：本章は、拙稿「ベトナム共産党による戦史評価の変化―チャン・ヴァン・チャー著作再発行の意義」『社学研論集』第八巻、二〇〇六年、一三三―一四七頁を加筆・修正したものである。

第4部

リージョナリズムの平和学

第11章　平和学の方法としてのリージョナリズムとアジア

多賀　秀敏

はじめに

国家間の武力紛争を回避するための学として創始された平和学は、一九六〇年代後半、平和ならざる状態(peacelessness)[1]、構造的暴力(structural violence)[2]などの概念が提示され、一九七〇年代を通じて学問としての新たな地平を切り拓いた。[3]平和学のビックバンである。爾来、貧困、環境、人権、国家以外の主体(国際機構、多国籍企業、地方自治体、NGO・NPO、リージョン)などの研究も、平和学の主要な「戦線」を形成してきた。新たな平和学の「最前線」では、教育、保健・衛生、伝染性高度疾患、自然災害、人口問題、民主化・ガバナンスなど、喫緊の解決を要する地球規模の課題がひしめいている。

しかも、冷戦後の世界は著しく変容した。それまで半世紀近くも「安定した二項対立」によって、あたかも閉じられていた世界の鍋の蓋が取り去られたかのように、民族、エスニシティ、国家、国境をめぐる紛争が噴出し、物理的手段の行使にいたるケースがあいついだ。地球全体の自然環境悪化は明白で、温暖化の危機が叫ばれ、何度も世界会議が繰り返された。九・一一を経て対テロという項目が安全保障の中で注目を集める。国家にあらざる敵に国家が対処する。実行時点で初めて姿を現す自爆テロにいたっては、実行時点で消えていく見えざる敵と戦わざるをえない。それを可能、いや、不可避と考えた、あるいは、たとえ誤った政策でも何かを実施せねばならないと考えた米国によって、一極支配のごとき武力紛争が連続し、その末に世界は多極化、分散化の様相を呈している。グローバリゼーションの進行が地球を一体化する普遍的現象として「喧伝」されたものの、分断と統合のパラドックスが錯綜する秩序なき世界に向かいつつある。

アジアに目を移せば、冷戦の終焉前後に、「欧米流国際基準」の人権に対して、Asian Value（アジア的価値）が盛んに主張されたことは、まだ記憶の片隅に残っていよう。議論の主要な論者の一人であったシンガポールの李光耀（リー・クアンユー）は、中国・天安門事件を「私も同じことをしたであろう」と、軍による弾圧を是認して、孤立無援であった当時の中国共産党中央を支援した。アジアの平和を論ずるのは、このように他の地域にはない困難を伴う。

平和学の最前線は、この現実の地球社会の変化にあわせて縮小したり拡大したり、退いたり進んだりしている。平和学が実学であることが、この動きを増大させている。本章では、冷戦後の平和学の変遷をたどりながら、世界の潮流とアジアを交差させた〈周縁〉からの視点にもとづき、方法としてのリージョナリズムを論じてみたい。

第1節　冷戦の終焉と平和学

冷戦の終焉は、それまでとは形態も目的も場所も異なる一群の武力紛争をもたらした。紛争の現場も、きわめて多様化した。紛争解決を紛争前・紛争後を含む一連のプログラムとする認識は成長を遂げながら、これを支える施設面・制度面では華々しい成果はみられない。しかも、紛争後を射程に取り入れたことで、紛争解決自体に決着を要する課題が山積みしていることが明確になる。広島に代表される「和解」の概念を紛争解決にとりいれる主張を掲げるところもあれば、「戦争犯罪人」をICCに起訴したりする動きもでてきた。さらに、平和構築で、少なからぬ実践が展開され、武力紛争を考察する上で確固たる一部門を形成した。大きなエネルギーを擁する人権や環境をめぐる市民運動も登場した。そこには地雷撤廃条約の締結にまで漕ぎ着けたシングル・イシューを追求するNGOも含まれる。二〇〇七年のノーベル平和賞を、気候変動に関する国際パネル（IPCC）と、米国元副大統領、アル・ゴアが受賞したのは象徴的である。原子力科学者会報の世界終末時計の時刻決定要素には、二〇〇七年からエコシステムなどが追加された。さらに、東南アジアのNIEs（新興工業国・地域）に代わって、ブラジル、ロシア、インド、中国の通称であるBRICsと呼ばれる経済成長国群が登場し、IT（情報通信技術）の進化に伴う通信ネットワークや携帯端末の発達と普及は、平和学・平和教育・平和活動の環境を大きく変えた。

一九九〇年代に、もう一つ見落とせない動きは平和文化（peace culture）という概念が検討され始めたことであろう。国連、とりわけUNESCO（国連教育科学文化機関）のイニシアティブで、この研究が推進される。一九八六年の「国連平和年」に、セビリヤに会した自然科学者・社会科学者が「暴力に関するセビリヤ宣言」を練りあげた。戦争は、人類の闘争本能によって惹起されるとする俗説を否定したものである。人間が平和や共存・共生を積極的に構築していくことが可能であることを高らかに宣言した。九〇年代前半、UNESCOの平和文化に関する活動は、一九九七年一一月の総会決議に結実し、二〇〇〇年が平和文化年と指定された。翌九八年一一月の総会決議では、二〇〇一年からの一〇年間が、「世界の子供たちのための平和と非暴力の文化国際一〇年」に指定される。国連総会は一九九九年九月、「平和文化に関する宣言」を採択し、平和文化行動計画を決定した[4]。

この行動計画では、①教育を通じての平和文化、②持続可能な経済と社会開発、③すべての人権の尊重、④男女の平等、⑤民主的参加、⑥寛容と連帯の精神の理解、⑦参加的コミュニケーションと知識の自由な流通、⑧国際平和と安全保障、などの行動分野が定義された。これらの課題は、国連が長く掲げてきた主張を大きく超えるものではない。しかし、こうした課題間の関係の分析が重視された点が新鮮であった。諸課題を「かけ算」のように交差させた発想が平和学の分野を拡大する要因となる。そうした意味でも、一九九〇年代は、新たな学知として平和の領域を整理統合する時期だったとまとめる論調もある[5]。

冷戦終焉後の一〇年間は、冷戦下の二極対立に代わって、米国が国際体系の分野で「一極支配」のごとく、卓越した力を誇示した時期である。グローバル化、非軍事的なソフト・パワーの行使、「文明の衝突」論などは、穿った見方をすれば、その思考の根を掘り起こしてみると、ほぼ同義語であるといってもよかろう。米国流「相互依存」の網にかからなかった地域の吸収でもある。冷戦の終焉は、ＥＵとＮＡＴＯによる東欧の吸収をもたらし、グローバル化の喧伝は、先進国中心の相互依存の状況から排除されてきた従属地域に束の間の希望を与え、ガバナンスというコンセプトの下に、援助の交換条件が提示され、欧米流議会制民主主義の他に体制選択の余地はないという思い上がりを前提に武力の行使が正当化された。

二〇〇一年九月一一日の同時多発テロは、米国に深刻な衝撃を与えた。南北戦争以来国内で「戦死者」をみることのなかった米国の反応は、ブッシュ大統領の対テロ戦争（war on terror）の声明であった。二〇〇一年一〇月七日のアフガニスタン攻撃、二〇〇三年三月一九日のイラク戦争開戦へと進んだのは周知の事実である。米国の行動に当初、理解を示し、いわゆる多国籍軍に兵力を投じた諸国の中には、米国の「一極支配」に疑問を差し挟む国も出現した。各国の態度の変化が、平和学や国際関係論に影響を与えたのは疑いない。平和、パワー、暴力、公正などをめぐる倫理的争点が、平和学の最前線に戻っていく。

第2節　方法としてのリージョナリズム

1　security と平和学

多くの社会科学と同様に平和学も時代に寄り添うように変遷をとげてきた。平和学関連の定期刊行物をサーベイすると terrorism、そして civil war という言葉が氾濫している。平和構築が、平和学の中で一つの分野を形成した。その総括のごとく、security（安全保障）という言葉が踊る。この言葉は、多くの単語と親和力があり、food security（食糧安全保障）、energy security（エネルギー安全保障）、environmental security（環境安全保障）と波及力が強い。要すれば、crisis（危機）の反意語である。とりわけ、これらの総称である human security（人間の安全保障）は、もっとも多用されている。

このことは、つぎの三点を意味している。第一に、問題領域の拡大、第二に、アクターの拡大、第三に、戦術（プロセス、攻撃法、対処法、問題解決法）の拡大である。むろん、ことの正確さを期すためには省いてはいけない句もある。起こりうる問題領域、参加しうるアクター、とりうる戦術である。目的達成を、security において、例示すれば表1のようになる。

人は、衝撃の大きい事件や、人命が直接関わる出来事に目を奪われがちである。そうした自然な動向に身を寄せるなら当然、security 中心の発想が出てくる。じつは、crisis や insecurity から発想するのではない分野でも、右の「拡大現象」は生起している。平和教育の分野一つとっても、取り上げる問題領域は拡大し、参加する

表１　問題、アクター、対処法の拡大：security を目的に置いた場合

<table>
<tr><th>目的</th><th colspan="2">起こりうる問題領域の拡大
（課題）　　　　（要因）</th><th>参加しうるアクターあるいは手続き</th><th>とりうる解決法ないしは対処法</th></tr>
<tr><td rowspan="12">security</td><td rowspan="4">物理的暴力</td><td>テロリズム</td><td>諜報機間、警察、軍、多国籍軍</td><td rowspan="4">同種対抗的手法、より強度な対抗的手法（非対称的戦闘による懲罰）（対抗、規制、抑圧）</td></tr>
<tr><td>反政府活動（騒乱、運動、内戦）</td><td>暴徒用警察機動隊、軍、PKF</td></tr>
<tr><td>治安（犯罪行為）</td><td>警察</td></tr>
<tr><td>侵略（核拡散、大量破壊兵器、軍備管理・軍縮）</td><td>軍、PKO</td></tr>
<tr><td>原材料＋資源危機</td><td>希少資源、食料・飲料水、エネルギー、その他の資源</td><td>政府、企業、私兵集団（「警備会社」）</td><td>交渉、市場での的確な行動</td></tr>
<tr><td>環境問題</td><td>大気汚染、水質汚染、砂漠化、公害</td><td>政府、企業、国際組織、NGO</td><td>国際的規制、キャンペーン</td></tr>
<tr><td>エピデミック、パンデミック</td><td>SARs、HIV、N1H1</td><td>政府、企業、国際組織</td><td>ワクチン開発、薬品</td></tr>
<tr><td>経済危機</td><td>財政危機、金融危機、不況</td><td>政府、企業、国際組織</td><td>協調的行動</td></tr>
<tr><td>脆弱国家、失敗国家、破綻国家、崩壊国家</td><td>治安回復、インフラ復活、日常生活の復活（グッドガバナンス、民主化）……</td><td>多国企業、PKF、国際組織、NGO</td><td>協調的介入</td></tr>
<tr><td>……</td><td>……</td><td>……</td><td>……</td></tr>
</table>

注：例示であって網羅的ではない。
出所：筆者作成。オリジナルは、拙稿「平和学の最前線」山本武彦編『国際関係論のニューフロンティア』成文堂、2010年、66頁。一部に加筆・修正を施した。

アクターは増加し多様性を増し、解決法として示される選択肢や実践例はかつてないほど具体化し、実際に行動や活動に移されている。平和と、国益、パワーといった伝統的な国際政治の概念を架橋して対話を可能にした言葉が security であるとすれば、UNESCOなどの平和文化の提言もあって、二〇世紀の最後の一〇年間と二一世紀初頭に進展を見せたのは、平和教育分野であろう。平和教育の発展と普及は、裾野を拡大する効果を及ぼす。それは、civil war、security-insecurity、crisis management に直接影響を及ぼす。

こうした一連の動きが、平和学と安全保障研究との対話を促した側面は見逃せない。九〇年代は、問題整理の時期であると記したが、その文脈に、平和学と安全保障研究とが、言語を共有し、同じ土俵で互いの成果を検討しあう作業も含まれよう。具体的には、安全保障論者はその論拠となる国益論を以て、一方で正戦論とわたりあい、返す刀で平和主義と論争する、一見複雑な状況も生じた。米国の保守的政治エリートの間では、カントを起源とする「民主的平和論」が再び注目され、力で民主主義体制を強いうると主張した。九・一一以後、新たなテロの出現が、平和の条件、暴力の起源の研究に変化を及ぼしたかという問いに、平和学者の多くは、米国国務省の年次報告書を引用し、九・一一があったからといって、その後テロの絶対数が増加しているわけではないと応じた。同時に、平和学は、政府の唱える国益に奉仕すべきか、平和運動を支援すべきかが論じられ、テロリズムの原因、エスニックおよび宗教紛争や、社会的公正・開発の問題とテロリズムとの関係が広範に議論された(6)。

2　協調的安全保障としてのリージョナリズム

破綻国家、失敗国家で進行している現実を正面から見据えるならば、もはや国土防衛や独立維持のための手段として軍事力だけが妥当するのでないことは常識となっている。にもかかわらず、東北アジアに顕著なように、未だに勢力均衡論などの二世紀も三世紀も以前にピークを迎えた論理が幅を利かせている事実も認めざるを得ない。論理的なことには退屈な説明が必要であり、脅威を煽るだけの単純なキャッチコピーは、説明抜きに頭に入るからでもある。securityをめぐり安全保障研究と対峙してきた平和学は、このアジアの現実に向き合わざるを得ない。物理的暴力の極みである軍事力の時代は終わりつつあることが、どこかで人類の共通の課題として宣言されなければなるまい。国家レベルの問題群であれば、多くの国に参加の機会が与えられる協調と対話が必須となる。ここに、不戦共同体として出発した欧州統合の潮流を踏まえつつ、アジアの協調と対話の仕掛けを、リージョナリズムという方法から模索することが課題となる。

人類が歴史の中で採用してきた戦争を阻止するための制度は、代表的なものに絞れば、おそらく、勢力均衡、集団的安全保障、協調的安全保障の三類型であろう[7]。このうち、勢力均衡が際限のない軍拡競争を生み、軍拡競争は、高い確率で戦争を誘発する仕組みとなることは、理論的にもデータ上からも実証されて久しい（表2）[8]。ボールディング（Kenneth E. Boulding）が、すでに半世紀以前の一九六二年に『紛争の一般理論』の中でモデル化した勢力均衡に基づく軍拡競争を冷戦時代に当てはめて究極の姿を描くと、世界には一国として他国の軍事力によって侵されない国は存在しないことになる[9]。勢力均衡が世界大で展開されたのはたかだか二〇世紀の米ソ冷戦時代である。それ以前は、西欧列強間の勢力均衡政策が植民地支配を通じて世界大に波及したに過ぎない。冷戦期は、勢力均衡政策の欠点を乗り越えるために考案された集団的安全保障体制（国連）の下に、憲章上で容認された地域的集団的安全保障機構が巨大な軍事同盟として相対峙して、勢力均衡政策に回帰してしまった結果であった。

表2　軍拡競争から戦争へ（大国間）1816〜1965年　150年間の実証データ

	軍拡競争	軍拡競争なし
戦争に至った	23（82%）	3（4%）
戦争に至らなかった	5（18%）	68（96%）

出所：Michael D. Wallace, “Arms Race and Escalation,” *Journal of Conflict Resolution*, Vol. 23, No. 1, p. 15.

集団的安全保障が地域的取極めではなく、世界大で実施されたのは、国際連盟と国際連合である。前者は、多くの制度的欠陥と日本・ドイツ・イタリアなどの後発帝国主義勢力の軍事力による現状変更をおさえることができずに、当初の目的を果たすことなく消滅した。後者は、前者の制度的欠陥を相当改善して出発したが、今なお設立時の憲章上の目標を達しているとはいいがたい。それでも、今や、国際連合は、その存在抜きには国際社会を語れない非国家アクターとして定着したことは間違いない。原理的には、集団的安全保障も、集団的安全保障体制を採る参加国内部での抑止力に依拠する点ではメカニズムの本質は勢力均衡政策と何らかわるところはない。しかも、ボールディングのモデルに従えば、集団的安全保障政策のもっとも重要な鉄則である勢力均衡の内部における抑止力については、二超大国に関する限り、他の加盟国がすべて合したとしても抑止力は生まれない。

そもそも前提にある抑止力について考えてみれば、「抑止力を備えるからわが国は戦争に巻き込まれない」と一国の政治的責任者が発言すれば、その時点で抑止力は効果を失う。「間髪入れずに反撃して本格的戦争に巻き込む」と言えば抑止力は効果を持つ。しかし、そもそも抑止論は、抑止が破れて攻撃を受けたときのことを想定して反撃力を準備すること自体論理矛盾だと言わなければならない。抑止論に従って抑止力として保有する軍備は抑止が破れることを前提にしているからである。核抑止論も、「第一撃」、「第二撃」というコトバが象徴するように、抑止が破れる前提で「第二撃」が準備されている。際限のない軍拡競争を生み出す勢力均衡政策と原理が同一であるからにほかならない。

他方で、協調的安全保障政策の実施は、一九七五年のヘルシンキ・プロセス「全欧安保協力会談」（CSCE）に端を発する。アルバニアを除く全欧州諸国とアメリカ・カナダの北米二カ国、合計三五カ国の間で、安全保障に関しては、信頼醸成措置（CBM）に基礎を置く国際体制が構築され、のちに、恒久的な制度化がなされた（OSCE）。マルタ会談（一九八九年）に先立つこと一四年である。ラパポートの言う Tit-for-Tat（しっぺ返し戦略）のごとく相互に言動において、常に協調解を追求し積み重ねていくことがますます安全保障を強化していく。膨大な予算と時間、人材を投じて、巨大な軍事力を構築することでは、決して安全は強化されないことを理解しなければなるまい。ここに協調的安全保障を狙いにした、リージョナリズムの理念系がある。

第3節　東アジア地域における経験共有

1　東南アジアにおける経験共有

留意しなければならない点は、こうした協調的安全保障の実例は国際社会において未だに欧州にしかないという点と、欧州は、まったくの白紙からCSCEに臨んだのではないという点とであろう。後者に関しては、すでにEU（欧州連合）の前身であるEEC（欧州経済共同体）や、軍事分野ではNATO（北大西洋条約機構）、社会主義陣営のWATO（ワルシャワ条約機構）などが存在した。非国家レベルでも、多くの地方自治体間のチャネルや、広く市民社会におけるNGO間の交流などがネットワーク化されていたし、衛星放送の出現は情報の共有に貢献し、実態とイメージの乖離度が低く、多様で多層的なプロト制度化現象がCBMの誕生の素地を形成して下支えしていた。ヘルシンキ・プロセスでは、人権のバスケットが用意され、安全保障のパッケージに初めて越えがたい溝を超えて社会正義性が追求されたことが今になってみると認識できる。しかし、そこには普遍性の追求を掲げながらも西欧的限界が存在したことは否めない。欧州以外の地域に目をやると、欧州に匹敵する類似のシステムを見出すのは現段階ではなかなか困難である。

東アジアにあって注目すべきは、地域の南半分を形成する東南アジア諸国連合（ASEAN）の動向であろう。東南アジアでは、多くの統合構想が浮かんでは消える歴史を繰り返してきた。マフィリンド構想（マレーシア、フィリピン、インドネシア）などはその典型であろう。冷戦期には、一九五四年に、アメリカのイニシアティブで反共軍事同盟である東南アジア条約機構（ＳＥＡＴＯ）が設置された。絶対的相互防衛義務と武力の行使とを定めたＮＡＴＯに比べれば、ＳＥＡＴＯは、軍事同盟としてはやや拘束力も即効性も低い。しかし、これが、主にベトナム戦争介入に対するアメリカの法的根拠を提供し続けたのは事実である。ＳＥＡＴＯは周知の通り、一九七五年にいわゆるインドシナ紛争が一段落したのちに、一九七七年六月三〇日に失効した。それでも、同床異夢であったかどうかは別にして、タイ、フィリピン、ラオス、カンボジア、ベトナムの一部が、一つの軍事同盟下で二〇数年にわたり同盟国であった事実は大きい。

一九六七年の「バンコク宣言」によって当初、タイ、インドネシア、シンガポール、フィリピン、マレーシアの五カ国から出発したＡＳＥＡＮは、一九八四年にブルネイ・ダルッサラームが独立とともに加盟し、のちにいわゆるインドシナ社会主義圏と言われるベトナム（一九九五年）、ラオス、ミャンマー（一九九七年）、カンボジア（一九九九年）が順次加盟し、現在は一〇カ国で構成される。総人口は六億人を超え、アフリカ連合（ＡＵ）の八億人には及ばないものの、ＥＵの五億人をはるかにしのいでいる。ＡＳＥＡＮの前身は、一九六一年にタイ、フィリピン、マラヤ連邦（現マレーシア）の三カ国が結成した東南アジア連合（ＡＳＡ）とされる。当時、インドシナ紛争への介入の理論的支柱となったドミノ理論に基づいて、社会主義の波及を恐れたアメリカが支援して、このＡＳＡを発展的に解消する形でＡＳＥＡＮが設立された。したがって、原加盟五カ国はいずれも反共主義を掲げる国であった。

ＡＳＥＡＮは、かつての「仮想敵」とされる東南アジア社会主義圏の国々を取り込んでいく。この様は、ＥＵが旧東ヨーロッパ諸国を取り込んでいった様に似ている。ＥＵも武力によって加盟国を増加させたのではなく、冷戦後に交渉＝外交によって、東方に拡大していった。両者の最大の類似点は、新規加盟国の多くが、階級の利益を代表する一党独裁を基盤にした社会主義から多党制へ移行した諸国であるか、なお社会主義を標榜しつつ、市場経済を導入した諸国である点にある。前者は、おおむねヨーロッパであり、後者は、おおむね東南アジアであるのはいうまでもない。ところが、この類似点の中の「些細な」相違点が、EUとASEANとの「統合」への進展の相違を際立たせている。ASEANはバンコク宣言で発足したことはすでに述べたが、その後のASEANの運営を切り盛りしてきたのは、数々の外務担当大臣の会合や、財政・経済担当大臣の会合などで、その都度決議された「宣言」であった。

ASEANでは一九六七年の設立から約一〇年を経た一九七六年に最初の首脳会議がもたれた。一九九七年の第二回非公式首脳会議（クアラルンプール）では、二〇二〇年までにASEANは、ASEAN共同体となることを想定したASEANヴィジョン二〇二〇を採択する。二〇〇七年の第一二回首脳会議（セブ）では、五年前倒しして二〇一五年に共同体となることが決定された。この基礎となるASEAN憲章が、賢人会議の手によって起草され、同年（二〇〇七年）の第一三回首脳会議（シンガポール）で採択・署名された。この草案の検討段階でいくつか注目すべき点があった。ASEANは、それまで決定は全会一致のコンセンサス方式、外交政策として徹底した内政不干渉主義を貫いてきた。コンセンサス方式は、裏を返せば、すべての国が拒否権を有することに等しい。内政不干渉主義は、かつて、マルコス政権、スハルト政権、タクシン政権が崩壊するときに周辺国は助け船ひとつ出さずに見事に「見捨てた」ことに良く表れている。ただし、この時点で暗黙の裡に討議の対象となったのは、ミャンマーの人権抑圧の不評判をASEAN全体で受け止めることになりかねない事態への対応であった。草案では、内政不干渉主義を一歩踏み出す人権侵害に対する制裁条項が盛られていたが[10]、首脳会議での討議の結果、コンセンサス方式ともども内政不干渉政策もそのまま残ることになった[11]。この憲章の骨子は、ASEAN共同体は、政治的安全保障共同体、経済共同体、社会文化共同体の「三本柱」からなる共同体で構成される点にある。討議の過程では「ASEANは政治共同体を目指すものではない」という趣旨の発言も出ている。先述したEUとの「些細な」相違は、このような点に現れたと言えよう。

2　東北アジアにおける経験共有

ひるがえって、東北アジアはどうだろうか。東北アジアにロシア極東を含めるか否かは大きな問題であるが、それを一旦おくとすれば、南北両朝鮮、中国、台湾、日本、モンゴルのたかだか六カ国・地域からなる。ここには、冷戦が終焉しても、なお、中国—台湾、北朝鮮—韓国という分断国家が存在する。中国の一国二制をカウントに入れるならば、これに、香港、澳門の二地域を加えねばなるまい。こうした諸点を考慮するだけでも、東アジア共同体であれ、東北アジア共同体であれ、その実現に至る道程は極めて厳しいと言わざるを得ない。

ASEANに見られた地域の経験共有はどうだろうか。一体の組織体となった記憶は、八紘一宇、五族協和の掛け声のもとで日本帝国主義のむき出しの軍事力が支配したおぞましい記憶が最も新しい。それ以前は、中国を世界の中心（中華）とし、周辺を化外の地、禽獣、四夷（東夷：貉の同類、西戎：羊の同類、南蛮：虫の同類、北狄：犬の同類）とする華夷秩序である。『山海経』や唐宋八大家の一人で東坡肉にまで名を残した蘇軾の『王者不治夷狄論』を読めば、その化外の地に対する差別観のすさまじさが理解できる。

大東亜共栄圏が主に日本帝国主義の軍事力を駆使した統合体化で、華夷秩序は東北アジアの文化センターであった中華帝国の文化力を骨格とした国際体系化であったという考え方には一理ある。華夷秩序が一定の洗練された「帝国体系」として立ち現れた唐時代に、遠方であるがゆえに「二〇年一来」（二〇年に一度の朝貢）でよいという特別の許しが出された後も、日本はそれをはるかに上回るインターバルで遣唐使を送り続けた。シルクロード貿易等を通じてもたらされた世界情勢についての情報収集、中国の擁する先進技術の移転、仏典の収集が主な目的であった。日本の隋唐の文物に対する執着ぶりは、遣唐使一行が唐の皇帝から下賜された宝物を即座に市で換金して書物を買い求めたという逸話になって残されている。そうした側面だけを強調すれば、たしかに、礼教文化を基礎として天子を頂点とする王道政治を展開する国家体制が認識しうる限りの世界において最上のものので、天子は天命を帯びて、近隣の諸民族を教化する使命を帯びていた。現代風に言えば、ソフト・パワー、まごうかたなき文化力による支配であったかに見える。しかし、この華夷秩序の維持にあたって、その本質にあったシステムを探求していくとやや異なる結論を得る。華夷秩序という思想を具現化し維持していたのは、冊封体制、地域によっては羈縻政策であった。これに反して従わぬ民に対する征伐は、それ自体王朝の衰退につながるケースすらあった。このことを思えば、強固で規模の大きい軍事政策によって下支えされた秩序であったといえよう。日本は長期に亘って遣唐使が朝貢使であることを認めるのを拒否し続けたが、朝鮮を巡る支配関係の展開（白村江の戦）を通じて最終的には事実上認めざるを得なくなった。それでも、日本の天皇が冊封を受けた事実はない。のちに欧米諸国との関係において貿易をめぐって通商使という言葉が登場するが、東アジア地域に信義を確認しあう通信使の伝統を定着させた事実は大きいといわざるを得ない。

日本は、菅原道真の建言によって、遣唐使の派遣を廃止するが、その中の一項に、もはや唐から学ぶべきものはなくなったという趣旨の文章がある。裏を返せば、日本は唐から学び続けたのであった。唐は、律令に関連する文書の持ち出しを禁じた。しかし、当時の唐の役人のお目こぼしによって、遣唐使はそれを持ち帰った。それが、日本の古代・中世の国家の礎を築いた。資源よりも、技術よりも、社会運営において重要なのは、制度である。今でこそ、世界は、欧米流の特許制度や著作権を世界規範として受容しているが、毛沢東の「知識は人民のもの」という言葉はおくとしても、中国は数世紀に亘って東アジア地域に先端技術はおろか社会制度規範を「無料」で提供し続けた。現代世界における「民主化」が、往々にして膨大な軍事費と多くの市民の犠牲を要して移行定着されているのとは大きな懸隔を感じざるを得ない。相互依存の現代になって中国のコピー商品は世界の批判の的になっているが、元来、中国は、数世紀に亘って著作権も特許料も請求せずに周辺諸国を潤してきたのである。

冊封体制研究の第一人者と目された西嶋定生は、華夷秩序の頂点にあった皇帝の一つ一つの冊封行為の蓄積によって生み出された東アジアの国際秩序に関して、「冊封体制」という概念を提示し、「東アジア世界」という範囲で「完結した世界」の存在を提唱する。[12] そこに共通する要素は、漢字、儒教、仏教、律令制であるとした。とりわけ、言語の語族区分を超えて流通した漢字は重要で、この地域を漢字文化圏と呼ぶことができる。現在の領土区分で言えば、ほぼ、中国、朝鮮半島、日本、ベトナムにほかならない。

華夏以来の伝統とされる華夷秩序も無論、平坦な道を歩んで清末に至ったわけではない。とりわけ、漢族以外の四夷出身の王朝が中国を支配した時代には、事大主義を生んだ朝鮮半島では、議論が沸騰した。たとえば、女真・契丹から起こった清朝は李氏朝鮮にとって、夷狄に朝貢することになり、とうてい受け入れがたい。むしろ、大中華を支えてきた小中華である朝鮮こそ唯一正統な中華文明の継承者でなければならないと認識する。清に先立つ元や金の時代にも同様の反応が見られたが、軍事力を伴う現実とのギャップから、実際の対外政策には多くは反映されず、認識上の問題にとどまり、むしろ国内政治が影響を受けた。

清王朝の出現は、朝鮮半島ばかりではなく、日本にも影響を与えた。朱子学者・林羅山、その弟子である山鹿素行らは、日本こそ中華であるという説を唱道する。その後、大日本史編纂のために徳川光圀が、江戸駒込水戸藩別邸内に設置した史局（のちの小石川彰考館）に、羅山の門下生が多く来仕したために水戸学にも影響を与え、藤田東湖の尊王攘夷論とも結びつき、下っては、軍部が太平洋戦争中に天皇を現人神とし、神州（中華正統王朝）不滅を唱えたのも、その淵源は、朱子学に基づく中華思想にあったという解釈が成り立つ。この推測が正しいとすれば、中国は自ら敷衍した思想によって侵略を受けたことになる。後発帝国主義国の「遅れた」植民地争奪は、東アジア特有の秩序思考を併せ持っていたということになろう。

要すれば、東アジア諸国が、表面的にはむき出しの軍事力であれ文化力であれ、一つの体系的秩序思考を共有したのは、上に簡略に述べた大東亜共栄圏と華夷秩序のみであった。ＥＵはいうに及ばず、半ば人為的な区界である東南アジア＝ＡＳＥＡＮにも、「ともに一つ屋根の下で過ごした」実感に基づく経験の上で劣ることは歴然としている。しかも、前節との関連でみれば、ＥＵは協調的安全保障政策を定着させて久しい。ＡＳＥＡＮおよび、東アジア全域を包摂するＡＳＥＡＮ地域フォーラム（ＡＲＦ）も、ＡＳＥＡＮによる協調的安全保障政策がすでに一歩踏み出したといって差し支えなかろう。では、東北アジアはどうだろうか。幸か不幸か、東北アジア地域にはＮＡＴＯにもＷＡＴＯにも相当する集団的安全保障機構は存在しなかった。冷戦中にアメリカは、世界中に、ＮＡＴＯを筆頭に、ＡＮＺＵＳ、ＳＥＡＴＯ、ＣＥＮＴＯと次つぎに地域的集団安全保障体制を構築する。しかし、東北アジアにあっては、徹底した Hub-and-spoke 形式を貫いた。アメリカが、Hub となり、日本、韓国、台湾、さらには、タイ、フィリピンなどとバイラテラルな条約を締結して、各国を Spoke の先端においている。その結果、冷戦終焉後に東北アジア地域に残されたのは、一八・一九世紀ばりの勢力均衡体系であった。東北アジア地域は勢力均衡政策を採用した場合の原則通りに、軍拡レースの陥穽にはまっている。

第４節　非伝統的安全保障のリージョナリズムへ

冷戦の終焉前後から注目されているのは、非伝統的安全保障である。非伝統的安全保障とは、国家以外のアクターも含む国際行為体から与えられる非軍事的脅威に体系的に対処することをいう。非軍事的脅威は、概念の幅が広く、国家以外の行為体が振るう軍事的脅威を含んだり、脅威を与えている主体が特定できないケースを含ん

表3　伝統的安全保障と非伝統的安全保障

	S	O	V	
			tool	verb
伝統的安全保障思考の範疇内の脅威	A国が	B国の領土・独立に	国家の軍事的手段で	脅威を与える
伝統的安全保障思考の範疇を超えた脅威	Actor Aが	B国内の特定・不特定の集団の健全な存続に	非軍事的手段で	脅威を与える

出所：筆者作成。オリジナルは、拙稿「東北アジア共同体の可能性と地域の平和」『北東アジア地域研究』2015年、56頁。

表4　越境する問題への対処

	伝染病	食料・健康問題	環境問題	人身売買
積極的貢献	国際協力	国際支援	制度・技術の国際協力	国際捜査協力
消極的貢献	水際作戦	備蓄、予防医学	制度設計、モニタリング	入管強化

出所：筆者作成。オリジナルは、拙稿「東北アジア共同体の可能性と地域の平和」『北東アジア地域研究』2015年、57頁。

だりして論ずる研究者もいる。公約数的には、気候変動（広く環境問題）、越境犯罪（麻薬の輸出入、資金洗浄、地下銀行、海賊行為、衛生基準を無視した食品の輸出、テロリズム、人身売買など）、貧困・格差、感染症、大自然災害などが挙げられよう（表3、表4）。

このうち、国家がその能力を以て十全に対処しうるのは、伝染病（人間、動物）に対する水際作戦や、麻薬、現金、人身売買などの輸出入のように公的規制網にかかってくるものだけであろう。たとえば、自然災害からの救援・復旧には、その程度の大小によって、NGOを含む国際組織や、地方自治体、NPOなどがネットワークや経験を蓄積してきた。環境問題も淵源に遡って考察すれば、地方自治体や企業がその解決のノウハウを所有している。非伝統的安全保障の脅威により、有効な対処が求められる時代には、国家よりも、地方自治体やNGO・NPOの国際地域的ネットワークの方が重視されなければなるまい。

一方で、科学技術の発達は、活発な経済活動を可能にして生産と同時に一国規模では解決しえない環境問題などのように容易に越境する問題を放出している。他方で、その解決に当たろうとすれば、複数の国家の協働が必要とされ、それでいて技術やノウハウは中央政府よりも地方政府や企業に蓄積されており、その助けを借りざるを得ない。環境問題はほんのその一例に過ぎない。国家は、社会単位としての妥当性を上下から引き裂かれつつある。

何から何を守るのか、分析する社会単位によって異なるであろう。汚染された大気、病原菌は難なく国境を超える。一国でも規制しない国があると、国際地域全体が被害をこうむる。中国が激しく大気を汚染して、それが偏西風に乗ってやってきて自然破壊や国民の健康を害していく様を、日本も韓国も手をこまねいてみている以外に為す術がない。筆者が居住する日本海側の美しい松の防砂林は、目に見える勢いで年々枯渇している。主な原因は、中国の野放図な経済活動にほかならない。重症急性呼吸器症候群ＳＡＲＳの発生を政府が先頭に立って隠蔽したり、腐敗した鶏肉をそれと知りつつ加工して出荷したりする国を、非文明的な野蛮国だとは思っても、誰も礼教に基づいた文化・文明の中心とか「グローバルな舞台に立つ大国だ」とは決して思わない。

世界全体の大きな潮流では、国家アクターの地位が低下しつつあるが、東北アジア地域では、中央集権体制の伝統とともに未だに国家アクターの力は相対的に強い。しかし、二一世紀の今日にあっても、この地域には、地域各国をすべて包含する国家アクターからなる排他的アンブレラ組織は存在しない。ＵＮＤＰが主導した「図們江地域開発計画」（ＴＲＡＤＰ）には、ロシア、中国、北朝鮮、韓国、モンゴルが加盟していたが、日本は再度の加盟要請を受けながらオブザーバーにとどまっていた。二〇〇五年に、広域図們江開発計画（ＧＴＩ）に衣替えする前後から、新潟と米子が運輸関係の会議のホスト都市を務めただけである。

国家に対して、地方自治体の国際地域協力の一例を挙げれば、北東アジア地域自治体連合（ＮＥＡＲ）は、着々と成果を挙げている。[13] 経済通商、教育・文化交流、環境、防災、国境地区協力、科学技術、海洋漁業、観光、鉱物資源開発・調整、エネルギー・気候変動、女性・児童など、様々な分野における幅広い交流協力事業を展開してきた。国家のアンブレラ組織なしでこれだけの自治体連合が登場したのは驚きというほかない。しかし、この前身となる地域国際会議が三回開催され、また、長い伝統を有する日本海沿岸日ロ（ソ）市長会議などの尽力の蓄積があったりしたことは強調しておかなければなるまい。

おわりに

時代は、伝統的安全保障から非伝統的安全保障へと重点を移行しつつある。膨大な予算を軍事力に費やす余裕があるならば、地域災害センター、環境生態系保護センター、国際犯罪予防センター、国際医療センターなどで地域国際協力の実績を積む選択肢にかけたほうが、より安全保障能力は高まるといえないだろうか。安心、安全、信頼を強化する多層間の信頼醸成を追求しなければならない。逆に言えば、安全・安心・信頼を裏切る行為があってはならない。

オランダのハーグで開催されたＩＵＬＡ（国際自治体協会）の総会に、当時の国連事務総長コフィ・アナンが「世界は地方自治体から構成される」というメッセージを送ったのは、すでに二〇年以上も前の一九九五年であった。[14] ＥＵが実施するオイレギオ、ＩＮＴＥＲＲＥＧに見られるように、地方自治体という住民にとってもっとも身近な行政組織は国際行為体としても認知されて久しい。同時に、ＥＵ、ＡＳＥＡＮ、ＡＵ、ＮＡＦＴＡ、ＭＥＲＣＯＳＵＲなどの超国家行為体である地域的組織によって国家は、上からの張力にも晒されている。地方自治体単位で遂行される国際連携や国際共同体の構築にいちいち中央政府がいつまでも首を突っ込む時代は去りつつある。このように上下双方からの張力によって股裂き状態にあっている国家はもはや国際社会の行為体としても one of them でしかない。先に挙げた地域災害センター、環境生態系保護センター、国際犯罪予防センターなどは、その解決方法のノウハウを有する地方自治体や時によってはＮＧＯが、直接、設立・運営したほうが、国家が行うよりも成果を挙げる可能性が高いだろう。

しかし、東北アジアでは、どこも地方気質やバラエティに富んだ地方性があるにもかかわらず、地方自治は発展してこなかった。江戸三〇〇年に亘って二百数十の藩に分かれ、農民の移動の自由すら奪って成立していた藩「自治」は、明治維新後に徐々に中央政府に人事権や財政権を奪われるにしたがって自治性を失っていった。色濃い地方性に満ちた韓国でも、地方自治法は一九四九年以来発布されているにもかかわらず、つい先ごろまで道知事などの直接選挙は行われなかった。中国は、その規模からいっても各省を地方と呼ぶには語弊がある。有史以来、中国の政治は中央権力をめぐる争いだったのだから、中央集権こそ政治原理の鉄則であり、その貫徹こそ政治の目標であったのだから、いきなりそこに地方自治を求めるのは無理というものであろう。

それにしてもこの地域には、Asian Paradox という不本意な名称が付与されて久しい。経済的相互依存が進んでもコンフリクトの数が減ることはないというパラドクスである[15]。しかし、欠点や障害は取り除いていかなければ、正しい方向には進まないのは、明白である。くり返しになるが、国家下位行為体が地道に創り出している対環境政策の協力、自然災害への支援、健康・疾病に関する越境制度的協力、異文化理解などの努力を重視していくことが、現段階では、この地域に求められているであろう。

＊本章は、拙稿「平和学の最前線」山本武彦編『国際関係論のニューフロンティア』成文堂、二〇一〇年、五二―八一頁および「東北アジア共同体の可能性と地域の平和」『北東アジア地域研究』二〇一五年、四三―六七頁に大幅な加筆と修正を加えたものである。

注

（1） Sugata Dasguputa, “Peacelessness and Maldevelopment: A new theme for peace research in developing nations,” in International Peace Research Association, *Proceedings of the International Peace Research Association 2nd Conference*, Assen, Vam Gorcum, 1968, Vol. II, p. 19.

（2） Johan Galtung, “Violence, Peace, and Peace Research,” *Journal of Peace Research*, Vol. 6, No. 3, 1969, pp. 167–191.

（3） Peter Lawter, “Peace Research and International Relations: From Divergence to Convergence,” *Millennium: Journal of International Studies*, Vol. 15, No. 3, 1986, pp. 367–392.

（4） UNGA res. 53/243 A. Declaration on a Culture of Peace, 13 September 1999, 107 plenary meeting. UNGA res. 53/243B. Programme of Action on a Culture of Peace, 13 September 1999, Adopted without a vote. 107 plenary meeting.

（5） Carolyn M. Stephenson, “Peace Studies, Overview,” in Lester Kurtz, editor-in-chief, *Encyclopedia of Violence, Peace, & Conflict*, 2nd edition, Elsevier, 2008, Vol. II（G-Po）. p. 1545L.

（6） *Ibid.*, p. 1545R.

（7） これらはラパポート（Anatol Rapoport）が構想していたものとは大きく異なる。ラパポートは、戦争を戦争生産機構による「組織的犯罪」と再定義し、医学のアナロジーを用いて、戦争生産機構の根絶のための制度設計を提唱した。Anatol Rapoport, *Conflict in Man-made Environment*, Harmondsworth, Penguin Books, 1974, p. 240.

（8） Lewis Fry Richardson, *Arms and Insecurity*, Pitsburgh, Boxwood Press, 1960, *Statistics of Deadly Quarrels*, originally private microfilm: 1950, later at The University of Chicago Press and Boxwood Pr. 1960.

（9） Kenneth E. Boulding, *Conflict and Defense: A General Theory*, Harper & Bros., 1962.（内田忠夫・衛藤瀋吉訳『紛争の一般理論』ダイヤモンド社、一九七一年）。ハーツもボールディングも主権国家からなる国際体系の中での国家の脆弱性に光を当てた。高柳先男は、無条件的生存可能性の喪失、国家の非浸透性の崩壊をあわせて、ハーツ＝ボールディング・シェーマと名付けた。「ハーツ＝ボールディング・シェーマの形成―国際政治における〈変動〉認識の基礎的前提」『法学新報』第七五巻第三号、一九六八年、一九―五九頁。

（10） http://www.asean.org/archive/19247.pdf.（二〇一九年四月一日アクセス）。
（11） 二〇一二年一一月第二一回ＡＳＥＡＮ首脳会議（プノンペン）は、ＡＳＥＡＮ人権宣言を採択した。ここには違反に対する罰則条項などは見当たらず、単に宣言的効果を意図したにとどまっている。コンセンサス方式に関しては、コンセンサス方式で決着がつかない場合には、実質的に首脳会議の多数決に委ねられる決定がなされた。http://www.asean.org/news/asean-statement-communiques/item/asean-human-rights-dedaration（二〇一九年四月一日アクセス）。
（12） 西嶋定生「六―八世紀の東アジア」『岩波講座　日本歴史二』岩波書店、一九六二年、二二九―二七八頁。また、以下も参照されたい。西嶋定生「東アジア世界と冊封体制：六―八世紀の東アジア」『中国古代国家と東アジア世界』東京大学出版会、一九八三年、「序説―東アジア世界の形成」「東アジア世界と冊封体制：六―八世紀の東アジア」『古代東アジア世界と日本』岩波現代文庫、二〇〇〇年、「東アジア世界の形成と展開」「東アジア世界と冊封体制：六―八世紀の東アジア」『西嶋定生東アジア史論集』岩波書店、二〇〇二年。
（13） ＮＥＡＲについては以下を参照。中山賢司『東北アジア・サブリージョンにおける内発的越境ガバナンス―「北東アジア地域自治体連合（ＮＥＡＲ）」の事例研究』早稲田大学出版部、二〇一五年、総四三〇頁。本著は、ＮＥＡＲについてのわが国では唯一のまとまった研究である。
（14） IULA, *Local Challenge to Global Change*, 1995. あわせて、当時の雰囲気については、拙稿「自治体の国際協力」松下圭一、西尾勝、新藤宗幸編『岩波講座　自治体の構想三　政策』岩波書店、二〇〇二年、二一五―二四〇頁。
（15） Lee Sook-jong, "Future Direction of Northeast Asia Peace and Cooperation Initiative: Maritime Disputes and South Korea's Trustpolitik," *EAI Commentary*, No. 31, by the East-Asia Institute based in South Korea, on 20 November 2013, p. l.

第12章　越境地域協力（ＣＢＣ）研究の変容と課題

髙橋　和

はじめに

ＥＵの越境地域協力（Cross-border Cooperation=CBC）のプログラムであるＩＮＴＥＲＲＥＧは、二〇一五年に開始から二五周年を迎えた。ＩＮＴＥＲＲＥＧは、ヨーロッパ統合を進めるためのＥＵの地域開発基金（European Regional Development Fund=RDF）のツールの一つである。とりわけＩＮＴＥＲＲＥＧ-Ａのミクロレベルのｃｂｃは、ＩＮＴＥＲＲＥＧの補助金を得て加速し、その数も一八〇を越えた。地図上に落とし込めば、ＥＵ域内の国境線はほぼ見えなくなる。この結果に鑑みれば、ＩＮＴＥＲＲＥＧはヨーロッパ統合を進めるツールとして機能したといえよう。しかし、ボトムアップの地域協力という観点からＣＢＣを評価するならば、ＩＮＴＥＲＲＥＧはあくまでＥＵのツールであり、地域の側の論理とＥＵの論理とは異なる。ＥＵは、結束政策（Cohesion Policy）として、ＩＮＴＥＲＲＥＧを今後も重視することを表明しているが、その一方で、地域における共通の地域政策が欠如しているとの問題点を指摘している。[1]すなわち、ＣＢＣは行われていても国境を跨いだ地域の間にトランスナショナルな共通空間としての「地域」は成立していないということである。ＣＢＣはなぜ地域形成へと発展しないのか。ＣＢＣの研究は、一九九〇年以降実証研究を積み重ねてきたが、理論的な研究成果を得たとはいいがたい状況である。実証研究をどのように理論化していくのか。その手がかりとして、本章では、基礎的自治体間で行われるミクロレベルのＣＢＣが、ＩＮＴＥＲＲＥＧプログラムによってどのように変化したか、さらにそれをＣＢＣ研究はどのように評価してきたのかを明らかにすることによって、ＣＢＣ研究の今後の課題について考察することを目的とする。

第１節　ＩＮＴＥＲＲＥＧの変容

ＩＮＴＥＲＲＥＧは、ＥＵの統合を進めるために、国境地帯に位置し、中央の繁栄から取り残された地域が国境を超えた地域と協力をすることで発展を目指すことを後押しするためのプログラムである。

ＩＮＴＥＲＲＥＧは一九九〇年から開始された。一九九〇年から一九九三年までが第一期（ＩＮＴＥＲＲＥＧⅠ）、一九九四年から一九九九年までが第二期（ＩＮＴＥＲＲＥＧⅡ）、二〇〇〇年から二〇〇六年までが第三期（ＩＮＴＥＲＲＥＧⅢ）、二〇〇七年から二〇一三年までが第四期（ＩＮＴＥＲＲＥＧⅣ）、二〇一四年から二〇二〇年までが第五期（ＩＮＴＥＲＲＥＧⅤ）となり、現在、第五期の途中である。

ＩＮＴＥＲＲＥＧが開始された一九九〇年は、まだＥＣの時代であり、ＩＮＴＥＲＲＥＧはミクロレベルのＣＢＣのみを対象としていた。これはＥＣ域内でミクロレベルのＣＢＣがすでに活動していたためである。ミクロレベルのＣＢＣは、ヨーロッパでは一九五〇年代の後半から試みられるようになり、オランダのエンスヘデとドイツのグローナウという国境を跨ぐ二つの町で設立されたオイレギオやスイスのバーゼルとリースタル、ドイツのフライブルクとレールバッハ、フランスのコルマルとミュールーズの三カ国に跨る地域に結成されたバシレンシス（Regio Basilensis）がその先駆けとなった。しかし、冷戦期にはこうした地方自治体を主なアクターとするＣＢＣの数はそれほど多くはなかった。冷戦の終結にともない、単一市場をさらに加速する必要から、ＥＣは統合の障害となるような地域、すなわち経済的に後背地域となっている国境地域への投資としてＩＮＴＥＲＲＥＧを開始した。

一九九三年のＥＵの誕生は、西欧諸国の統合のみならず、旧東欧諸国の統合も視野にいれなければならなくなったことに起因する。一九九〇年の東西ドイツの統合と一九九一年のソ連邦の解体とそれに伴うワルシャワ条約機構軍の解散によって、東欧諸国が不安化したからである。東西ドイツの統合は、ヨーロッパに再び「民族自決」というナショナリズムを再燃させ、ユーゴスラビアでは「内戦」が激化した。(2) 安全保障上の空白地帯となった東欧では、ＮＡＴＯへの加盟を申請したが、「平和のためのパートナーシップ」協定によって連携は確認されたものの正式加盟には至らなかった。またＥＵの加盟申請も「連合協定」にこぎつけただけで、正式加盟は認められなかった。ＥＵは、隣接域外地域における紛争のＥＵ域内への影響を抑えるために、ユーゴスラビア紛争に国連平和維持部隊として駐留し、またＮＡＴＯ軍として爆撃にも関与した。

冷戦後に不安定化した東欧地域を安定化させるために、ＥＵがとった政策が、東欧諸国のＥＵへの取り込みであり、ＥＵの結束の強化、すなわち拡大と深化である。一九九三年のマーストリヒト条約で、ＥＵはそれまでの経済統合から共通外交政策を取り込んだ政治統合へと深化した。さらに東欧諸国との「連合協定」は将来、ＥＵへの加盟の可能性を盛り込んだものとなったのである。

ＩＮＴＥＲＲＥＧⅡはこうした背景のもとで地域統合を加速するためにＩＮＴＥＲＲＥＧⅠを修正した。ＩＮＴＥＲＲＥＧⅠではミクロレベルのＣＢＣだけであったのが、ＩＮＴＥＲＲＥＧⅡからミクロレベルのＩＮＴＥ

RREGⅡ-A、広域地域協力のINTERREGⅡ-B、ネットワークや都市間連携のためのINTERREGⅡ-Cという三つの領域に分けられ、補助金を受ける対象が拡大した。これは一九九〇年代に入って活発化した環境問題への対応から、とりわけバルト海、北海、黒海など広域の越境協力を支援するためであった。

INTERREGが対象とするCBCの範囲は拡大し、さらにINTERREG-Aへの補助金の申請が急激に増加した。これはEUにとっては予想外の出来事であった。そもそもINTERREGはEUの域内統合の深化を図るための補助金であったが、申請された多くがEUに隣接する域外地域とEU域内地域とのCBCであった。たとえば、ポーランドとドイツとの国境地域やチェコとドイツもしくはオーストリアとの国境地域ではEUとの境界となる国境地域すべてがCBCを行い、INTERREGを申請したのであった。この域内外に跨る地域におけるCBCは、EUにとって戦略的価値のあるものであった。旧東欧諸国をEUに取り込むことにEUが消極的であった理由は、EU加盟国と加盟申請している国々の経済格差が大きく、また第二次世界大戦後市場経済を経験していない国々といっしょに単一市場を維持することが難しいと考えられたためである。それと同時に、この地域を安全保障上の緩衝地帯とみなしているロシアを刺激しないために、早急に東欧諸国のEU加盟を承認できないという事情があり、その代替として、国家間レベルではなく、サブナショナルなレベルにおける地域協力を進めることで東欧諸国との関係を強化していきたいという意図が働いていた。そのため、INTERREGⅡで採択されたプロジェクトは、EUの中心部と東欧諸国を結ぶ幹線道路が通る地域におけるインフラ整備など、本来であれば国家間の事業として行われるべきものも含まれていた(3)。

INTERREGⅡは、EUの域内外に跨る地域によって補助金の申請がなされたために、EUはいくつかの問題に直面した。まず、旧東欧諸国との経済格差である。INTERREGはEUが地域に対して直接補助金を交付するものであるが、地域の負担が要求される。しかし社会主義経済から市場経済への移行期にあった東欧諸国では、ＥＵ域内地域と対等の関係で負担金を拠出することが難しかった。そこで、ＥＵは当初はポーランドとハンガリーの移行期経済を支援するためのプログラムＰＨＡＲＥ（Poland and Hungary Assistance in the Reconstruction of the Economy）の対象国を拡大し、それぞれの国家に対するＥＵの支援の中にＣＢＣのための基金を設け（ＰＨＡＲＥ／ＣＢＣ）、ＥＵと国境を接している地域がこの補助金から支援を受けられるようにした。こうして、ＣＢＣのための資金の問題はＥＵの補助金制度によって切り抜けることができるようになった。

しかし、ＣＢＣがスタートすると、新たな問題に直面することになった。それはＥＵの域内地域と域外地域におけるプロジェクトの進行速度の違いや補助金の使用方法などコンプライアンスに関する問題が表面化したのである。これらはテクニカルな問題ではあるが、ある意味本質的な問題でもあった。ＰＨＡＲＥ／ＣＢＣの導入は、ＣＢＣを実施する際の補助金の申請ルートが、域内ではＥＵの地域委員会に対して、域外では、それぞれの国家を通して対外政策のなかで申請することになるため、計画の審査も別々の部局で行われていた。そのために、ひとつの地域におけるＣＢＣでありながら、異なったプロジェクトとして申請されるようになったために、プロジェクトの足並みが揃わないという結果をもたらしたのである。さらに、一九八九年まで社会主義体制下での生活を送っていた人々にとって、仕事は常にトップダウンで行われるのが当たり前であり、自分たちが計画を策定して期限内に仕事を終えるという行為はあまり馴染みのないものであった。ＥＵ域外地域におけるプロジェクトの遅れは市場経済における労働規範をよく知らないためでもあった。

ＥＵはこうしたプロジェクトの遅れを防ぐために、ミラープロジェクトとジョイントモニタリングシステムを導入した。ミラープロジェクトは、ＥＵの域内外に跨る地域のＣＢＣプロジェクトを審査する際には、ＩＮＴＥＲＲＥＧとＰＨＡＲＥ／ＣＢＣの双方から出されたプロジェクトを突き合わせて、同じプロジェクトになっているか、もしくは相互補完的なプロジェクトになっているかを審査するものである。ジョイントモニタリングシステムは、審査の場に双方の担当者のみならず、双方の地方政府・中央政府の関係者の参加のもとでお互いのプロジェクトを確認する制度である。EUでは、これらの作業を通して地域内の意思の疎通を図ることによって地域としての一体性を醸成することを意図していた。

この制度の導入は、EUに予期せぬメリットをもたらした。すなわち、域内外の共同作業を通して域外地域の人々はEU加盟前にEUの制度や手続きについて体験することができるために、将来のEU加盟の準備を行うことができるということを発見したのである。

こうしたメリットを見出したEUは二〇〇〇年から開始したINTERREGⅢの予算を大幅に増加するとともに、二〇〇四年、二〇〇七年に加盟が予定されている国に対してEUとのCBCを必須の条件とした。EUの加盟の具体的な日程が明らかになっているポーランドやチェコでは、CBCは地域の自発的な動きとしてスタートし(4)、EUの意図は達成できた。しかし、二〇〇四年に東欧諸国がEUに加盟するまでEUと直接国境を接していないブルガリアやルーマニアではミクロリージョンにおけるCBCの動きは、ほとんど見られなかった。EUでは、CBCは事前学習の意味だけでなく、国境の壁を低くして域内統合を深化させるためのツールと考えられていたために、CBCはEU加盟の必要条件となっていたが、地域の側のイニシアチブがない地域でのCBCは、トップダウンで行わざるをえず、地域の側でイニシアチブを取る人材も育たなかった。そのため、EUは「行政能力の低い」地域におけるCBCを強化するために制度改革を行い、運営委員会の設置と国家レベルの関与を義務づけた。

INTERREGⅣでもINTERREGⅢが踏襲されて、CBCに国家の関与を義務付けるとともに、運営委員会のメンバーとして国際機関、とりわけ欧州開発復興銀行の関係者の参加を求めるものとなった。この背景となったのは、二〇〇七年にブルガリアとルーマニアがＥＵに加盟すれば、ＥＵの拡大の動きはほぼ終了するとの見通しがあったためである。ＥＵは二〇〇四年に「欧州近隣諸国政策戦略ペーパー」を発表した。これは、ＥＵに隣接する東欧、南コーカサス、地中海諸国を対象としており、ＥＵはこれらの諸国との間に「友好の環(The Ring of Friends)」を作ると述べている。ＥＵの周縁に位置する諸国は、近隣諸国と位置づけられて、加盟候補国と区別された。これに反発したのが、ポーランドやルーマニアなどＥＵの域外に同胞民族を抱える国である。これらの国に配慮してＥＵは近隣諸国政策（European Neighborhood Policy=ENP）で、近隣諸国との関係の強化を謳い、ＣＢＣを支援することを強調した。しかし、市場経済の経験のない旧ソ連邦の構成国であった地域とのＣＢＣでは、地方自治の経験が浅く、「行政能力の低さ」が問題となっていた。これに対処するために、ＥＵはＩＮＴＥＲＲＥＧの制度のなかに、開発のための国際機関のアドヴァイザーや実施主体となりそうなＮＧＯの代表を運営委員会に含めることになったのである。

こうしてＩＮＴＥＲＲＥＧを利用するＣＢＣは、地域のイニシアチブを実現するためのものからＥＵや国家の関与が必須となり、次第にＥＵの対外戦略としての性格を強めていった。(5)

二〇一三年から開始されたＩＮＴＥＲＲＥＧⅤは、「ＥＵ統合のためのツール」と定義されており、地域の視点は後退している。ＩＮＴＥＲＲＥＧの対象となるＣＢＣも①研究と革新、②欧州単一市場の競争力、③低炭素経済、④環境と資源の効率性の四分野に限定されている。ＥＵ域内においてＩＮＴＥＲＲＥＧの必要性が低下したという見方も可能であろうが、もはやＥＵにとって戦略的プログラムではなく、ＣＢＣのノウハウを共有するための実務的なプラットフォームとなっている。

第2節　ＣＢＣ研究の推移

こうしたＥＵのＩＮＴＥＲＲＥＧの制度の変化を、ＣＢＣ研究はどのように見ていたのであろうか。

1　パラディプロマシー（Paradiplomacy）[6]

ＣＢＣが研究対象として扱われるようになったのは、一九九〇年代以降である。すでに述べたようにＣＢＣの活動は、一九六〇年頃には開始されていたが、冷戦の終結というエポックがＣＢＣの数を飛躍的に増加させたことによって、研究対象とみなされるようになった。ＣＢＣに最初に注目したのは、国際政治学と地理学の分野であった[7]。

国際政治学では、一九八八年、ゴルバチョフソ連共産党書記長が国連総会演説で、軍縮問題と環境問題をリンクさせて、軍事的な安全保障から生態系に基づく安全保障への転換を表明したことによって、環境問題が国際政治の主要なアジェンダとなり、各国が国際政治のなかで環境問題を通してイニシアチブを取ろうとする動きが顕著となった。そのなかで、新しいアクターとして環境問題を共通の課題とする「地域」が浮上してきたのである。

こうした事情を背景として、ＣＢＣ研究では、地域統合の研究としてマクロリージョンを対象とする研究や地域統合の比較研究が活況を呈した[8]。マクロリージョンの研究は、ＥＵのみならず、ＮＡＦＴＡやメルコスール、ＡＳＥＡＮなど世界の市場統合の動きに焦点をあてて、地域統合の進展の度合いを図ろうとするものが主流であった。

これに対して、国家間ではなく、サブナショナルな領域における地域統合の動きに関心を寄せたのが、サブナショナリズム（下位地域協力）研究である。この研究では現実主義に基づく国際関係の見方に対して、生活者の側からの国際関係の在り方を問い直そうとするものであった。そのなかでそれまで分断線となっていた河や湖、海をキャッチメントエリアとして位置づけ、関係する地域を結びつける存在として再評価した。

さらに、グローバル化が国家の経済的な権限を奪っている一方で、サブナショナルなアクターもまた国家の権限を奪いつつあった。自治体が国家の管轄権を越えて越境し、他国の自治体と協力関係を作り上げるという動きは、パラディプロマシーという概念で説明されるようになった。ミクロレベルのCBC、その組織としてのユーロリージョンは、EUが統合を加速するために作ったINTERREGによる補助金と欧州国境地域協会（Association of the European Border Regions=AEBR）による技術的支援、さらに越境地域協力を国際的に承認した欧州評議会のマドリード条約によって法的根拠を得たことにより、設立が相次いだ。こうして自治体は、国家と並ぶ新しい外交主体として理解されていた[9]。さらに、EUの統合論の中でEUの民主主義を担保するものとして「補完性の原理」が導入されると、自治体によるCBCはEUの民主主義に寄与するものとして評価されるようになった。「補完性の原理」もまた住民の意思決定を重視するものであり、国家の権限分与という点でパラディプロマシーと同じ考え方であるといえよう。

2 MLG

マルチレベルガバナンス（Multi-level Governance=MLG）はEUの垂直統合を説明するためのタームである。国家の権限の一部がEUに移譲され、他方で「補完性の原理」によって一部の権限が自治体に委譲されるなか、EUはどのような統治形態によって地域統合を可能としているのかという関心から、EUの統治のありかたに注目が集まった。ここで提示されたMLGという概念は、グローバル化と新自由主義の潮流のなかで、政府の機能を民営化するという世界的な潮流を反映したものでもある。CBCの研究は、国家を挟んでスプラナショナルな地域、サブナショナルな地域として多層的な統治形態を証明するには、うまく適合する事例を提供してきた。INTERREGⅢ・Ⅳ期の制度改革は、このMLGを反映したものといえよう。しかしCBCの実証研究では、EUの意思決定は多層的ではなく、階層性をもたない複合的な決定となっているという点でCBCをうまく説明することができない。さらに、INTERREGの失敗の事例も明らかになってきた。CBCはなぜ成功したのか。なぜ失敗したのか。これらの疑問に対してEUの調査報告ではテクニカルな問題として捉えられる傾向にあるが、実証的なCBC研究では、テクニカルな問題を解決するためにINTERREGⅣで制度化される地域の問題に国家やEUという上位機構が関与する仕組みを取り入れたことをうまく説明できない。

MLGでは、EUの統治構造により関心が向けられるために、地域の側の論理は重視されない傾向にあった。

3 ボーダースタディーズ

EUの統合は、域内の移動の自由を保障するものである。一九八五年に調印されたシェンゲン条約は当初はベネルクス三国とフランス、西ドイツだけで締結されたものであったが、二〇〇四年の旧東欧諸国のEU加盟に際しては、シェンゲン条約は加盟条件となっていた。ヒト・モノ・カネの域内の自由な移動は、他方でテロリストや麻薬・不法移民など安全保障上脅威とみなされるものの越境的な動きをいかに阻止するかという問題と表裏一体をなしていた。すでにEUでは一九九〇年代からイギリスやスペインで大規模なテロが起こっており、テロの防止対策としての国境管理は重要なアジェンダとなった。域内に多く居住するムスリムや社会主義体制が崩壊した東欧から流れ込んでくる難民や不法移民を管理するために、EUは、加盟申請を行っている近隣諸国に対して国境管理を強化するように求めた。これはEUの域外においてEUの基準が適用されるという状況を生み出した。EU加盟を条件とした国境管理の強化は、それぞれの国が従来ビザなしで行き来していた地域の住民を切り捨てるものであり、すでに存在している地域内の関係が分断されることを意味する。

この状況に批判的な研究として登場したのが、ボーダースタディーズ（Border Studies）である。スコット（James W. Scott）によれば、ボーダースタディーズは、グローバル化への対応として国家の管轄する領域が縮小し、国家の権限が低下するなかで、国家が自らの存在を可視的に示すことができるのが国境であるという。したがって現在、国境管理の在り方が大きく変化していることから、国境管理を分析することによって、主権の及ぶ範囲が国境を越えて、拡大していることを明らかにすることができるという。研究対象は、当初は国境からスタートしたが、国境のみならず、経済領域におけるボーダー、社会におけるボーダー、宗教におけるボーダーなどあらゆる境界線を対象とするようになったために、その範囲は政治にとどまらず、社会や文化、経済などの領域を含むものとして考えられるようになった[10]。

このボーダースタディーズの先駆けとなったのが、アメリカ―メキシコの国境における国境管理である。この地域の国境管理が線から面に拡大し、さらに新しいテクノロジーは生物的な個体認証を可能とし、おそらく国境だけでなく、どこにいても管理されるという状況が出現したことにより、本来の国境管理から大きく変化し、ウエストファリアにおける国家の領土性という概念を覆すものという認識である。国境管理が、線から面へと拡大しているのは、ヨーロッパにおいても同様である。不法移民や難民の排除は国境で行われる前に、ビザでスクリーニングされ、EUの領海に入る前に公海上で強制的に追い返される。陸路では、近隣諸国間で再入国協定（readmission）を締結して、不法移民がEU諸国に入国した場合には追い出すという制度のみならず、国境警備に「協力」して国境管理が脆弱な地域には国境警備部隊を派遣する、EU域内に入ったのちもシェンゲン・インフォメーション・システムで監視するという状況である。

ボーダースタディーズは、グローバル化の進展によって経済的な活動領域が既存の国民国家の枠組みを超え、人々の移動も国境線を越えることが日常的となっている現在、主権国家の領域支配が領域を越えて及んでいることを明らかにしてきた。しかしボーダースタディーズは不法であれ、合法であれ、国家主権を浸食されている国にとっての不利益についてはあまり議論しない。それゆえに国境を挟んで形成されるトランスナショナルな関係性の構築については関心がないように見える。[11] 結局、ボーダースタディーズは「国境」をキーワードとして分析・考察を行うために、国家を批判する立場に視点を置かざるを得ず、批判的な研究として成立してもポストウエストファリアへの見通しを提示することはできない。

他方、地域協力の実態に関心を寄せるＣＢＣ研究では、ボーダーによって生み出されるネガティブな側面よりも、ポジティヴな側面を評価する。スコットはＥＵにおいて、越境的な地域化（tansboundary regionalisation）が進展した理由として、制度改革とナショナル、国家、ローカルなレベルで人材が育成されたことを挙げている。それと同時に異なった利害関心を持つ人々を調整するための対話が、越境的な同盟（alliance）を発展させるための前提条件となると指摘している。[12]

おわりに――ＣＢＣ研究の地平

ＣＢＣ研究は、パラディプロマシーからＭＬＧを経て、現在ボーダースタディーズが主流となっている。この研究のパラダイームの変化は、ＥＵのＩＮＴＥＲＲＥＧの変化と同調している。パラディプロマシーでは、国家から自治体への権限移譲が問題であり、ＭＬＧではＥＵの制度化にＣＢＣがいかに適応できるかという問題であった。ボーダースタディーズでは難民や不法移民など人の移動がＥＵの安全保障問題と認識されるようになった結果、国境管理のありかたが問題となっている。他方で、ＣＢＣの現場に視点を置く研究では、一貫してＣＢＣによる地域の変容に関心を寄せてきた。

ＣＢＣの成果は、ＥＵの視点からみればＩＮＴＥＲＲＥＧの目標をどれだけ達成できたかという評価によって測られる。しかし、地域の側からみればＩＮＴＥＲＲＥＧで実施するプロジェクトの期間が六年以内となるために、ＩＮＴＥＲＲＥＧの指標では測ることができない歴史的な関係を克服するための和解や未来に向けての信頼醸成など経済的な指標で示すことができない成果が重要となってくる。こうしたＥＵと地域の側の関心のずれは、ＥＵの域外地域の研究者は敏感であるが、ＥＵ研究者は関心を払わない傾向にある[13]。そのためにＣＢＣ研究はそのままＩＮＴＥＲＲＥＧの研究と同一視されてしまう。

さらに、ＥＵ研究者はＩＮＴＥＲＲＥＧをＥＵのプロジェクトとしてみるために、制度化されたプロジェクトの関係者の力関係や関与の度合いについて検証することはして来なかった。プロジェクトの失敗は計画性の欠如や遂行者の能力不足と見なされ、当事者の責任とされてきた。しかし、問題とされるべきは、アクターの資質ではなく、地域をイメージしてプロジェクトを策定し、遂行するアクターの存在である。主体的なアクターが存在しない「地域」では、ＣＢＣはミーティングの場にはなるが、地域をアクターとして創造していくことができず、プロジェクトは一過性のもので終わる。ＥＵの補助金がなくなればＣＢＣは機能しなくなる。現在、欧州には一八〇を超えるユーロリージョンがあるが、設立以来、活発な活動を続けている地域とほとんど名ばかりに終わってしまった地域に分化している。

どのような条件があれば既存の国境線を跨ぐ「地域」の創造が可能なのか。こうした建設的な議論を行わなければ、国境管理をめぐる議論や排除／包摂の議論から脱却できないのではないだろうか。ＣＢＣ研究は、どのように地域が作られるのかという動的な分析へと地平を広げる時期であろう[14]。

注

（1） 二〇一七年九月一七日、EU委員会はCommission's Communicationとして'Boosting Growth and Cohesion in EU Border regions'を発表した。このなかでEU委員会は、INTERREGの成果を評価しつつも、現在の問題点として、未だに共通の領域政策（Common Territorial Planning）が欠如しているとの評価を行っている。European Commission, 'Communication from the Commission to the Council and the European Parliament: Boosting and cohesion in EU border regions, SWD（2017）307 final'. http://ec.europa.eu/regional_policy/sources/docoffic/2014/boosting_growth/com_boosting_borders.pdf（二〇一八年九月一〇日アクセス）。

（2） チェコスロヴァキアも一九九三年一月一日からチェコとスロヴァキアに分裂した。

（3） 拙稿「ユーロリージョンにおける協調と対立―下位地域協力の拡大とその要因―」『山形大学紀要（社会科学）』第三十巻第二号、二〇〇〇年、三一～三三頁。

（4） ドイツ、ポーランド、チェコの参加国の国境に位置するユーロリージョン・ナイセではチェコで社会主義政権が崩壊した一九八九年一二月直後からCBCをスタートさせる試みが始まっていた。これはINTERREGIの開始よりも早い時期であり、地域のイニシアチブでCBCを開始したといえよう。

（5） 髙橋和・秋葉まり子『EU統合の流れのなかで東欧はどう変わったか：政治と経済のミクロ分析』弘前大学出版会、二〇一〇年、九九～一〇一頁。

（6） Paradiplomacyについては、以下の著書のなかで議論されている。Fransisco Aldecoa and Michael Keating, *Paradiplomacy in Action: The Foreign Relations of subnational Governments*, London: FRANK CASS, 1999.

（7） 地理学の分野はここでは扱わないが、ライプチッヒ地理学研究所では、一九九五年に『ドイツの国境地域における地域』の特集を組んでおり、ユーロリージョン・ナイセの詳細な変化が人口移動などの観点から分析されている。Institute für Länderkunde Laeipzig, *Regionen an deutschen Grenzen: Strukturwandel and der ehemaligen innerdeuschen Grenze und ander deutschen Ostgrenze*, 1995.

（8） 百瀬宏・志摩園子・大島美穂『環バルト海―地域協力のゆくえ―』岩波書店（新書）、一九九五年、百瀬宏編著『下位地域協力と転換期国際関係』有信堂、一九九六年、クラインシュミット・波多野澄雄編著『国際地域統合のフロンティア』彩流社、一九九七年。

（9） Paradiplomacyというタームは、もともとはカナダのケベックやスペインのバスク、カタルーニャにおける「自立」の動きを説明するための概念として登場したが、ローカルな人々が国際社会に直接働きかけ、競争を勝ち抜こうとする動きを意味することばとして使われるようになった。Inaki Aguirre, "Making Sense of Paradiplomacy? An Intertextual Enqiry about a Concept in Seach of a Definition", in Aldecoa, F. and M.Keating, *op.cit.*, p. 205.

（10） James Wesley Scott, "Globalisation and the Study of Borders", *Cross-Border Review Yearbook 2017*, pp. 5-23.

（11） 日本におけるボーダースタディーズは、日本国際政治学会が二〇一〇年に「ボーダースタディーズの胎動」というタイトルで特集を組んでいる。その巻頭文のなかで、岩下明裕は世界のボーダースタディーズの潮流が欧米中心であるために、限界があることを指摘している。日本国際政治学会編『国際政治：ボーダースタディーズの胎動』一六二号、二〇一〇年一二月、二―三頁。

（12） Scott, *op.cit.*, p. 18-19. http://regscience.hu:8080/xmlui/bitstream/handle/11155/1612/scott_globalisation_2017.pdf?sequence=1（二〇一八年八月一七日アクセス）。

James Markus Leibenath, Andreas Blum, and Sylke Stuziermer, "Transboudary cooperation in establishing ecological networks: The case of Germany's external borders," *Landscape and Urban Planning*, No. 94, 2010, pp. 84-93. https://www.sciencedirect.com/science/article/pii/S0169204609001686（二〇一八年八月一七日アクセス）。

（13） James Wesley Scott (ed.), 2006, *EU Enlargement, Region Building and Shifting Borders of Inclusion and Exclusion*, Ashgate. Gabriel Popescu, "The conflicting logics of cross-border reterritorialization: Geopolitics of Euroregions in Eastern Europe," *Political Geography* , No. 27, 2008, pp. 418-438.

https://geopousp.files.wordpress.com/2010/05/geopolitics-of-euroregions-in-eastern-europe.pdf#search=%27The+conflicting+logics+of+crossborder+deterritorialization%3A+Geopolitics+of+Euroregions+in+Eastern+Europe%2C%27（二〇一八年九月一〇日アクセス）。

（14）柑本英雄はスケールジャンピングという概念を使って、地理的空間の変動を説明している。柑本によれば、変動を起こすためには新しい空間をイメージして、そのためにリーダーシップを発揮する存在が不可欠であるという。柑本英雄『EUのマクロリージョン：欧州空間計画と北海・バルト海地域協力』勁草書房、二〇一四年、柑本英雄「サブリージョン分析の新しい潮流―ソフトな空間概念からのアプローチ―」『北東アジア地域研究』第二二号、一一―一七頁。（本章第13章を参照されたい）

また、チェコのＣＢＣ研究を長年続けているホウジヴィチカ（Vaclav Houzvicka）もユーロリージョンの活動に不可欠なものとして、国家間関係が難しくなってきた時にそれに煽られることなく自制をもって対応できるリーダーの存在を挙げている。

国際関係における地域の主体性を扱ったものとして、百瀬宏編著『変貌する権力政治と抵抗：国際関係における地域』彩流社、二〇一二年がある。

第13章

デュアルマンデート（Dual mandate）研究序説

――領域政治からスケール政治のダイナミズムへ

柑本　英雄

はじめに

本章では、スコットランド議会議員（Members of the Scottish Parliament=MSP）と欧州議会議員（Members of the European Parliament=MEP）に見られる特徴的な議席保持の方法「デュアルマンデート（dual mandate）」をとば口として、現在のＥＵの複雑な国際関係を「領域政治の超克」の視点で、どのように理解すればよいのかを提示したい[1]。デュアルマンデートは、スコットランド議会議員の議席を有しながら、地方政府、英国下院、英国上院など、もう一つの議会と同時に二つの議席を保有する状態を指す。すなわち、二つの全く異なった民衆（demos）レベルのマンデート（委任された権限）のことである[2]。

この論文は、筆者が環北海地域や環バルト海地域で議論してきた分析用具クロススケール・リージョナルガバナンス（Cross Scale Regional Governance=CSRG）モデルを[3]、これまで積み残してきた、議会制民主主義に基づく政府間の政治的やり取りの観点から再考する序説的試みでもある。

第1節　ポスト「領域性の再スケール化」の分析にむけて

英国のEU離脱（ブレグジット、Brexit）については、国家間の政治の観点からの考察だけでは、その因果関係の複雑さを明快に説明することはできない。これは後で議論する「領域の罠（territorial trap）[4]」と大きく関係する。ブレグジットのような「統合の浅化と縮小」の意味は、これまでのEUが歩んできた「統合の深化と拡大」とは異なり、自ずと因果関係を説明する手法もこれまでのモデルや理論が有効性を発揮するとは限らない。その因果関係の複雑さを理解するためには、英国という国家と、その他EU加盟国の考察を主に据えることはもちろんであるが、「領域の罠」に陥らないようにするために、スコットランドのような自治政府や、英国のEU離脱による漁業権益の変化に翻弄される可能性のあるアバディーン州などの地方政府と、超国家組織EUとの直接的な政治的やりとりなども考察に取り込んでいく必要がある。これまでのマルチレベルガバナンス（Multi-level Governance=MLG）モデルという、アプリオリに各層の行為体が協力的であるとみなす、ポジティブな言説としての「統合の深化と拡大」の分析ツールではなく、CSRGモデルのような、ある意味で、ネガティブな問題も扱う[5]「スケール間の闘争の視角からの分析」によって「スケール間の政治（politics among scales）」の実態を明らかにしなければならない。

この序説的試論で提起したい問題の所在、リサーチクエスチョンは以下のようになる。まず、第一に、デュアルマンデート研究によって、ブレナー（Brenner）やジェソップ（Jessop）が指摘してきた「領域性の再スケール化[6]」の動態の発現以降に顕著になったスケール間の政治闘争に関して、スコットランドなどのミドルレベルのスケールの新たな役割、すなわち、スケール間の調整についての分析が可能になるのではないかということである。これまで議論されてきた水平的な「領域性（territoriality）」と「領域政治（territorial politics）」に加えて、デュアルマンデート研究によって、垂直的な権限の移行の問題を議論する「スケール性（scalarity）」と「スケール政治（scalar politics）」の概念を議論に導入する。そうすることで、領域性が分析概念として有効であった国境という「水平的な政治的なわばり」の混沌の分析だけでなく、ブレグジットによって顕著になった「政治的なわばりの垂直的重複による混沌」をも有効に検証しうる。ブレグジットのような、EU・英国・スコットランドの政治的意図がぶつかり合い、錯綜する政治の混沌は、ブレナーらが「領域性の再スケール化」と名付けた動態が引き起こした現象である。

筆者がこれまでに構築したCSRGモデルは、このような混沌時に適した分析枠組みであり、闘争や調整の分析に親和性がある。EUレベルの議会の登場やスコットランドレベルの議会の登場、さらには、ブレグジットによって空間の重層性の中での権益対立のあり方が先鋭化した。それによって「なわばり」のありかた、すなわち、領域性を変化させ、解決するべき課題の脱国家化を進展させ、スケール間の政治、すなわち、スケール間のなわばり争いを活性化させたのである。解決されるべき課題群は、国境という境界（territorial boundary）だけでなく、スケールの垂直的境界（scalar boundary）をも超えて発現し始めている。

すでに述べたように、これまで、スケール間の政治をモデル化してきたMLGモデルは、EU統合の「深化と拡大」という平時に親和性がある分析枠組みであり、EU統合の「浅化と縮小」スケール間の闘争が発生する混沌とした時局には有効ではない。それに対比するように、CSRGモデルは、「領域の罠」を回避しつつ、ブレグジットを契機とした領域的統治行為体間のスケール間の闘争を説明する。これまで、環北海地域や環バルト海地域のような「新しいスケール」で繰り広げられてきた政治的駆け引きが、既存の領域的政治分野にも侵食してきており、デュアルマンデートの事例分析によって、スケールを移動する政治家、および、その所属政党のマクロリージョン形成への政治的意図をも敷衍的に検証することが可能となる。

さらに、調整メカニズムとしてのＭＬＧの欠損をどう補うのかとのリサーチクエスチョンも立てることが可能となろう。ＭＬＧ言説自体が実は、国家領域を中心とした領域の罠にはまった言説であり分析態度なのではないかという疑問である。ＭＬＧ的な分析モデルを使うことで、アプリオリに、最適なスケールで政策が実施されることが念頭に置かれ、そして、そのスケール間の政策の棲み分けはポジティブなものであって、利害が衝突するようなネガティブな、あるいは闘争的なものではないとの態度が維持されている。そして、そのスケール間の利害を調整する民主主義的なシステムは存在しないにも関わらず、「誰か」によってそれらは調整されたかのように見えてしまう。[7] このようなスケール間の民主主義をどのように接合するのかの問題点が、「領域性の再スケール化」の議論以降、置き去りにされている。

このような「スケールを超えた民主主義の接合装置」の欠如も、実は、民主主義の赤字（democratic deficit）ではないかとも考えうる。[8] ユーロリージョン・ナイセでは、チェコスロバキア、ポーランド、ドイツの国境を跨ぐ地方政府による協議的組織の設置が試みられた。[9] これは、ナイセ川を挟む三か国の地域が政策調整をする必要から発足した「国境を超えた民主主義の水平的接合装置」である。これと同じように、「スケールを超えた民主主義の接合装置」が必要になっている可能性がある。現在では、ＥＵ、英国、スコットランドというスケール間の調整の方法は、国民（住民）投票に委ねるしか方法がない。[10] すなわち、それは個々人がＥＵ市民、英国国民、スコットランド市民のマルティプルアイデンティティズの中から自ら優先順位をつけてスケールの利害を調整する様式でしかない。

スコットランド議会議員（ＭＳＰ）と欧州議会議員（ＭＥＰ）とのデュアルマンデートを復活させよとの議論は、まさにこの民主主義の赤字を埋める作業ともなる可能性がある。このような国家領域を固定的に考えてしまう「領域の罠」を超える視座が、今後、分析視角の中に取り込まれて行かねば、現状のスケール間の政治を理解し、説明付けることは不可能となる。スケールを超えた機関同士の委任権限の調整や、委任された権限に基づいて出された結論や政策間の調整が、民主主義の赤字をなくす上で重要な作業として浮上する。そして、同時に、デュアルマンデートを有する個々の政治家の中で、二つのスケールの委任権限をどのように制度的に位置づけていくのかも重要となる。

ここをしっかりと規定しておかないと、スケール個々の課題に政党がどのように対処していくのかという点でも曖昧になってしまう。つまり「政党のスケール戦略」がマイナスの方向で表出する可能性を孕んでいる。この扱いを誤れば、これまで議論されてきたのとは別種の民主主義の赤字も発生しうる。例えば、名の通ったスコットランド議会議員が、意図的に州レベルの議会選挙に立候補して当選し、議席を確保した時点でその職を即座に辞し、自党の比例代表名簿の次点候補者に議席を戦略的に渡すような党略的ケースである。

ただ、スケールを跨ぐ委任権限が、「スケールを超えた民主主義の接合装置」という、今後の政治の一つのあり方として認識されていく可能性を考えると、このマイナス部分のみを声高に指摘して、軽々に「赤字」ととらえることには慎重でありたい。このあたりが、本章を「序説」として議論の整理をする理由である。政党政治研究のモデルなどについては、今後の研究課題としつつ、デュアルマンデート研究の中に接合していきたい。そのことによって、政治地理学や地域研究で「国家」をめぐって陥りがちとされてきた、「領域の罠」の概念を援用しながら、国家スケールを中心的に考えていく思考方法に潜む「スケールの罠」的なるものをどのように回避して、国際政治の因果関係を明らかにするのかが、この序説を端緒として解明されなければならないのである。

第2節　英国のＥＵ離脱とスコットランド独立運動

二〇一六年六月に実施されたＥＵ離脱か残留かを問う国民投票で、英国国民はＥＵ離脱を選択した。この離脱は、英国（Britain）の離脱（exit）を意味する合成語でBrexit（ブレグジット）と呼ばれる。統合の深化と拡大を進めてきたＥＵは、欧州石炭鉄鋼共同体（European Coal and Steel Community=ECSC）創設以来、これまでも、フランスのド・ゴール大統領による空席危機やギリシャ、イタリアの財政危機など、さまざまな問題を乗り越えてきた。しかし、今回、直面したのは、加盟国が基本条約そのものから離脱するという選択であった。

これまで、ＥＵについては、経済統合から政治統合に向かう不可逆の言説としての「統合の深化」と、加盟国の増大を意味する「統合の拡大」が使用されてきた。ＥＵにとってブレグジットの危機は、第1節でも述べたように、あえて経済学用語を模して表すなら「統合の浅化」であり、また、「統合の縮小」とも言い表すことができる。

先に述べたように、「スケール間のアイデンティティに序列をつける」選択とも言える国民投票の投票率は七二・二％で四六五〇万人の国民が参加し、離脱派が五一・九％、残留派が四八・一％であった[11]。この選択は、欧州経済共同体（European Economic Community=EEC）への英国の残留を決めた一九七五年の国民投票とは全く異なった結果となった。残留を説くデイビッド・キャメロン首相（当時）率いる与党保守党内部でも、ボリス・ジョンソン前ロンドン市長が離脱を促すなど、混沌とした状況であった。その後、二〇一七年一〇月にテリーザ・メイ首相がブリュッセルでのＥＵ首脳会議に就任後初めて出席し、リスボン条約第五〇条の離脱手続きに基づいて、二〇一九年三月末までにＥＵからの離脱通告をすることが正式に伝えられた。

トニー・ブレア政権の権限移譲政策によって、連合王国を形成するスコットランド、ウェールズ、北アイルランドは独自の議会と政府を持つことが許され、スコットランド議会は、一九九九年に約三〇〇年ぶりに再開された。これは、イングランドの中央集権下に置かれていたケルト民族の地域が、政治的にも自決権を獲得したことを意味する。この権限移譲は、「国民国家の解体」と「英国の政治的・経済的統一の保持」という異なった二つのベクトルを内包していた。(12)

すなわち、英国がEUに残留することを前提とすれば、EUも英国もスコットランドも、マルチレベルガバナンスの統治の中で、ある程度、矛盾することなく、調和のとれた施策がなされるはずであった。しかし、国民のブレグジット選択によって、三自治地域はそれぞれ、全く異なったEUとの関係性を迫られることとなる。スコットランド政府は英国からの独立を勝ち取りながらEUに残留することで独自の政治選択を模索し、ウェールズはイングランド部分との接合の関係で、英国自体との友好な関係を維持していきたい。北アイルランドでは、アイルランドと英国両国のEU加盟によってアイルランド本国との境界が相対化していたが、ブレグジットによって「自由なひとの移動」に制約を設ける陸上EU境界の再絶対化の可能性も孕んでいる。

一方、今回のブレグジットを決めた英国国民投票において、スコットランドでは六二％もの人々がEUへの残留を希望する「ねじれ現象」が起きていた。(13)この結果を受けて、スコットランド国民党を率いるニコラ・スタージョン首席大臣(14)（First Minister、スコットランドの首相に相当）は、第二回スコットランド独立住民投票の準備を進めている。スコットランド国民党は、否決された第一回（二〇一四年）のような単純な「英国からのスコットランド独立」の是非ではなく、加えて、「スコットランドのEUへの残留（あるいは新規加盟）」の政治選択を巧みに結び付け独立運動を主導している。このように、「超国家スケール」、「国家スケール」、スコットランドなどの「権限移譲地域スケール」のそれぞれ異なった政治的意図や、その意図のねじれが明らかになってきたのが、今日の状況である。

第3節　デュアルマンデートとは何か

まず、確認しておかねばならないのは、そもそも「一九九八年スコットランド法（Scotland Act 1998）」では、スコットランド議会議員の選挙候補者について、比例区と小選挙区の両方に立候補してはならないなどの規定はあるものの、デュアルマンデートそのものに関する禁止規定や言及はないことである。[15] そのような法的な根拠を探しながら、この研究の初期段階で、デュアルマンデートシステムについての問い合わせを、スコットランド議会事務局に対して行った。[16] その折、こちら側が問い合わせたデュアルマンデートについて、用語の意味を明確にして欲しいとの確認があった。スコットランドに関連して議会事務局から指摘された可能性は三つであった。ここでは、それらの広義のデュアルマンデートの意味の広がりの可能性を示しつつ、本章における狭義のデュアルマンデートを定義しておきたい。

まず、議会事務局が問い合わせに対して示した可能性の一つは、立法府と行政府の兼職としてのデュアルマンデートである。すなわち、スコットランド議会議員がスコットランド政府の大臣（Cabinet Secretary とその役職をサポートする Ministers）を務めるケースである。これは、「立法府の議員などに与えられる行政府の責任の権能、為政権」という意味でのデュアルマンデートと考えられる。[17] もう一つは、英国議会のような二院制（bicameral structure）の議会の役割を一院構造（unicameral structure）で兼ねるケースである。これは、「立法機関の構造としての委任の二重性（duality）」を一院制のスコットランド議会が有することを指す。三つ目に、本章で扱う、スコットランド議会議員の議席を有しながら地方政府、英国下院なども う一つの議会選挙に出馬し、スコットランド議会の議席と同時に二つの議席を保有するケースがある。「選挙民から議員への二重の委任、負託」という意味でのデュアルマンデートである。

本章では、上記のような広義のデュアルマンデートの中でも、異なったスケールのデーモス（ここでは選挙権を有する民衆。'demos'）に関する二つの議席を有する場合のみを、デュアルマンデートと考え使用していく。すなわち、デュアルマンデートは、二つの全く異なった民衆レベルから選挙を通じて委任された権限のことである。

この現段階で、四点、留意しておかねばならないことがある。一つは、上記のようなマンデートの重複ケースを、北アイルランド議会などでは、かつて、論理的には欧州議会議員（ＭＥＰ）や英国下院議員（Members of Parliament=MP）とのマンデートの三つ以上の可能性があったので、マルティプルマンデート（multiple mandate）と呼ぶ点である。この論文での用語使用方法としては、この北アイルランドのマルティプルのケースも、一時期のＭＥＰとの重複を含めて、いくつ重ねることが可能かという議論を除けば、「選挙民から議員などへの委任、負託」というスコットランドのデュアルマンデートと基本的には同様の趣旨であると考えられる。

二つ目は、法律によるＭＥＰとの重複の禁止規定など、法的制限の意味である。これについては、禁止の時期や欧州市民としての投票権などの議論を今後深めていく必要がある。英国下院についても、北アイルランド、ウェールズでは、デュアルマンデートが禁止されている。[18] スコットランド議会議員（ＭＳＰ）以外にも、ダン・ジャービス（Dan Jarvis）のケースで議論が巻き起こったように、ＭＰとシェフィールド市のような直接選挙の首長のデュアルマンデートも発生しうる。[19]

また、三つ目には、この議論における、デュアルキャンディデイシー（dual candidacy）[20] との違いを明確に意識しておく必要がある。デュアルキャンディデイシーは、当選後の「選挙民から議員などへの委任、負託」とは異なり、デュアルマンデートを受けるためのプロセスとして、切り分けて存在すると考えねばならない。ここで議論するデュアルキャンディデイシーとは、現職の議席を離れずに二つ目のマンデートを受ける「選挙に立候補」することを可能ならしめることである。二つ目の議席に当選後数日など、日数が経過せずにその職を辞せば、形式的には「数日のデュアルマンデート」が発生しているにもかかわらず、デュアルマンデートとは異なったもの、すなわち、デュアルキャンディデイシーとみなすような世論の風潮がある。ここでのデュアルマンデートの特殊性は、ＭＳＰの身分を有したまま、地方議会議員選挙に立候補することができる点である。[21] 民主主義の赤字の部分でも述べたように、地域政党としては、ＭＳＰ現職の有力候補者を彼／彼女ら自らのＭＳＰの議席を犠牲にすることなく立候補させることができる。

さらに、四つ目として、政治経済分野での使用方法があることにも留意が必要となる。米国の連邦準備制度理事会（Federal Reserve Board of Governors=FRB）と連邦公開市場委員会（Federal Reserve Open Market Committee=FOMC）に対して金融政策の運営にあたって課せられている二つの法的使命、「最大限の雇用」と「物価の安定」もデュアルマンデートと呼ばれる。[22] この場合は、「二つの使命」という意味であり、本章で扱う民主的な権能からは離れた概念である。

第４節　デュアルマンデートの議論の背景、限界、展開

第2節で権限移譲について、さらに第3節でデュアルマンデートとは何であるのかを示したので、続いて、デュアルマンデートがこれまで政治的にどのように議論されてきたのかを検証しておきたい。まず、そもそも、このデュアルマンデートが偶発的に出現したのか、それとも意図的に制度化されたのかを検証する必要がある。[23]

ここで言う「意図的」にとは、制度化が意図的に行われた、あるいは認められたことの他に、政治家が意図的にそれを宣言して世論に問いかけるパターンもある。このような複雑な背景を持ちながら、権限移譲のプロセスで制度の中に積み残されたのであれば、これこそがスケール間の利害調整が機能していないという意味で「民主主義の赤字」の発現ではないのかとも考えられる[24]。

「新しい政治空間」としてのEUやスコットランドが登場しても、MLG的に利害の平和的棲み分けが行われ、マンデートが重なることへの「スケール間の闘争」としての「政治的危機感」は乏しかった。単純に一人の政治家が二つの議席を占めてよいのか、議員歳費の問題などからの議論や、「給与の二重取りになるのではないか」など、ジャーナリズム的な否定的見解が、デュアルマンデートをめぐる議論としては主導的であった[25]。デュアルマンデートの扱いは、民主主義の観点の議論というよりは、むしろ、制度的な細かな問題として扱われてきたと言えよう。

ジャーナリスティックな議論、すなわち、議員歳費などの観点からのデュアルマンデートの議論に一石を投じると考えられるのが、シュトルツ（Klaus Stolz）による政治家のキャリアパスの研究である。シュトルツは直接的にデュアルマンデートに関連してキャリアパスを論じたわけではないが、二〇〇三年の論文「連邦制における政治的キャリアパスの研究（Moving up, moving down: Political careers across territorial levels）」の中で、モチベーションとして、今日の州議会議員が連邦議会議員に「キャリアアップ」するという一般的な理解は間違っていることを明らかにした[26]。

シュトルツは、政治の地域化が進み、これまで議論されてきたように政治家のキャリア形成が変化してきたと分析する。通常は、中央と周縁の考え方から、政治家階級が集団的利益に基づいて同じような政治家アイデンティティを意識しながら中央政界を目指すと考えがちだが、現在では地方や地域独自の利益や優先事項が生まれ、地方や地域独自の政治家が登場していると結論付けている。EUレベルの議会の登場や、地方政治家のプロフェッショナル化も、この「政治の地域化」を促進している。[27] このシュトルツの議論こそ、次に検証するように、スケールの混沌の中で、いかに「領域の罠」に陥らないように「スコットランド政治研究」をなしうるのかに重要な視点を与えてくれる。すなわち、スケールのメゾ階層に位置するスコットランド議会議員が、テイラー(Peter J. Taylor)の名付ける「民主主義の容器」[28]と、その同一空間に存在する異なったスケールの「民主主義の容器」を結びつける可能性についての視座である。

今後は、シュトルツの議論にあるように、地方政治のような国家以外のスケールについても「領域の罠」を回避しながら分析を進めていく態度が重要となる。そして、表層の議論や理解ではなく、デュアルマンデートの議論のポイントは、「委任を受けた、選ばれし人(The Elected)」が「選ぶ人(The Electorates)」の複雑な「代議」の負託をどのように制御するのか、あるいは、それ以前に、制御することが許されているのかについての議論でもある。デュアルマンデート研究は、同一空間の、あるスケールの「なわばり」から他のスケールの「なわばり」へ移行する政治家のあり方や、移行後の議席保持の姿勢の目的を明らかにすることで、英国のEU離脱問題など、今後、大きくクローズアップされる「スケール間の政治」と「スケールを超えた民主主義の接合装置」の問題点に切り込み、分析枠組みのアップデートの契機としうる。実際に、さまざまな議論が展開された結果、ウェールズ議会と北アイルランド議会では、法律によってデュアルマンデートに制限を加えている。これらは小選挙区と比例代表制による中選挙区での二重立候補にも踏み込んだ議論であるが、本章ではスコットランドのケースに限定し、権限移譲後のウェールズ、北アイルランドとスコットランドの比較研究は次の機会に譲りたい。

第5節　第五スコットランド議会のデュアルマンデート

ここでは、デュアルマンデートの実際を検証するために、直近の第五スコットランド議会において、デュアルマンデートを有していたスコットランド議会議員（ＭＳＰ）の特徴について検討してみたい。第五スコットランド議会は、二〇一六年五月五日に実施されたスコットランド議会選挙によって選出された代表によって構成される。二〇一七年一二月五日段階で、欧州議会議員（ＭＥＰ）を兼ねた議員は〇人、英国下院議員（ＭＰ）を兼ねた議員が二人、地方議会議員を兼ねた議員が一六人である[29]。この一六人の政党別内訳は、保守党が九人、労働党が二人、スコットランド国民党が四人、緑の党が一人である。

簡単に、このデュアルマンデートの議論に関連する選挙制度について概観しておきたい。なぜなら、マンデートが与えられる民衆のマスの大きさ、すなわち選挙区や、マンデートを託す選挙システムがそれぞれのスケールで異なるので、異なったスケールで完全に同じ民衆や権益からのマンデートとはなっていないことを理解しておかねばならないからである。マンデートの重層性もさることながら、選挙時期によるマンデートのタイミングも、今後、議論していかねばならないポイントとなる。

スコットランド議会では、小選挙区比例代表混合制（mixed-member proportional representation=MMPまたはadditional member system=AMS）が用いられている。選挙民は、二つの票を持つ。一票目は、小選挙区制度（first past the post system）に基づく投票制度である。スコットランド全体が七三の選挙区（Constituencies）に区割りされ、各選挙区から七三人のＭＳＰが選出される。この一票目は、候補者個人宛に投票される。二票目は、比例代表制に基づく投票制度である。スコットランド全体を八つの選挙区（Parliamentary Regions）に分割し、一選挙区から各七人、合計五六人が選出されるこの二票目は、候補者ではなく政党に投票される。政党に割り振られた議席は、政党ごとの候補者リストに従って配分されていく。[30] 表1に示されている「C」が'Constituency'(小選挙の選挙区)の略で、「R」が'Parliamentary Regions'(比例代表選挙区)の略である。詳細な議論は別の機会に譲るが、英国下院議員選挙では小選挙区制が、州や市レベルの地方議会選挙では単記移譲式投票(single transferable vote system)が採用されている。また、EU議会では、スコットランドを選挙区として、比例代表制(party list system)が採用されている。

では、事例として、保守党所属のMSP個々のケースについて検証してみよう。第五期の保守党では、ひとりで別時期に二種類のデュアルマンデートを有していたケースがあるので、九人・延べ一一ケースが確認できる。そして、それらは、三種類のデュアルマンデートに分類できる。

まず一つ目は、単純な地方議会議員との兼務で、地方議会議員の任期切れ時にMSPのみの資格となるケースである(表1の種別①)。選挙でMSPに当選し、地方議会議員の二〇一七年五月四日前後の任期満了の選挙までデュアルマンデートを維持したケースで、J・バルフォア(Jeremy Balfour)、F・カーソン(Finlay Carson)、M・コリー(Maurice Corry)、G・シンプソン(Graham Simpson)、A・スチュワート(Alexander Stewart)に、D・ロス(Douglas Ross)とR・トンプソン(Ross Thomson)とを加えて、七ケースとなる。このケースが一番多く、今後、当事者らにインタビューを実施し、どのような意図で、地方議会議員任期満了までデュアルマンデートを維持したのかについて検証する必要がある。

二つ目は、二〇一六年五月五日のスコットランド議会総選挙以降になんらかの理由でMSPに繰り上げ当選し、州や市などの地方議会運営の事情から地方議会議員を継続した二ケースがある。T・メイソン(Tom Mason)とM・バランタイン(Michelle Ballantyne)の二人がそれにあたる(表1の種別②)。T・メイソンは、

表１　デュアルマンデートの保守党（Scottish Conservative and Unionist Party）所属スコットランド議会議員（第５期：2016年〜）

	議員名	デュアルマンデートの種別と期間	スコットランド議会選挙区（2016年５月５日選挙／2017年６月繰り上げ）	地方議会名（2017年５月４日統一地方選挙、全32地方議会）／英国下院議員　2017年６月８日）
1	Jeremy Balfour	①地方議会議員と約１年。	Lothian（R）	City of Edinburgh Council 2017年５月４日離職
2	Finlay Carson	①地方議会議員と約１年。	Galloway and West Dumfries（C）	Dumfries and Galloway Council 2017年５月４日離職
3	Maurice Corry	①地方議会議員と約１年。	West Scotland（R）	Argyll and Bute council 2017年５月４日離職
4	Graham Simpson	①地方議会議員と約１年。	Central Scotland（R）	South Lanarkshire Council 2017年５月４日離職
5	Alexander Stewart	①地方議会議員と約１年。	Mid Scotland and Fife（R）	Perth and Kinross Council 2017年５月４日離職
6	Tom Mason	②繰り上げ当選後、地方議会議員と継続。	North East Scotland（R）	Aberdeen City Council 継続
7	Michelle Ballantyne	②繰り上げ当選後、地方議会議員と約６か月。	South Scotland（R）Rachael Hamilton が当初（R）で当選したが、2017年６月の MSP（C）補選出馬のため（R）を辞職したため、繰り上げで Ballantyne が2017年５月に当選。	Scottish Borders Council 2017年11月30日離職
8	Douglas Ross	①地方議会議員と約１年。	Highlands and Islands（R）	Moray Council 2017年５月４日離職
9		③英国下院議員と数日。	→ Jamie Halcro Johnston が MSP に繰り上げ当選（議員前職などなし）	Moray（下院選挙区） 2017年６月11日に MSP を離職
10	Ross Thomson	①地方議会議員と約１年。	North East Scotland（R）	Aberdeen City Council 2017年５月４日離職
11		③英国下院議員と数日。	→ Tom Mason が MSP に繰り上げ当選（ケース６を参照）	Aberdeen South（下院選挙区） 2017年６月12日に MSP を離職

（出所）Scottish Parliament, "Scottish Parliament Fact Sheet: MSPs with Dual Mandates（５ December 2017）などに筆者加筆作成。

③のケースで詳述するように、R・トンプソンがMPに当選したときに辞職した北東スコットランド（North East Scotland）中選挙区の比例名簿の繰り上げ当選でMSPとなった。T・メイソンは、その後もアバディーン市の議員の立場を継続し、この第五スコットランド議会でただ一人、デュアルマンデートを継続している（二〇一九年一月現在）。ローカル誌（Press and Journal）のインタビューに答えて、彼が市議を辞任すると過半数を制する与党としての立場を危うくすることもあり、アバディーン市の副市長的役割（Deputy Lord Provost）は辞職するが、三年半後の市議会議員改選時まではデュアルマンデートを維持することを明言した。[31] M・バランタインのケースもこれによく似ていて、中選挙区前任者であるR・ハミルトン（Rachael Hamilton）が二〇一七年六月八日の小選挙区補選に出馬するために中選挙区の議席を離れたことで、繰り上げ当選した。[32] 彼女は、約六カ月間、デュアルマンデートを維持した。

三つ目は、英国下院総選挙で下院議員に当選し、数日、委任期間が重複したD・ロスとR・トンプソンのケースである（表1の種別③）。この二人は、当初、地方議会議員とMSPとを兼任していた時期もあり、別の時期に、①と③の両方を経験している。二人は、MSPの資格を有したまま、二〇一七年六月八日に実施された英国下院の総選挙に出馬して当選した。③については、ともに、数日で、MSPの職を辞しデュアルマンデートを解消しており、[33] マンデートが重複する期間が、実質的な代議の政治活動日としては無いに等しい。これが、すでに指摘した「デュアルマンデート」ではなく、「デュアルキャンディデンシー」と一般的にみなされるケースである。このとき、ハイランド・アンド・アイランド（Highlands and Islands）中選挙区では、D・ロスの転出を埋める形でJ・H・ジョンストン（Jamie Halcro Johnston）が保守党リストから繰り上げ当選し、北東スコットランド（North East Scotland）中選挙区では、R・トンプソンの転出を埋める形でT・メイソンが同党リストから繰り上げ当選している。[34] 比例代表制の中選挙区（Regional）での、このケースのような繰り上げ当選こそが、新しい「民主主義の赤字」として批判が起きる可能性のある部分と言える。

第6節　ディスカッション——権力と領域性、権力とスケール性

では、ここで、アグニュー（John Agnew）の領域性（territoriality）と領域の罠（territorial trap）の議論をデュアルマンデートの観点から検証しておきたい。アグニューは、政治学や国際関係論が「領域の罠」に陥っていると指摘し、国家の内部の多様性について考察できていないと批判した。(35) すなわち、政治学や国際関係論はその支配的な分析ユニットである国家の内実を単純化して認識しているとの批判である。'territorial trap'は「領域の罠」、あるいは、山崎が名づけるように「領土の罠」という訳が当てはまる。(36) 山崎はロバート・D・サックの『人間の領域性—その理論と歴史』の翻訳の中で、領域性を「空間を区切って領域を作り出すことによって、人間の行動や現象の発生を制御する個人や集団の戦略的試み」と訳出している。(37) 本章では、選挙区という領域に区切って、選挙民の行動や現象の発生を制御する個人や集団、とりわけ政党の戦略的試みと読み替えることができる。

アグニューは、空間（space）とは場所の推定される効果やセッティング、あるいは、政治経済的プロセスが発生する場所のことだと議論している。空間性（spatiality）とは、その空間が効果をもたらすときにどのような意味を持つのかということになる。(38) そして、ここでもアグニューは、空間を検証する際に、社会科学者が一つには国家（state）を中心にみて他のスケールを無視していること、二つには構造的（structural）にしか理解していない点で批判する。(39)

本章で議論しているデュアルマンデートは、同一の空間に、異なったスケールの領域性、すなわち、「政治的

なわばり」が重複することで発生するスケール間のやりとりである。ラウスティアラ（Raustiala）が議論するように、ウェストファリア体制の始まりによって国家の領域性に基づいた法的な空間性の概念が導入された[40]。この体制理解は、国家スケールを中心とした説明方法である。ケーラー（Miles Kahler）は、この考え方を進展させ、グローバル化の加速は、領域からの脱却（detachment from territory）を加速させたと述べている[41]。これが本章冒頭で述べた「領域性の再スケール化」の現象である。これによって、ウェストファリアシステムに埋め込まれた静的な、また、単層的な国家のみの領域性ではなく、EUやスコットランドなど新しいスケールの出現と権力の移動による、重層的空間の動的な分析手法が必要となった。すなわち、領域の罠に陥らないコンストラクトビスト的な分析の方法論の導入である。

では、なぜ政治地理学分野の「領域」や「領域性」の概念を国際政治学の分野、特に、スコットランドのような重層的な地域の分析に援用することが有効なのだろうか。山﨑の訳出に依拠しながら、アグニューが指摘する「政治学や国際関係論が陥りがちな学問上の認識論的問題」である、三つの「領域の罠」について、デュアルマンデートの観点から議論を深めてみたい。マトリックスに落とし込む作業で、必要なこととしては、領域の罠が批判の対象とする領域政治（territorial politics）だけではなく、EU領域、スコットランド領域などマルチスケールの視座を導入するため、スケール政治（scalar politics）についてのコラムを増設する点がある。

山﨑はアグニューによる領域の罠の議論を進展させ、沖縄研究や大阪研究からの知見をもとに、「領域性のイデオロギー効果」についてまとめている。彼は、領域性が①視点のそらし、②社会紛争のあいまい化、③権力の具象化という三つの効果を持っていると指摘する[42]。①の「視点のそらし」とは、領域をめぐって管理する側と管理される側がいることで発生する効果のことであり、領域自体を管理する主体としてみなしてしまうことを指す。では、これが、領域政治からスケール政治に展開したときに、どのような変化をもたらすのだろうか。山﨑

表2　領域の罠とスケール間の政治

trap の詳細	territorial politics	scalar politics
①視点のそらし	領域をめぐって管理する側と管理される側がいることで発生する効果。領域自体を管理する主体としてみなしてしまう。	1つの空間がマルチスケール化することで、領域の新たな管理者が登場し、管理者が曖昧化する。そのことで、新たな管理者と旧管理者の間の権力の移行（CSRG）、権力共有（MLG）、権力闘争が構造化する。
②社会紛争のあいまい化	社会紛争の原因が領域間の対立にそらされてしまう。	社会紛争の原因をスケール間の対立にそらされてしまう。逆に、スケール間の政治的問題が社会的紛争の対立にそらされてしまう。
③権力の具象化	領域は①②のように権力を見えにくくするが、同時に、領域の管理者の権威・権力を可視化する効果を持つ。	①②のように、同一空間にスケールが重なることで、誰（どのスケールの政治家）が誰（どのスケールの有権者）の代表者なのかが見えにくくなるが、そのスケール間の利害を調整する民主主義的なシステムは存在しないにも関わらず、「誰か」によってそれらは調整されたかのように見えてしまう（国民投票や住民投票）。

出典：territorial politics　部分は　John Agnew, "The Territorial Trap: The Geographical Assumptions of International Relations Theory," *Review of International Political Economy*, Vol. 1, No. 1, Spring 1994, pp. 53–80、山﨑孝史「境界、領域、「領土の罠」―概念の理解のために―」『地理』第61巻第6号、2016年、88–96頁、Joe Painter, "Geographies of Space and Power," in Kevin R. Cox, Murray Low and Jennifer Robinson eds., *The SAGE Handbook of Political Geography*, SAGE Publications, 2008, pp. 57–72に基づいて作成。scalar politics 部分は筆者作成。

が分析するように、「領域によって人々が管理されると、その領域を作り出した原理を通して特定の社会関係が構築・強化される[43]」ことになり、「空間が権力の源泉[44]」になる。新たなスケールの登場は、その空間に重層的に設定された新領域の新たな管理者を登場させる。重層的なスケール間で、新たな管理者と旧管理者の間の権力の所在が曖昧となり、権力の移行（CSRG）、権力共有（MLG）、権力闘争などが再構築される。すなわち、権力の源泉としての空間を、マルチスケールの行為体がどのように支配するのかが再構築されていく。

ブレグジットやスコットランド独立問題などは、この「視点のそらし」をさらにダイナミックな「罠」に導く。英国国家領域そのものが管理する主体とみなされてきたところへ、EU領域、あるいはスコットランド領域が登場したことで、国家領域自体がこの空間の管理主体ではないことが「管理される側」の有権者にも自覚されるようになる。管理される側が同一のデーモスであり、管理する側がEU、英国国家、スコットランドのように複数存在するのに、その「民主主義的容器」の目的の優先順位を決める方法、すなわち、スケール間の権力構造を規定する民主主義的方法論として、人々は国民投票（住民投票）という方法しか持たない。ここに、デュアルマンデートが二つの、あるいはそれ以上の数のスケールの調整経路となる可能性を秘めている理由がある。
②の「社会紛争のあいまい化」は、領域政治では社会紛争の原因が領域間の対立にそらされてしまうことを指す[45]。スケール政治では、社会紛争の原因をスケール間の対立にそらされてしまう可能性が生じる。また、逆に、スケール間の政治的問題が社会的紛争の対立にそらされてしまうことも生じうる。これらの社会紛争のあいまい化は、マルチスケールの中での選択課題があいまいになり、あるスケールの選挙や国民投票（住民投票）で問われるべき結果が、別のスケールの選挙や国民投票（住民投票）で表出する可能性がある。すでに議論したように、ブレグジットにおけるスコットランドでのEU離脱派が六二％にのぼったことも、そのねじれやあいまい化の証左になる。ここにも、政治の構造的問題が存在し、スケール間の政治の調整弁の必要性が明らかとなる。
次に、③の「権力の具象化」を検証してみよう。領域は①②のように権力を見えにくくするが、同時に、領域の管理者の権威・権力を可視化する効果を持つ[46]。すなわち、これまで、国家スケールの領域管理者としての権威や権力が可視化され効果を表していた。この空間に、マルチスケールの新しい領域管理者が出現することで、領域管理者の混沌が進み、選挙などで争点化される課題が、どの領域管理者の責任によるものなのかが見えにくく

なる。それは、その前段階の、誰（どのスケールの有権者）が誰（どのスケールの政治家）の代表者なのかの混沌にも関連する。このとき、スケール間の利害を調整する民主主義的なシステムは存在しないにもかかわらず、国民投票や住民投票を通じて、「誰か」によってそれらは調整されたかのように見えてしまう。権限を委任された側が、マルチスケールの行為体間で権限の調整を行うシステムを持たず、スケール間の調整を「民衆の判断に戻す」ことしかなされていない。そして、デュアルマンデートのような調整機能は、国家スケールによって芽のうちに摘み取られてしまう。例えば、国家スケールの権力によるデュアルマンデートの禁止は、実は、他スケールへの権力の侵食とも考えられる。

おわりに

本章では、ブレグジット（Brexit）によってEU、英国、スコットランドのような「垂直的な政治的なわばりの混沌」が顕著になって以来、国境などの「水平的な政治的なわばり」の分析、すなわち、これまで議論されてきた「領域性」と「領域政治」だけでなく、垂直的な権限の移行の問題までをも分析の射程におさめる「スケール政治」のあり方を、スコットランド議会におけるデュアルマンデートの検証から「序説」として説き起こした。

第1節では、リサーチクエスチョンとして、ポスト「領域性の再スケール化」とも言えるスケール間の政治的闘争を権力分析に導入しなければならないこと、そして、平和的調整メカニズムとしてのMLGモデルは、その権力分析モデルにはなりえないこと、スケールとスケールの利害を調整する民主主義的なシステムが必要なのではないかということを示した。本章は、今後広がっていく一群の研究の序説の役割を担い、問題点を提起する意味があるので、これらのリサーチクエスチョンに関する議論をすべて回収して結論付けることは難しい。しかし、今後のスコットランド領域分析がどのような視座を持たねばならないのかを考えるヒントにはなろう。

続いて第2節では、英国のEU離脱とスコットランド独立運動が、どのようにスケール間の権力の共有、対立などを生み出すのかについての検証を行った。ここでは、事例により、現在のEUの複雑な国際関係を「領域政治の超克」の視角から、どのように理解すればよいのかを提示した。

さらに第3節で、デュアルマンデートとは何かについての定義を行い、立法府と行政府との関係性、二院制の役割を集約した一院制、選挙民からの負託の二重性など、さまざまな種類のデュアルマンデートについて考察した。さらに、デュアルマンデートとデュアルキャンディデイシーの違いも明らかにした。この定義づけの作業によって、デュアルマンデートが持つ「民主主義の赤字解消のためのスケール政治調整装置」としての可能性についての議論ができた。

第4節では、前節のデュアルマンデートの定義を踏まえ、デュアルマンデートの議論の背景、限界、展開について、シュトルツの政治家のキャリア形成説から検証を行った。ここでは、解決されるべき課題群が、国境という境界（territorial boundary）だけでなく、スケールの垂直的境界（scalar boundary）をも超え発現し始めていることが明らかになり、すべての政治家が国家中心主義的に自分のキャリアを作るのではないことがわかった。

第1節から第4節までの議論を踏まえて、第5節では、スコットランド議会保守党所属九議員の一一のデュアルマンデートを事例に、実際の政党政治においてデュアルマンデートがどのような意図のもとで運用されているのかを考察した。ここでは、まだ「スケールを超えた民主主義の接合装置」としての役割までは担っていないことも明らかになった。

第6節では、アグニューの領域の罠の議論、山﨑の領域性のイデオロギー効果の議論を援用しながら、権力と領域性、権力とスケール性について考察した。政治地理学や地域研究で「国家」をめぐって陥りがちとされてきた「領域の罠」の概念からわかったことは、国家スケールを中心的に考えていく思考方法に潜む「スケールの罠」的なるものを、どのように回避して、ネガティブな問題も扱う「闘争の視角からの分析」によって「スケール間の政治」の実態を明らかにするべきかであった。さらに、そのスケール間の利害を調整する民主主義的なシステムは存在しないにもかかわらず、「誰か」によってそれらは調整されたかのように見えてしまう。このように、スケール間の民主主義をどのように接合するのかが、「領域性の再スケール化」の議論以降、置き去りにされていることが検証できた。ここで注目されるべきことは、国家スケールによって他スケールとのデュアルマンデートが法的に禁止されているケースであった。すなわち、他スケールの民主主義のあり方への国家スケールによる干渉や介入である。今後は、この序説でのリサーチクエスチョンを念頭に置きながら、デュアルマンデートの研究を通じて、スコットランドの領域政治・スケール間の政治についての考察を深めていきたい。

注

（1）我が国におけるスコットランド領域政治研究の嚆矢としては、山崎幹根、力久昌幸の研究がある。山崎幹根『「領域」をめぐる分権と統合―スコットランドから考える』岩波書店、二〇一一年。力久昌幸『スコットランドの選択：多層ガヴァナンスと政党政治』木鐸社、二〇一七年。

（2）スコットランド議会による定義は、以下のようになる。

Dual mandate is the term used to describe those MSPs who, in addition to their seat in the Scottish Parliament, also hold a seat in either the House of Commons (MPs), House of Lords (Peers) or represent a ward in their local council (councillors).

Scottish Parliament, "MSPs with Dual Mandates," available from http://www.parliament.scot/parliamentarybusiness/101080.aspx（二〇一八年六月二五日アクセス）。

（3） Hidetoshi Taga and Hideo Kojimoto, "Toward a New Analytical Framework of Subregions: Cross-scale Regional Governance," in Hidetoshi Taga and Seiichi Igarashi eds., *The New International Relations of Sub-Regionalism: Asia and Europe*, Routledge, 2018, pp. 27–49, Hideo Kojimoto, Yoshitaka Ota and Ann Bell, "The Parallel Evolution of Functional Macroregions and Cross-scale Regional Governance as Emerging Political Instruments in the North Sea Region," in Taga and Igarashi eds., op. cit., pp. 213–227.

（4） John Agnew, "The Territorial Trap: The Geographical Assumptions of International Relations Theory," *Review of International Political Economy*, Vol. 1, No. 1, Spring 1994, pp. 53–80.

（5） James McCarthy, "Scale, Sovereignty, and Strategy in Environmental Governance," *Antipode*, Vol. 37, No. 4, August 2005, p. 732.

（6） 例えば以下に詳しい。Neil Brenner, "Globalisation as Reterritorialisation: The Re-scaling of Urban Governance in the European Union," *Urban Studies*, Vol. 36, No. 3, March 1999, pp. 431–451.

（7） 確かに、北海漁業におけるスケール間の調整に、北海地域諮問委員会（North Sea Regional Advisory Council=NSRAC、現在の名称はNorth Sea Advisory Council = NSAC）などもあるが、これは、選挙という民主主義的な手続きを踏んだ手続きではない。これは利害関係者参加型（stakeholder participation）のガバナンスにあたるものと言えよう。

（8） 日本の衆議院と参議院の場合、権限を委任された二つの機関が異なった答えを出した場合、両院協議会が設置され、この両院の結論の調整が、形式的ではあるにしても図られる。デュアルマンデートの定義の議論で示したように、これは二院制（dual cameras）の民主主義の接合装置なのだが、別の意味として、衆参ダブル選挙で選ばれた二院のケースを除くと、異なった時期の有権者の結論を、時間を超えて接合する意味もある。このような「時間を超えた民主主義の接合装置」の存在価値も意識しておく必要があろう。英国の影の内閣のシステムも、政策に連続性を持たせる意味で「時間を超えた民主主義の接合装置」と考えられよう。

（9） 髙橋和「欧州における下位地域協力：チェコ西部におけるユーロリージョンの活動を中心に」環日本海学会編『環日本海研究』第四号、一九九八年、二八―四四頁。

（10） ＥＵによる新しい地域ガバナンスの方法論としてはＩＮＴＥＲＲＥＧなどがある。これについては、拙著『ＥＵのマクロリージョン：欧州空間計画と北海・バルト海地域協力』勁草書房、二〇一四年を参照されたい。民主主義に関しては、国境域を超えた国家間の民主主義の調整、スケールを超えたスケール間の民主主義の調整、時を超えた民主主義の調整の三つの調整機能を今後、考えていかなければならない。

（11） BBC, "EU Referendum, Results," available from https://www.bbc.com/news/politics/eu_referendum/results（二〇一八年一〇月二九日アクセス）。

（12） 佐藤滋「スコットランド、ウェールズへの財政権限委譲論議の歴史的源流：一九六八～七七年―領域政治の台頭と中央＝地域＝地方財政関係―」『自治総研』通巻三七八号、二〇一〇年、八二―一二三頁。

（13） BBC, supra note 11.

（14） 'Scotland National Party' の訳語については、ＢＢＣ日本語版の翻訳に従い「スコットランド国民党」とする。BBC, News Japan, 英総選挙 スコットランド国民党の副党首が落選 出口調査はＳＮＰ二二議席減と、available from https://www.bbc.com/japanese/40212351（二〇一八年一二月三一日アクセス）。

（15） Scotland Act 1998.

（16） Public enquiries officer, Public Information and Resources, The Scottish Parliament, enquiry by author, e-mail, 2 July 2018.

（17） Scottish Government, "Cabinet and Ministers: The Scottish Cabinet," available from https://www.gov.scot/about/who-runs-government/cabinet-and-ministers/（二〇一八年一二月二六日アクセス）。

（18） 英国下院議員とのデュアルマンデートについては、北アイルランド議会議員は Northern Ireland (Miscellaneous Provisions) Act 2014の Chapter 13で、ウェールズ議会議員は Wales Act 2014の Chapter 29で、それぞれ "MPs to be disqualified from membership of Assembly" と禁止されている。

(19) Guardian, "Is it really such a terrible thing for your MP to have two jobs?" column by Martin Kettle, available from https://www.theguardian.com/commentisfree/2018/mar/29/mp-two-jobs-dan-jarvis-sheffield-mayor-westminster（二〇一八年一一月二〇日アクセス）。

(20) デュアルキャンディデイシーについては、一九九八年に下院のスコットランド委員会（Committee on Scottish Affairs）で議論され、その中で議員M・ムーア（Michael Moore）による「もし、下院議員が大挙してスコットランド議会に立候補して押し寄せたらどうなるのか、歓迎されるのか」との質問に対し、参考人C・K・E・ライト（Canon Kenyon E Wright）が次のように発言している。

While the Convention undoubtedly proposed that there should not be a dual mandate except maybe for an initial period of overlap, that is not in the Bill. As you know it is left to the political parties.

UK Parliament, "Scottish Affairs - Minutes of Evidence, Examination of Witnesses (Questions 20-39), 13 January 1998," available from https://publications.parliament.uk/pa/cm199798/cmselect/cmscotaf/460-i/460i04.htm（二〇一九年二月一七日アクセス）。

(21) 日本では、地方自治法第九二条で「普通地方公共団体の議会の議員は、衆議院議員又は参議院議員と兼ねることができない。」として、地方議会議員と国会議員との兼職は禁止されている。

(22) Financial Times, "The case for a 'dual mandate'," opinion by Samuel Brittan, available from https://www.ft.com/content/4d6eb494-06fc-11dd-b41e-000079fd2ac（二〇一八年一一月二〇日アクセス）。

(23) デュアルマンデートについては、一九九九年のスコットランド議会再設置前からすでに議論が行われている。UK Parliament, supra note 20. 法制度上の問題については、別の機会に詳しく議論したい。

(24) Scotland Act 1998, Jean McFadden, *Public Law Essentials* (*Scottish Law Essentials*), Dundee University Press, 2007.

(25) 実際には、スコットランド議会事務局によって、給与が二重取りにならないように綿密な計算が行われている。デュアルマンデートの議員の給与について、英国下院議会情報局の報告書によると、英国下院議員の給与は満額で支給されるが、他の議会議員としての給与は満額の三分の一に減額される。UK Parliament, House of Commons Information Office, "Members' Pay, Pensions and Allowances: Factsheet M5 Members Series（revised May 2009）"p. 4.

（26） Klaus Stolz, "Moving up, Moving down: Political Careers across Territorial Levels," *European Journal of Political Research*, Vol. 42, No. 2, March 2003, p. 223.

（27） *Ibid.*, p. 224.

（28） Peter J. Taylor, "The State as Container: Territoriality in the Modern World-System," *Progress in Human Geography*, Vol. 18, No. 2, June 1994, pp. 151–62.

（29） Scottish Parliament, "Scottish Parliament Fact Sheet: MSPs with Dual Mandates（5 December 2017）," available from https://www.parliament.scot/parliamentarybusiness/101080.aspx（二〇一八年六月二五日アクセス）。紙面の関係で、スコットランド議会第一期から第五期全てのデュアルマンデートの詳細な分析については、次の機会に譲りたい。

（30） Scottish Parliament, "The Electoral System for the Scottish Parliament," available from http://www.parliament.scot/gd/visitandlearn/Education/162 The Electoral System for the Scottish Parliament 85.aspx（二〇一八年一二月三一日アクセス）、Scotsman, "The Scottish Parliament Voting System（AMS）Explained," available from https://www.scotsman.com/news/the-scottish-parliament-voting-system-ams-explained-1-4117455（二〇一八年一二月三一日アクセス）。

（31） Press and Journal, "Newly-elected MPs Formally Quit Holyrood Roles," available from https://www.pressandjournal.co.uk/fp/news/politics/westminster/1266778/newly-elected-mps-formally-quit-holyrood-roles/（二〇一八年一二月三一日アクセス）。

（32） BBC, "MSP Michelle Ballantyne Resigns from Scottish Borders Council," available from https://www.bbc.com/news/uk-scotland-south-scotland-42225507（二〇一九年二月二六日アクセス）。

（33） BBC, "Scotland Election 2016, Highlands and Islands, Scottish Parliament Region, Results," available from https://www.bbc.com/news/politics/scotland-regions/S17000011（二〇一八年一二月三一日アクセス）、Financial Times, "Death of MSP leaves big gap," available from https://www.ft.com/content/a978b72c-fdf4-11dd-932e-000077b07658（二〇一八年一二月三一

日アクセス)、Scottish Parliament, "Scottish Parliament Fact Sheet: Cumulative List of MSPs by Party, Session 5 (7 March 2018)," available from http://www.parliament.scot/ResearchBriefingsAndFactsheets/Cumulative_List_of_MSPs_by_Party_S5.pdf(二〇一八年六月二五日アクセス)。

(34) Scottish Parliament, "Scottish Parliament Fact Sheet: Cumulative List of MSPs by Party, Session 5 (7 March 2018)," available from http://www.parliament.scot/ResearchBriefingsAndFactsheets/Cumulative_List_of_MSPs_by_Party_S5.pdf(二〇一八年六月二五日アクセス)。

(35) Agnew, supra note 4、山﨑孝史「境界、領域、「領土の罠」―概念の理解のために―」『地理』第六一巻第六号、二〇一六年、九一頁。

(36) ただ、本論文では、山﨑が念頭に置く「国家領域」ではないので、「領土」ではなく「領域」とする。

(37) 山﨑、前掲論文(脚注三五)、八九頁、ロバート・D・サック(山﨑孝史訳)「人間の領域性―その理論と歴史 第二章領域性の理論」、『空間・社会・地理思想』第一一号、二〇〇七年、九二―一一〇頁。

(38) Agnew, supra note 4, at p. 55.

(39) Ibid.

(40) Kal Raustiala, "The Evolution of Territoriality," *International Studies Review*, Vol. 7, No. 3, October 2005, p. 515.

(41) Miles Kahler, "The State of the State in World Politics," in Ira Katznelson and Helen V Milner eds., *Political Science: The State of the Discipline*, New York: W.W. Norton, 2002, pp. 84-117, Miles Kahler and Barbara F. Walter, eds., *Territoriality and Conflict in an Era of Globalization*, Cambridge: Cambridge University Press, 2006.

(42) 山﨑、前掲論文(脚注三五)、九〇―九一頁。

(43) 同右、九〇頁。

(44) 同右。

(45) 同右、九一頁。

(46) 同右。

第14章

東アジアの越境地域協力（CBC）――〈周縁〉の国際行為体化

中山　賢司

はじめに

本章では、冷戦終焉後に東アジア（東北・東南両アジア）の沿岸域で深化・拡大してきた「越境地域協力（Cross-Border Cooperation＝CBC）」に焦点を当て（図1）、その政策空間が持つ国際行為体性を考察してみたい。具体的には、東アジアのＣＢＣが、欧州ＣＢＣのような地理的に可視化された場所ベース（place-based）のリージョンとは異なり、〈周縁〉をめぐる多様な行為体によって間主観的に構築されるネットワーク・ベース（network-based）のリージョンであることを論じる。ここでいう〈周縁〉とは、単なる場所的概念としての「周辺（periphery）」の意にとどまらず、国際関係の主流から排除された「境界＝際（marginal）」的な関係（マイノリティ、格差、環境など）としての概念を指す(1)。その意味において、東アジアの沿岸域で浮上してきた東アジアＣＢＣは、歴史的、地理的には「周辺」の地域協力であるが、同時に、〈周縁〉をめぐる様々な行為体と争点の異種混交（ハイブリッド）によってネットワーク状に構築されてきた地域協力といえる。したがって東アジア

図1　東アジアCBCとその政策空間：脱境界化下位地域（transborder subregion）

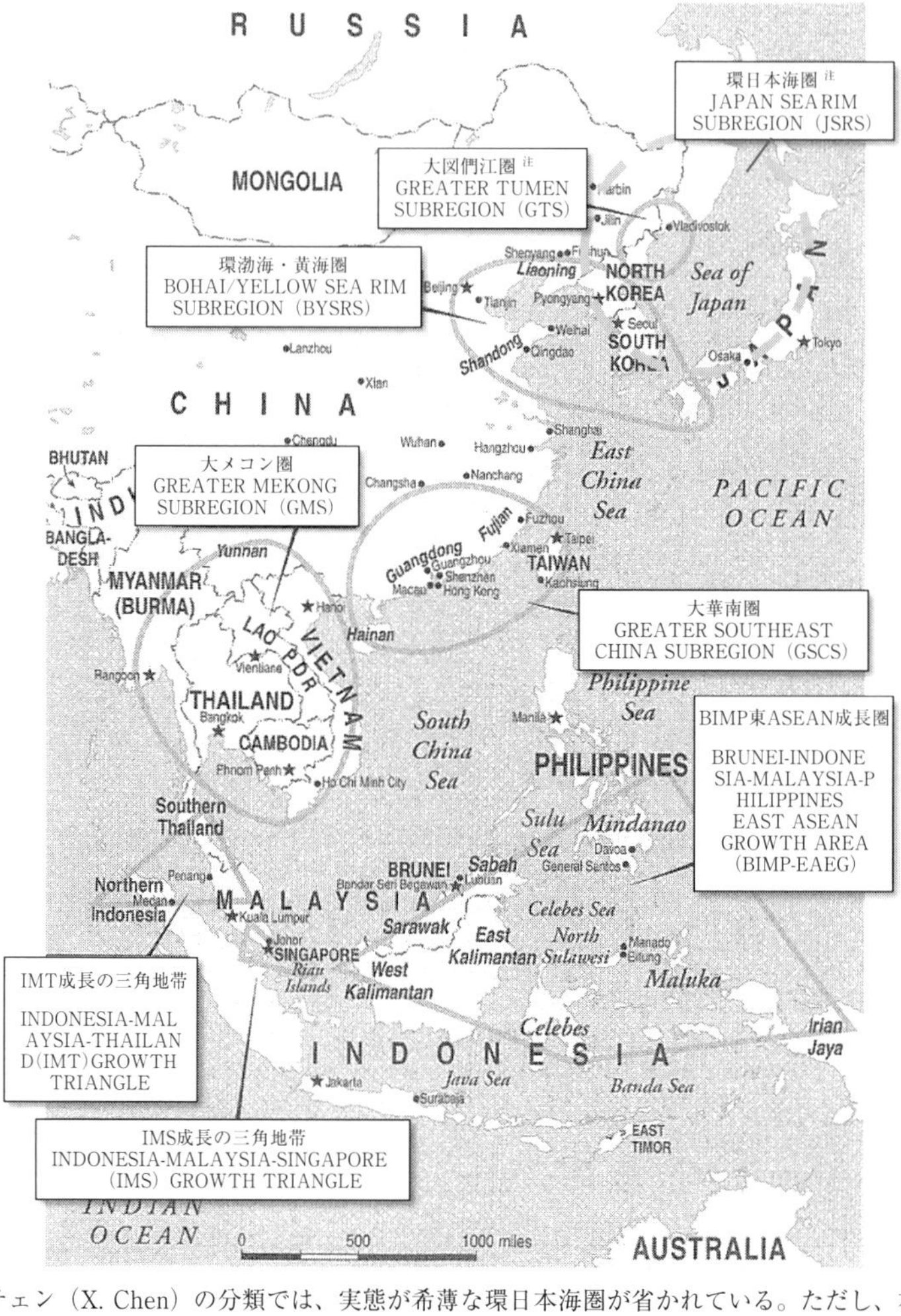

注：チェン（X. Chen）の分類では、実態が希薄な環日本海圏が省かれている。ただし、本章では主要な考察対象とするため、環日本海圏も点線で追記した。なお、大図們江圏は環日本海圏に含めて整理した。大図們江圏は2005年に対象地域を拡大したが本図では反映していない。

出所：Xiangming Chen, 2005. *As Borders Bend: Transnational Spaces on the Pacific Rim*, Lanham: Rowman and Littlefield Publisher, 2005, pp. 11に加筆と修正を施した。

図2　領域性の再編と脱境界化下位地域（transborder subregion）

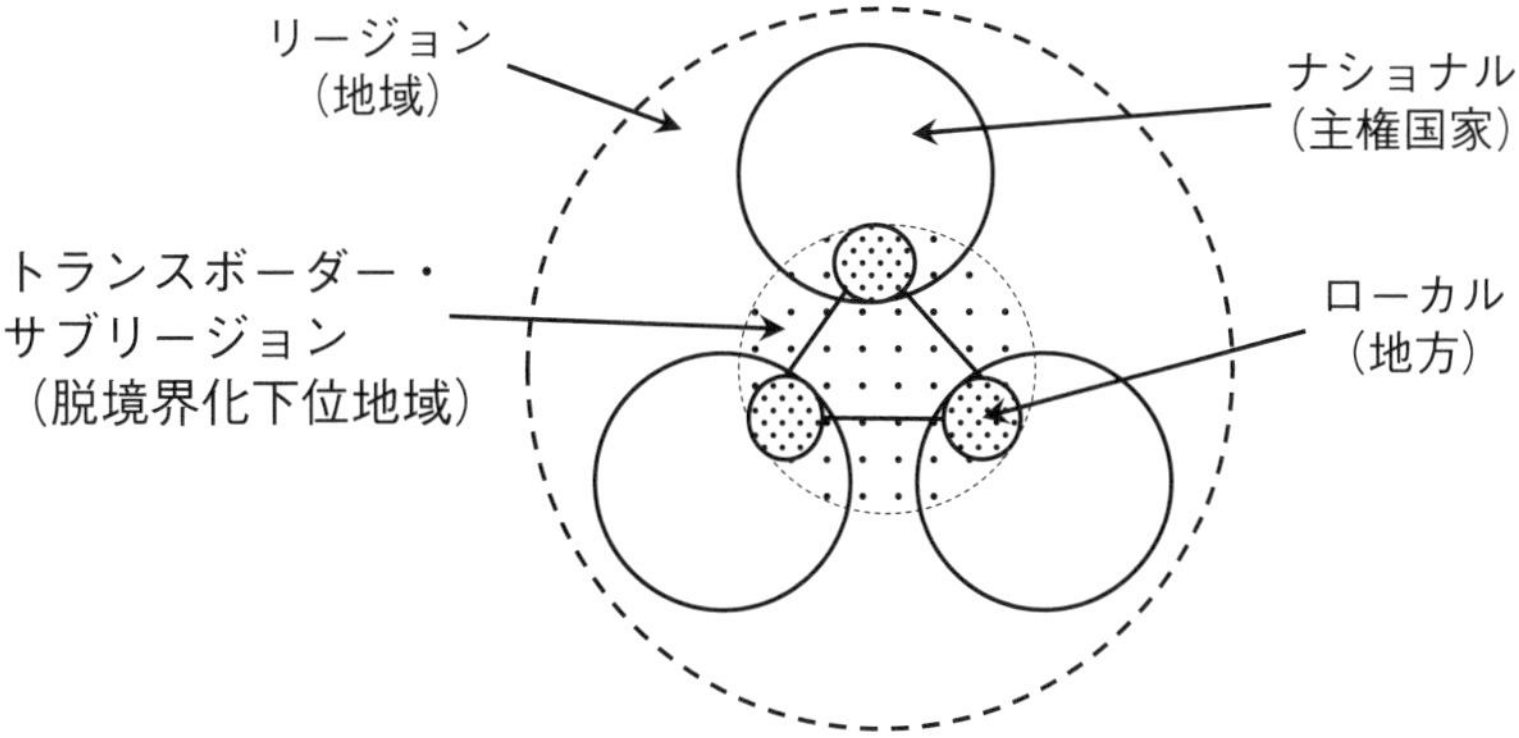

注：本図は東アジアCBCが持つダイナミズムを概念図として示したものである。実線で示した領域がナショナル（主権国家）、ローカル（地方）はその中に収まるものとして制度的存在論の次元から図示した。リージョン（地域）とトランスボーダー・サブリージョン（脱境界化下位地域）は生成途上にあり、東アジアでは現時点において明確に確定し得ないため破線で示した。

出所：筆者作成。

ＣＢＣは、従来の国際秩序の基本にあった領域性と検証単位のあり方に修正を迫るダイナミズムのケースとして期待される（図2）。

実際、東アジアでは一九八〇年代後半以降、域内貿易を中心とした相互依存の深化と連動して、国境を跨ぐ複数の沿岸域で「局地経済圏（Subregional Economic Zones=SREZ）」が生成されてきた。[2] ＥＵ（欧州連合）やＮＡＦＴＡ（北米自由貿易協定）のような国家レベルの制度化された地域圏に先行して、事実上（de facto）のＳＲＥＺがグローバル市場と連動しながら浮上してきたことは、経済の発展段階と政治体制が大きく異なる東アジアの特徴といえる。[3] このように国家内部のより小さな単位（地方政府・地場企業・民族など）が主体となって「脱境界化下位地域（transborder subregion）」[4] を創生していくプロセスが、東アジアＣＢＣに他ならない。それは、経済のグローバル化（globalization）と、国民経済や国境の存在には画されない地域化（regionalization）という二つの異なった動きの合成ベクトルともいえる。換言すれば、東アジアの〈周縁〉で進行する「境界線の開放と再画定（de- and re- bordering）」[5]、「再地図化（remapping）」[6]、「脱領域化と再領域化（de- and re- territorialization）」[7]の具体像といえるだろう。

だが、東アジアＣＢＣといっても事情は多様である。ＳＲＥＺの経済実態や生成メカニズムも一様ではない。依然として経済の離陸の動きが見られない構想段階にとどまるものもある一方で、経済圏として離陸したケースでも、地理的近接性などを根拠とした自然発生的な生産ネットワークと捉える向きも強い[8]。他方で、中央政府や国際機関による上からの地域開発（計画）に過ぎず、〈周縁〉に固有の自律性と主体性は脆弱という見方も根強い[9]。主権国家の歴史が浅く、領域性の保全ないしは強化が最優先課題となる東アジアでは[10]、ＣＢＣも国家の対外戦略と無関係ではなく、国家間の権力政治のツールないしは経済的な利益追求の枠組みと見なされる傾向にある。

このように見ると、東アジアＣＢＣとは、国家中心の秩序体系が〈周縁〉にも浸透する「〈中心〉による階層化」という力学と、従来の政治的境界を流動化ないしは再画定化する「〈周縁〉の行為体による主体化」という力学とがせめぎ合うフロンティアにあるといえよう。はたして東アジアＣＢＣは、国家中心の地理的空間に〈周縁〉の非国家行為体が参加するだけの入れ子状の政治的現象に過ぎないのか、それとも、従来の国家中心の国際社会体系を変動させるものなのか。

かかる問題認識を念頭に、本章ではまず、東アジアＣＢＣの実像であるＳＲＥＺを俯瞰し、記述・推論を通じて特性把握と課題の抽出を行う。次に、経済の離陸をみた環黄海圏（Yellow Sea Rim Subregion=YSRS）と、依然として経済の離陸がみられない環日本海圏（Japan Sea Rim Subregion ＝ JSRS）とを対比させながら事例検証を行う。以上を踏まえ、東アジアＣＢＣの特徴と意義を、近年の動向にも目を配りつつ炙り出す。これにより、〈周縁〉をめぐる多様な行為体による新たな平和構築の方法論を提示してみたい。

第1節　東アジアＳＲＥＺの発展段階とマルチ・ステークホルダー

1　発展段階

ＳＲＥＺは、四つの発展段階（①国境貿易、②委託加工、③直接投資、④現地化）に合わせて類型化できる。中心・周辺の枠組みで説明すれば、次の通りである。[11]①国境貿易とは、国家間の貿易制度が未整備の実態で、国際貿易が萌芽的もしくは発展前の交易である。企業が国境を挟んで人の移動とともに商取引が行われているだけの状態をいう。②委託加工とは、中心の企業が部品・原材料の一切、場合によっては機械設備も周辺地域に輸出し、現地生産に関する指導者を送り、そこで加工組み立てを行い、加工賃だけを支払って、製品は全て中心の企業が販売するという生産・貿易形態をいう。③直接投資とは、株式投資を除く長期投資を意味する。このモデルでは、企業が周辺企業の経営権を実質的に取得し生産から国内・輸出までの販売を手掛ける。中心に位置する企業の経営管理の下で周辺企業は包括的に製販事業を展開する。販売を目的とする支店網の開設、現地生産法人の設立、既存の現地企業への出資・買収、合弁事業方式などの方法がある。④現地化は、部品や原材料の生産も含めた生産及び販売までの事業全体を現地法人に移転する。現地法人は生産・販売面で親企業から独立した経営を展開する。したがって、中心に対し周辺は自律的な機能を発揮する。

このモデルに沿って、東アジアＳＲＥＺの発展度合いを比較考察してみよう。[12]ここでは統計上の制約により経済データに基づく実証分析は困難であることから、記述・推論による概要把握にとどまる。

東アジアの中で最も早く台頭したＳＲＥＺが、香港、台湾、中国の広東省、福建省、海南省に広がる「大華南圏（Greater Southeast China Subregion=GSCS）」である。一九八〇年代前半、中国経済が改革開放路線に転じ市場経済体制への移行が進む中で、経済特区（深圳、廈門など）、沿海一四都市（上海など）、沿岸デルタ（珠江デルタなど）などが開放地域に指定された。これを機に、香港企業が後背地にある珠江デルタへと急速に進出し、委託加工や直接投資が拡大していく。香港経由による中継貿易という形態を取らざるを得なかった台湾企業も、米中国交正常化に後押しされる形で、対岸の福建省（廈門など）との直接貿易や投資などを活発化させていく。[13] 言語、血縁を媒介とした華人のネットワークがその促進役を担った。こうして大華南圏はグローバル経済との相互依存を一段と深め、中国沿岸経済として一体化していった。東アジアの一大生産拠点へと発展した大華南圏は、早い時期から第四段階に達しており、ＳＲＥＺのモデルとみなされてきた。

次に、一九九〇年代に東南アジアで浮上してきたのが、シンガポール、マレーシア・ジョホール州、インドネシア・リアウ諸島州からなる「ＩＭＳ成長の三角地帯（Indonesia-Malaysia-Singapore Growth Triangle=IMS-GT）」である。ＩＭＳ−ＧＴは一九八九年、シンガポールによって提唱され、構成地域の頭文字をとってＳＩＪＯＲＩ（Singapore-Johor Baharu-Riau）とも称される。高度な産業基盤を有するも生産要素が限界に達したシンガポールが、安価で豊富な労働力や土地をもつマレーシア・ジョホール州、インドネシア・バタム島を含むリアウ諸島州との相互補完関係を活かしてその経済領域を外延的に拡大しようとした。[14] その後、バタム島におけるバタミンド工業団地開発が進み、同地域への投資が急拡大すると、大華南圏に次ぐＳＲＥＺへと成長していく。二〇〇〇年代半ば頃から中国経済の台頭を受けて企業撤退が相次ぐが、近年、マレーシア・ジョホール州の一部からなる巨大都市開発プロジェクト「イスカンダル開発計画（二〇〇六〜二五年）」が進んだことで、投資が再び活発化しつつある。[15] インドネシア・リアウ諸島州にも、米中貿易摩擦の影響を受けて、新たな投資の波が訪れているという。[16] ＩＭＳ−ＧＴ（ＳＩＪＯＲＩ）もグローバル経済との連動性を強め、第四段階に達したとみてよいだろう。

インドシナ半島のメコン川流域に広がる「大メコン圏（Greater Mekong Subregion=GMS)」も一九九〇年代に浮上してきたＳＲＥＺである。ＧＭＳは、タイ、ラオス、カンボジア、ベトナム、ミャンマー、中国の雲南省、広西チワン族自治区などに広がる大陸の広域圏であり、アジア開発銀行（ＡＤＢ）が主導する経済協力プログラムとして一九九二年に始まった。域内の輸送インフラ整備による連結性の強化に重点が置かれ、南北経済回廊、東西経済回廊、南部経済回廊などが整備されてきた。ソフト面でも越境交通協定（ＣＢＴＡ）が締結され、車両の相互乗り入れなど通関手続きの合理化・簡素化に向けた動きが進んでいる。[17]とくに中国・雲南省、広西チワン族自治区などとの連動性を強めており、第一段階から第二、第三段階へと向かいつつある。今後、中国のユーラシアを交通インフラで結ぶ地域発展戦略「一帯一路」の影響が、隣接するメコン川流域にも影響を及ぼす可能性があり、地域の境界がさらに流動化していくと思われる。

東北アジアに目を移せば、日本の九州・山口地域、中国および韓国の黄海沿岸地域に広がる「環黄海圏」が目を引く。一九八〇年代半ばから中韓貿易が急増し、中韓国交正常化後の一九九〇年代前半には韓国企業が中国の山東省、吉林省で委託加工生産をするケースが増えてきた。とくに一九八九年以降は、韓国の対中投資も増えている。[18]環黄海圏は一九八〇年代半ばから第一、第二段階を経て、一九八九年以降、第三段階に移行し、より広域経済圏に包摂されたと考えられる。[19]一九九二年の鄧小平による南巡講和以降、一段とグローバル経済との相互依存を深める中国経済の歩みと同様に、環黄海圏もグローバル経済と一体化していった。

他方で、日本の日本海沿岸地域、中国東北部、韓国、北朝鮮、ロシア極東地域、モンゴルなどに広がる「環日本海圏」も一九九〇年代に注目を集めた。一九八〇年代末、ソ連（当時）のペレストロイカによる極東地域の対外開放計画を機に、ソ連の天然資源、中国と北朝鮮の安価な労働力、日本と韓国の資本力と技術力を相互補完的に組み合わせた環日本海経済圏構想が浮上した。だが環日本海圏は、現時点においても第一段階にとどまっている。上述したように、ＳＲＥＺの離陸のための条件は、第一に、グローバル経済及び広域経済との相互依存の拡大、第二に、こうした経済成長を支援する政策面での支援が不可欠であることを考えれば、極東ロシア、北朝鮮といった日本との国交が樹立していない国家間関係が存続するこの地域においてグローバル経済の浸透、国家主導の政府間協力は困難な状況にあるといえる。

2　マルチ・ステークホルダー

ＳＲＥＺは自然発生的な経済圏のように見えて、実際には、国家や国際機関、地方政府などによる公式・非公式のさまざまな支援体制や開発政策がある。そこで次に、ステークホルダー（利害関係者）という観点から、各ＳＲＥＺの生成プロセスの特徴を抽出しておきたい（表１）。

まず大華南圏は、前述した通り、華人ネットワークを媒介に、市場主導で生成した経済圏である。背景には、中国と台湾の政治的対立により両岸関係の公式な協定締結が困難であったこと、また中国側が香港や台湾との経済関係を地方振興策としていたことなどが挙げられる[20]。しかし、二〇〇八年に台湾で馬英久政権（国民党）が誕生すると、大三通（通商、通航、通郵）が積極的に推進され、二〇一〇年、中台間の自由貿易協定に相当する「両岸経済協力枠組協定（Economic Cooperation Framework Agreement=ECFA）」が公式に締結された。蔡英文政権（民進党）が誕生した二〇一六年以降も、おおむね現状維持が続いている。市場主導で生成した大華南圏も、政府間での公式な合意に基づく政策的な支援が加わったとみてよいだろう。

他方で、ＩＭＳ－ＧＴ（ＳＩＪＯＲＩ）は、出発の段階から政府レベルでの協力合意に沿った公式な経済圏という要素が強い。シンガポールのゴー副首相（当時）がＩＭＳ－ＧＴ構想を発表した翌一九九〇年、シンガポールとインドネシアとの間で「リアウ州開発のための経済協力協定」「投資促進保護協定」などが締結された。翌

表1　東アジアSREZにおけるマルチ・ステークホルダー

ステークホルダー / SREZ	華人ネットワーク	企　業	地方政府	中央政府	国際機関
大華南圏（GSCS）	◎	◎	△*	○	
成長の三角地帯（IMS-GT）	○	○	○	◎	
大メコン圏（GMS）	○	○	○	○	◎
環黄海圏（YSRS）		○	◎	○	
環日本海圏（JSRS）		○	◎	△**	○

注：◎は主導的役割、○は関与的役割を示す。△*は中国が台湾を地方政府と位置付けているため。△**は日本の中央政府が積極的な関与をしていないため。
出所：筆者作成。

九一年には三国それぞれの首脳会談において合意がなされ、一九九四年、大臣レベルでの協力に関する覚書締結へと至る。[21]二〇〇六年に発表された「イスカンダル開発計画」も、政府による地域経済開発のひとつである。

ＧＭＳも市場主導の経済圏というより、ＡＤＢという国際機関が推進した公式な広域開発プロジェクトという色彩が強い。一九九二年から二〇〇七年までに約一〇〇億ドル、二〇〇八年から二〇一二年に約二二〇億ドル、二〇一四年から二〇一八年に約三〇〇億ドルが投じられ、現在では、二〇一八年から二〇二二年の期間で、二二七の事業、約六六〇億ドル規模の投資が計画されている。[22]近年では、ＡＤＢのほかにも様々な国際枠組みが乱立し、「メコンコンジェッション」とも称される状況が生じている。「残された東アジアのフロンティア[23]」をめぐって、日本と中国を中心に投資競争が繰り広げられている。

以上のＳＲＥＺと対照的に、環黄海圏と環日本海圏で大きな役割を果たしたのは、地方政府（日本では地方自治体）であった。中国の改革開放が本格化する一九九〇年代以降、経済の相互依存が深化する中で、とくに地場企業の国際展開を期待する日本の地方自治体が旗振り役となって対岸交流を推進した。冷戦終焉後も政治的対立が続く中で、投資や商取引のリスクを伴う企業の越境活動へのハードルが高かったことなどが経済的な要因である。他のＳＲＥＺに見られた華僑などの強力なネットワークがないことも一因であった。

だがその後の展開をみると、環黄海圏はグローバル経済との相互依存を強め、拡大と深化を見せたのに対し、環日本海圏では依然として経済が離陸する動きは見られない。日本政府の環日本海圏への政策対応が消極的であり、対照的に環黄海圏では、地方政府の動きが先行し、それに呼応して関係国の政府機関が支援に乗り出している。このように見てくると、SREZの離陸のためには、国際機関、国家、地方政府などマルチ・ステークホルダーによる支援体制とその連携が不可避であるように思われる。以下では、環黄海圏と環日本海圏をケースに、より具体的な考察を行いたい。

第2節　環黄海圏CBCの事例検証

環黄海圏を結びつけ一つの経済圏を描く構想は一九九〇年代初頭、北九州市のシンクタンク「国際東アジア研究センター」が提唱した[24]。これを受け、北九州市は一九九一年、環黄海圏の都市間協力のシステム構築を図るため、下関市と協力してそれぞれの姉妹・友好都市に呼び掛け、「環黄海圏都市会議（The Pan Yellow Sea City Conference=PYSCC）」を創設した。参加都市は北九州市、下関市、中国・大連市、青島市、韓国・仁川広域市、釜山広域市の三カ国六都市で、「知識人会議」と「経済人会議」を設けた[25]。翌九二年の中韓国交正常化を機に、「市長会議」が九三年からスタートし、行政レベルの都市間ネットワークへと発展した。会員都市も中国の天津市、烟台市（九四年）、韓国の蔚山広域市（九七年）、福岡市（二〇〇〇年）が加わり、一〇都市へと拡大した。この間、環境保全セミナーや青少年スポーツ交流、経済交流、研究機関交流会議などの共同事業を実施してきた。とりわけ北九州市による大連市の環境保全計画への協力事業などで実績を残した[26]。

二〇〇〇年代に入ると、中国経済の急成長やWTO加盟、韓国の規制緩和や日韓FTAの動きなど、環黄海圏をめぐる経済関係の深化や市場の拡大が加速する中で、都市間交流の推進母体としての機能強化が求められていく。これを受け、「国際東アジア研究センター」を核に会員各都市の研究機関で構成する研究部会が設置され、二年間の検討期間を経た二〇〇四年、第五回市長会議で「東アジア経済交流推進機構（The Organization for the East Asia Economic Development=OEAED）」が創設された[27]。市長会議と経済人会議との連携強化を狙いに、各都市市長及び商工会議所会頭による「機構会議」、各都市及び商工会議所の幹部で構成される「執行委員会」などが設けられた。事業遂行部門には、四つの部会（国際ビジネス、環境、ロジスティクス、観光）と「部会事業推進本部」が設置された。重点課題として、①地域限定版「東アジアFTA」の創設推進、②環黄海環境モデル地域の創出、③ニュービジネス創出システムの構築、④環黄海観光ブランド戦略の展開、⑤技術交流・人材育成プラットフォームの形成などを掲げ、各部会において個別のプロジェクトを進めている。二〇一五年には熊本市も加わった[28]。

こうした地方政府主導の動きに呼応する形で、日中韓三カ国の国家機関も支援体制を敷いていく。その一つが「環黄海経済・技術交流会議」である。日本からは経済産業省九州経済産業局、韓国からは産業通商資源部、中国からは商務部と科学技術部などがコミットし、環黄海圏における経済・技術交流の一層の緊密化を図っていく。関係政府機関、地方政府、経済団体、企業、研究者等が一堂に集い、環黄海圏の相互発展の在り方、相互交流の円滑化と拡大方策などを協議することにより、マルチ（複数）な交流ステージを確立することに狙いがある[29]。

二〇〇一年に福岡市で第一回会議が開催されて以降、毎年、各国持ち回りで運営されている。主な成果としては、企業間交流を推進するためのビジネス商談会の開催やミッション派遣、環境分野での日韓クラスター間のMOU締結を通じた交流協力（九州地域環境・リサイクル産業交流プラザ、韓国産業団地公団ECO事務局）、大学問交流における大学保有特許の民間移転に係る協力協定の締結（九州工業大学と韓国昌原大学）などがある。[30]

このように、地方政府の動きに呼応して国家機関が支援に乗り出したことが、環黄海圏が離陸する背景にあった。とはいえ環黄海圏の発展の決め手といえるのは、〈周縁〉における地方政府の認識とその主体的な政策形成に他ならない。つまり、グローバル経済の浸透に伴う地方経済への負の影響（地域間格差の拡大）[31]や歴史的な経済後進性といった〈周縁〉の問題に目を向けて、新しい圏域設定によってそれを克服しようという政策意識を、国境を超えた地方が共有し、内面化していった。換言すれば、CBCを通じた中心・周辺構造の修正という関係だけではなく、地方政府同士の間主観がグローバル化に伴う〈周縁〉の課題に対応していった。そうした〈周縁〉をめぐる規範がネットワークとして可視化されてきたといえるだろう。

第3節　環日本海圏CBCの事例検証

環日本海圏に目を移せば、実は環黄海圏よりも早い時期から、地方政府がCBCに乗り出していた。その草分けは一九七〇年代初頭に発足した「日ソ（日ロ）沿岸市長会」と「日朝友好貿易促進日本海沿岸都市会議」である。いずれも新潟市によるイニシアティブであった。日ロ沿岸市長会は日本から一七都市、ロシアから一八都市が参加し、都市間の友好親善・経済交流の促進を目的に青少年交流や実務者派遣、政府・関係機関への要望書提出などを四〇年以上にわたって続けてきた。[32] 日朝友好貿易促進日本海沿岸都市会議も約三〇年にわたり、北朝鮮との数少ない交流窓口として活動してきた。[33]

一九九〇年代に入ると、中国・吉林省が提唱した大規模な地域開発計画が注目を集める。九〇年七月、中国・長春市で開催された「北東アジア経済発展国際会議」で吉林省は、中国、ロシア、北朝鮮三カ国に跨る図們江下流域付近の接境地帯を多国間協力によって経済開発する「図們江地域開発計画（Tumen River Area Development Programme=TRDAP）」を提起した。[34] 同計画は翌九一年一〇月、国連開発計画（ＵＮＤＰ）によって正式決定され、一九九五年、北朝鮮も参加する同地域最初の多国間協力枠組み（ＴＲＤＡＰ）に発展する。しかしその後、インフラ整備等の資金調達ができなかったことによりＴＲＤＡＰは本格的に離陸せず、事実上、頓挫してしまう。[35] 二〇〇五年には共同基金を創設してシステム強化を図るほか、開発対象地域を拡大（中国東北三省、北朝鮮羅先経済貿易地帯、モンゴル東部、韓国東部沿海地方、ロシア沿海州）するなど、「大図們江イニシアティブ（Greater Tumen Initiative=GTI）」へと衣替えした。[36] また二〇〇九年には中国が「図們江地域協力開発計画綱要」を発表し、「長吉図開発計画」を国家級プロジェクトに位置付けたことから期待は再燃した。しかし北朝鮮が脱退したほか、日本もオブザーバーにとどまっていることから、ＧＴＩが想定する経済圏の誕生は今日まで確認しがたい。

このような国家間協力の停滞を尻目に、地方政府主導の越境ネットワークがこの間、次々と誕生していった。一九九二年には、北海道とロシア極東地域との間の「経済協力に関する常設合同委員会」[37]、日韓海峡を挟んだ九州北部三県（福岡県、佐賀県、長崎県）及び山口県と韓国南岸一市三道（釜山広域市、全羅南道、慶尚南道、済州特別自治道）との間の「日韓海峡知事会議」などがスタートした。一九九四年には、鳥取県が主導する五カ国（日中韓ロモ）五地方政府の対話枠組「北東アジア地域国際交流協力地方政府サミット」[38]、鳥取市が主導する四カ国（日中韓ロ）一二都市ネットワーク「環日本海拠点都市会議」[39] も始まった。そして一九九六年には、島根県のイニシアシティブで九三年に開始した「北東アジア地域自治体会議」が、韓国・慶尚北道主導の下、「北東アジア地域自治体連合（The Association of North East Asia Regional Governments = NEAR）」へと改組・発展した。[40] こうした各種のネットワークが形成した背景には、環黄海圏のケースと同様に、地方政府が先導して〈周縁〉をめぐる問題に対応しようという政策意識の共有と内面化（間主観）があったといえるだろう。しかし、新潟県、島根県、鳥取県、北海道など主導的な地方政府同士の協力関係は十分とはいえず、競争の様相さえ呈していた。

九〇年代末から二〇〇〇年代に入ると、地方政府を支援する政府系機関が環日本海圏を含む同地域のCBCを後押しするようになった。例えば、「日中韓三カ国地方政府交流シンポジウム」は、日本・自治体国際化協会（CLAIR）、中国・人民対外友好協会、韓国・地方自治体国際化財団（当時）などによる支援枠組みの一つである。[41] また一九九九年には、日本・全国知事会と韓国・全国市道知事会が主導する「日韓知事会議」、二〇一〇年には「日露知事会議」（一九六八年に始まり九七年以降中断）、二〇一二年には「日中知事省長フォーラム」なども始まった。[42] このほか二〇一四年に開始された「北東アジア市長フォーラム」（Northeast Asian Mayors' Forum=NAMF）は、モンゴル・ウランバートル市が主導したものとして目を引く。[43] ただし現時点において、これらは地方政府首長による対話フォーラムの域にとどまっているとみてよいだろう。

以上みてきた環日本海圏の支援体制の特徴を、環黄海圏と対比させてみれば、第一に、リーダーシップをとる主体に違いがある。環黄海圏の場合、北九州市など関係自治体の役割が発展の決め手であった上に、日中韓それぞれの国家機関が積極的に関与していた。他方で、環日本海圏の場合には、国家間協力が停滞し、とくに日本政府からは積極的な関与（支援）もなく、主導的な地方政府間の協力関係も十分とはいえない。第二に、支援体制と開発政策が、環黄海圏の場合、ある程度成功しているのに対し、環日本海圏の場合、地方政府の越境ネットワークがあるとしてもせいぜい経験交流で、点と点の相互理解の促進にとどまっている。[44] これらを見ても、国・地方の協調関係がSREZの成否を左右する重要な要因であるといえるだろう。

この点、GTIにおける近年の動向は刮目に値する。GTIの運輸部門は二〇一三年、連結性やインフラ支援、輸送回廊機能のためのソフト支援といった課題を整理した「地域運輸戦略及び行動計画」を採択し、調査事業に乗り出した[45]。二〇一四年には資金不足を解消するため各国の政策系金融機関からなる「北東アジア輸出入・開発銀行連盟」を創設した[46]。地方政府との連携も進めており、二〇一三年、「地方政府協力委員会」を設置した。同委員会のメンバーとして、これまでGTIのオブザーバーに過ぎなかった日本からも鳥取県が加わった[47]。GTIは今後、中国の「一帯一路」と連動し新たな展開を見せる可能性もあることから[48]、環日本海圏CBCにおけるマルチ・ステークホルダー間の連携を深化させる駆動力ともなることが期待されよう。

第4節　脱境界化アイデンティティと越境ガバナンス

東アジアCBCが発展するための条件は、国際機関、国家、地方政府といったマルチ・ステークホルダーによる支援体制とその連携にある。しかしそれは決して国家中心の階層的秩序の整備というわけではない。CBCを主導する行為体が民族ネットワークであれ、企業（市場）であれ、国家であれ、国際機関であれ、CBCの深化と拡大は、東アジアにおける従来の政治的境界を流動化させていく。重要なポイントは、こうした脱境界化と異種混交（ハイブリッド）化が進むCBCにおいて、ステークホルダー間に階層構造を生み出すような「〈中心〉による階層化」という要素と、パートナーシップを基調とした「〈周縁〉をめぐる行為体による主体化」という要素とを腑分けし、本質的な特徴を紡ぎだしていくことである。この点でいえば、東北アジアCBCの近年の動向から、以下の特筆すべき特徴が抽出できる。

1　マルチ・メンバーシップと脱境界化アイデンティティ

まず注目すべきなのは、東北アジアの地方政府越境ネットワークを構成するメンバーシップに関して、マルチ

表2　東アジアCBCにみるクロス・メンバーシップ

地方政府越境ネットワーク（発足年）＼地方政府	日本																	韓国															
	北海道	青森県	秋田県	山形県	新潟県	富山県	石川県	福井県	京都府	兵庫県	鳥取県	島根県	福岡県	佐賀県	長崎県	山口県	新潟市	釜山広域市	大邱広域市	仁川広域市	光州広域市	大田広域市	蔚山広域市	世宗特別自治市	京畿道	江原道	忠清北道	忠清南道	全羅北道	全羅南道	慶尚北道	慶尚南道	済州特別自治道
日ロ沿岸市長会議（1970）																	✔																
東アジア都市会議・OEAED（1991）																		✔		✔			✔										
北海道ロシア極東合同委員会（1992）	✔																																
日韓海峡知事会議（1992）													✔	✔	✔	✔		✔												✔		✔	✔
北東アジア地域自治体会議・NEAR（1993）		✔	✔	✔	✔	✔	✔	✔	✔	✔	✔	✔						✔	✔	✔	✔	✔	✔	✔	✔	✔	✔	✔	✔	✔	✔	✔	✔
北東アジア地方政府サミット（1994）											✔															✔							
環日本海拠点都市会議（1994）																																	
日韓知事会議（1999）	✔	✔	✔	✔	✔	✔	✔	✔	✔	✔	✔	✔	✔	✔	✔	✔		✔	✔	✔	✔	✔	✔	✔	✔	✔	✔	✔	✔	✔	✔	✔	✔
日露知事会議（2010）	✔	✔	✔	✔	✔	✔	✔	✔	✔	✔	✔	✔	✔	✔	✔	✔																	
日中知事・省長フォーラム（2012）	✔	✔	✔	✔	✔	✔	✔	✔	✔	✔	✔	✔	✔	✔	✔	✔																	
北東アジア市長フォーラム（NAMF）（2014）																	✔																
中韓省長知事会議（2016）																		✔	✔	✔	✔	✔	✔	✔	✔	✔	✔	✔	✔	✔	✔	✔	✔

地方政府越境ネットワーク（発足年）＼地方政府	中国												ロシア																		モンゴル	
	安徽省	黒龍江省	河南省	湖北省	湖南省	吉林省	内モンゴル自治区	寧夏回族自治区	山東省	山西省	陝西省	天津市	ブリヤート共和国	サハ共和国	トゥバァ共和国	アルタイ地方	ザバイカリエ地方	クラスノヤルスク地方	沿海地方	ハバロフスク地方	アムール州	イルクーツク州	カムチャツカ地方	マガダン州	サハリン州	トムスク州	ケメロヴォ州	ウラジオストク市	イルクーツク市	ヤクーツク市	ウランバートル市	中央県
日ロ沿岸市長会議（1970）																												✔	✔	✔		
東アジア都市会議・OEAED（1991）												✔																				
北海道ロシア極東合同委員会（1992）																			✔	✔					✔							
日韓海峡知事会議（1992）																																
北東アジア地域自治体会議・NEAR（1993）	✔	✔	✔	✔	✔	✔	✔	✔	✔	✔	✔		✔	✔	✔	✔	✔	✔	✔	✔	✔	✔	✔	✔	✔	✔	✔				✔	✔
北東アジア地方政府サミット（1994）						✔													✔													✔
環日本海拠点都市会議（1994）																												✔				
日韓知事会議（1999）																																
日露知事会議（2010）													✔	✔	✔	✔	✔	✔	✔	✔	✔	✔	✔	✔	✔	✔	✔					
日中知事・省長フォーラム（2012）	✔	✔	✔	✔	✔	✔	✔	✔	✔	✔	✔																					
北東アジア市長フォーラム（NAMF）（2014）												✔																✔	✔	✔	✔	
中韓省長知事会議（2016）	✔	✔	✔	✔	✔	✔	✔	✔	✔	✔	✔																					

注：✔は各枠組み構成員であることを示す。2つ以上のネットワークに参加する地方政府を抽出している。
出所：各越境ネットワークのwebサイトを基に筆者作成。

（複数）化と交差化が進んでいる点にある。表2は、二つ以上の越境ネットワークに参加する地方政府を抽出し、一覧に整理したものである。これを見ると、各地方政府越境ネットワークは、メンバーシップという点で重なり合い、相互に排他的な関係にないことが窺える。このような状況は、冷戦の残滓が色濃い同地域の二項対立的な国家間関係とはおよそ異なる構図を示している。つまり、地方政府の越境活動には、国家の対外戦略とは異なる独自の行動様式があることを物語っている。

地方政府は、国家下位行為体として所属国へのアイデンティティを持ちながらも、〈周縁〉からの視点で脱国家行為体としてのアイデンティティを複合的に持つ[49]。それらが相互に作用し、共有化・内面化していき、複数の交差する越境ネットワークとして可視化されていく。こうした「脱境界化アイデンティティ」は、国家・国境を基準とした空間を分節化・流動化させ、諸アクターの脱境界的思考を、グローバルな問題群の中での〈周縁〉の意識とともに涵養していく。かくして、地方政府のCBCが深化・拡大していくことは、国家中心の領域性へのアイデンティティの組み換え現象を引き起こすともいえるだろう。

2　緩やかな制度化と越境ガバナンス

次に注目されるのは、二〇〇〇年代半ば以降、地方版国際機構化ともいうべき緩やかな制度化が進み、重層的な越境ガバナンスの土台が築かれつつあることにある[50]。とくに先述したOEAEDとNEARがその典型例である。なかでもNEARは二〇一八年時点で、モンゴルと北朝鮮を含む東北アジア六カ国七七地方政府に拡大した東北アジア最広域の枠組みである（日本からは島根県、富山県、兵庫県などが積極的）。二〇〇五年には、制度化の一つのメルクマールである常設事務局を、韓国・慶尚北道浦項市に設置した。個別の交流・協力プロジェクトを推進する分科委員会も、一四分野にまで深化・拡充した（表3）。最大のネックであった財政制度について

表3　NEARにおける分科委員会

分科委員会	コーディネート自治体	創設年
1．経済・人文交流	慶尚北道	1998
2．環境	富山県	1998
3．教育・文化交流	島根県	1998
4．防災	兵庫県	1998
5．海洋・漁業	山東省	2008
6．観光	河南省	2008
7．鉱物資源開発	マガダン州	2010
8．エネルギー・気候変動	山西省	2010
9．生命・医療産業	忠清北道	2011
10．農業	全羅南道	2011
11．スポーツ	サハ共和国	2013
12．物流	黒龍江省	2017
13．国際人材交流	吉林省	2017
14．国際電子商取引	河南省	2017

注：2017年に新設された「物流」「国際人材交流」「国際電子商取引」の各分科委員会はいずれも中国地方政府の提案であり、中国側の積極姿勢が窺える。他方で、国境地区協力分科委員会（2004年創設、イルクーツク州）、科学技術分科委員会（2006年創設、京畿道）、女性・児童分科委員会（2010年創設、ドルノド県）は、コーディネート自治体の移譲を希望する団体がなかったため、2017年に廃止された。

出所：http://www.neargov.org/en/（2019年4月1日アクセス）。

は、会議開催経費の一部分担制を敷いた（会費制は棚上げのまま）。二〇〇〇年代半ば以降は、他の国際機関との関係構築に乗り出し、ＧＴＩやＥＳＣＡＰ（国連アジア太平洋経済社会委員会）、ＡＥＲ（欧州自治体協議会）、「Ｒ―二〇気候変動に対応する地域行動」などとのネットワークを築いてきた[51]。

　こうした緩やかな制度化は、主権国家による多国間協調の射程の外に放置される〈周縁〉の視点から、地方政府が対話・協力を目的とする越境ネットワークを形成しその機能を強化するプロセスである。国際会議を開催して経験交流を図るだけの対話型フォーラムから、共通の課題解決に向けた越境的な政治的装置（越境ガバナンス）を緩やかに形成し始めたことが窺える。実際、ＮＥＡＲでは防災、環境など〈周縁〉領域に焦点を当てた課題解決型協力の実績を積んできた。とくに環境協力では、海ごみや黄砂問題をめぐる環境教育の分野で協力が進んでいる[52]。このことは、〈周縁〉の非国家行為体が、人びとや住民により近い〈周縁〉の視点から問題を解決するために、いわばボトムアップ方式で、従来の政治的境界を越えた越境ガバナンスに乗り出していることを示している。今後、政府間協力の限界をカバーするための方策がこのNEARから生まれてくる可能性もあり、NEARそのものが自律性・永続性・影響力を備えた国際行為体へと成長する可能性もあろう。

おわりに――ネットワーク・ベースのCBCによる新たな平和構築

このように見てくると、東アジア（とくに東北アジア）CBCでは、地方政府主導型の越境ネットワークが深化・拡大していく中で、脱境界化アイデンティティや重層的な越境ガバナンスを生み出しつつあることが分かる。これは、東アジアCBCにみる国際行為体としての主体性の特徴が、欧州CBCのような地理的に可視化された場所ベースのリージョンではなく、NEARの事例が示すように、脱領域的なネットワーク・ベースのリージョンとして表れつつあることを示している。従来の国家中心の秩序体系が浸透する「〈中心〉による階層化」の対極にあって、〈周縁〉の行為体の〈周縁〉の視点から生まれた政策意識によって、非国家行為体同士の間主観が構築され、さらにネットワークとして可視化されたものである。その構築プロセスは非国家行為体が〈周縁〉の領域での対話・連携を目的に新たな政治主体として自律していくシナリオのひとつとして一般化できるだろう。かくして、東アジアCBCとは、国家中心の空間に地方政府が参加するだけの入れ子状の物理的な配置を論じるだけでは解釈できず、物理的、地理的な空間を超越した〈周縁〉からの新しい国際体系を予感させるものといってよいだろう。

これまでの東アジア地域統合に関わる多くの研究は、国家・国境を基準に、合理主義的な行動観と方法論的ナショナリズムをベースにしたものであった。そこでは、〈周縁〉の問題意識は脱落し、非国家行為体による政治行為や言説はおよそ等閑に付されている。国家を行為体の基本単位とした方法をとる限り、東アジアのCBC

は、あくまでも国家中心の地理的空間にローカルが参加するだけの入れ子状の配置としてしか映らない。しかしながら、こうした地域統合研究の内容は、ナショナリズムを克服する言説のようではあっても、次第に、それぞれの国家中心の思想に傾いていくリージョナリズムの陥穽ともいえる構図が確認できる。国家と市場の関係が前面に出て、〈周縁〉化されたローカルへの眼差しは薄れていく。平和、和解、繁栄のためにナショナリズムを超克する手段として登場したリージョナリズムも、こうした〈周縁〉の視点がない限り、平和的な空間の形成という本来の目的を達成できない。その意味で、本章で見てきたような、〈周縁〉の視点から異種混交（ハイブリッド）化した行為体が国境を越えて結びつき、ネットワーク状の新しい越境圏域を形成する動きを強めていくことが、東アジアを平和・発展に導く着実な道程となるだろう。

注

（1）〈周縁〉の概念については、政治思想学会編『政治思想と周縁・外部・マイノリティ』政治思想研究第一〇号、風行社、二〇一〇年、木原誠・吉岡剛彦・高橋良輔『周縁学――〈九州／ヨーロッパ〉の近代を掘る』昭和堂、二〇一〇年などを参照。

（2）Edward K.Y. Chen and C.H. Kwan, eds. *Asia's borderless economy: the emergence of subregional economic zones*, St Leonards: Allen & Unwin, 1997。

（3）東アジアの経済発展とＳＲＥＺの特徴については、Kenji Nakayama "East Asia's Development and Sub-regional Economic Zones: A Focus on Multilateral Cross-border Cooperation between Local Governments," *Soka University Peace Research*（創大平和研究）, Vol. 32-33, 2019, pp. 31-64を参照されたい。本章は同稿に大幅な加筆と修正を加えたものであることを付記しておく。

（4）Xiangming Chen, *As Borders Bend: Transnational Spaces on the Pacific Rim*, Lanham: Rowman and Littlefield Publisher, 2005, p. 10.

(5) *Ibid*, pp. 4-5.

(6) T. J. Pempel, ed., *Remapping East Asia: The Construction of a Region*, Ithaca: Cornell U. P., 2005.

(7) Ngai-Ling Sum, "Globalization, Regionalization and Cross-Border Modes of Growth in East Asia: the (Re-) Constitution of 'Time-Space Governance'", in Markus Perkmann and Ngai-Ling Sum, eds. *Globalization, Regionalization and Cross-Border Regions*, Hampshire and New York: Palgrave MacMillan, 2002, pp. 55-65.

(8) 渡辺利夫によれば、ＳＲＥＺとは、「国境をまたがって潜在していた諸地域間の経済的補完関係が冷戦構造の熔解とともに顕在化した経済圏」であるという。渡辺利夫編『局地経済圏の時代』サイマル出版会、一九九二年、二一頁。

(9) 池田佳隆「グローバル・システムの三層構造論の批判的検討」『国際政治』第一一一巻、一九九六年、一一九—一二〇頁。

(10) 多賀秀敏によれば、「ＥＵに収斂する欧州で試みられてきた地域統合が、ナショナリズムの放棄（主権の移譲）の過程であれば、東アジア（東南・東北両アジア）で、実践、ないしは、提唱されてきた地域協力は、ナショナリズムの延長、あるいは、その強化であった」という。多賀秀敏「東アジアの地域主義に関する一考察」山本武彦編『地域主義の国際比較』早稲田大学出版部、二〇〇五年、八三頁。

(11) 永井敏彦、小林誠、山本聡「アジア局地経済圏の基本構造と発展メカニズム」『フィナンシャル・レビュー』大蔵省財政金融研究所、一九九三年、五—一一頁。同モデルによれば、中心とは、「高い経済成長を続けてきた結果国内での生産要素の一部にボトルネックが発生している地域」であり、周辺とは「経済発展面では中心地域に比べて遅れており、低コストの生産要素が存在している地域」を指す。同上、四頁。

(12) ＩＭＴ成長の三角地帯（Indonesia-Malaysia-Thailand Growth Triangle）とＢＩＭＰ東ＡＳＥＡＮ成長圏（Brunei-Indonesia-Malaysia-Philippines East ASEAN Growth Area）については、紙幅の関係から、考察対象から除いた。

(13) Katsuhiro Sasuga, *Microregionalism and Governance in East Asia*, Routledge, 2004.

(14) 嘉数啓『国境を越えるアジア成長の三角地帯』東洋経済新報社、一九九五年。

(15) 日本貿易振興機構シンガポール事務所海外調査部アジア大洋州課「シンガポール、ジョホール州、バタム島『成長の三角地帯』の今」日本貿易振興機構、二〇一五年六月。

(16) 日本貿易振興機構地域・分析レポート「ジョホールとビンタン・バタム—シンガポール経済圏を行く（2）新たな投資の

波が訪れるバタム、ビンタン島」二〇一九年三月二七日。https://www.jetro.go.jp/biz/areareports/2019/b6e1e88b151ee073.html（二〇一九年四月一日アクセス）。

（17）Kenji Nakayama (with Tetsu Sadotomo), "The Mekong Region and Changing Borders: A Focus on the CBTA and BCPs," in Hidetoshi Taga and Seiichi Igarashi eds., *The New International Relations of Sub-Regionalism: Asia and Europe*, Routledge, 2018, pp. 160-179.

（18）OECD, *OECD Territorial Reviews: Trans-Border Urban Cooperation in Pan-Yellow Sea Region*, Paris: OECD, 2009.

（19）永井他、前掲論文、一〇頁。

（20）金井亨太「東アジアにおける局地経済圏の形成についての一考察」『アジア太平洋研究科論集』第三三巻、二〇一七年、七二頁。

（21）同上、七五―八〇頁。

（22）ADB Greater Mekong Subregion Secretariat, *Greater Mekong Subregion Economic Cooperation Program: Overview of the Regional Investment Framework 2022*, March 2018.

（23）石田正美編『メコン地域開発―残された東アジアのフロンティア』アジア経済研究所、二〇〇五年。

（24）西村明・渡辺利夫編『環黄海経済圏――東アジアの未来を探る』九州大学出版会、一九九一年。

（25）西村明・林一信編『環黄海経済圏創生の課題と展望――東アジア六都市会議』九州大学出版会、一九九二年。

（26）大迫芳彦「東アジア（環黄海）都市会議」『ＮＩＲＡ政策研究』二〇〇五年。

（27）http://oeaed.org/（二〇一九年四月一日アクセス）。

（28）同上。

（29）http://www.kyushu-kei.org/interactions/kankokai.html（二〇一九年四月一日アクセス）。

（30）同上。

（31）現実に国家レベルの東アジア経済圏が進展したとすれば、特定の産業や地方経済への負の影響は避けられないだろう。ある試算によれば、全都道府県で実質ＧＤＰは増加するものの、その幅には鳥取県の〇・三%から愛知県の二・三%まで偏差が生じるという。Kenichi Kawasaki, "The Sectoral and Regional Implication of Trade Liberalization," presented at ESRI Asia

Workshop on Economic Modeling, Economic and Social Research Institute, Cabinet Office, Bangkok, November 2004.

（32） http://www.nichienkai.jp/index.html（二〇一九年四月一日アクセス）。

（33） 二〇〇二年の日朝首脳会談で北朝鮮が日本人拉致問題を認めたことを受け、二〇〇三年に活動休止に追い込まれた。

（34） 丁士晟『図們江開発構想——北東アジアの新しい経済拠点』創知社、一九九六年。

（35） Christophe W. Hughes, "Tumen River Area Development Programme（TRADP）: Frustrated Microregionalism as a Microcosm of Plotical Rivalries," in Shaun Breslin and Glenn D. Hook, eds., *Micoregionalism and World Order*, Basingstoke: Palgrave Macmillan, 2002, pp. 115-143.

（36） http://www.tumenprogramme.org/（二〇一九年四月一日アクセス）。

（37） http://www.pref.hokkaido.lg.jp/ss/tsk/russia/russia/r-keizai/jousetugoudouiinkai/index-ke.htm（二〇一九年四月一日アクセス）。

（38） 参加地方政府は、鳥取県、中国吉林省、韓国江原道、ロシア沿海地方、モンゴル中央県である。http://www.pref.tottori.lg.jp/dd.aspx?menuid=37627（二〇一九年四月一日アクセス）。

（39） 参加都市は、日本米子市・境港市・鳥取市、韓国束草市・東海市・浦項市、中国琿春市・延吉市・図們市、ロシア・ウラジオストク市・ナホトカ市・ハサン区である。http://www.city.tottori.lg.jp/kannihonkai/top.html（二〇一九年四月一日アクセス）。

（40） http://www.neargov.org/en/（二〇一九年四月一日アクセス）。

（41） http://www.clair.or.jp/j/exchange/chiiki/index.html（二〇一九年四月一日アクセス）。

（42） http://www.nga.gr.jp/data/activity/international/index.html（二〇一九年四月一日アクセス）。

（43） http://neamf.ulaanbaatar.mn/（二〇一九年四月一日アクセス）。

（44） 多賀、前掲書、九四頁。

（45） 新井洋史「『脱図們江』をめざす大図們江イニシアティブ（ＧＴＩ）」*ERINA REPORT*、第一一五号、二〇一四年、四七頁。

（46） http://japanese.jl.gov.cn/xw/201409/t20140922_1751423.html（二〇一九年四月一日アクセス）。

（47）鳥取県は同委員会の会議でホスト役（二〇一四年、二〇一八年）を担うなど積極的な姿勢を見せている。境港～東海（韓国）～ウラジオストク（ロシア）の定期航路であるＤＢＳフェリーの利用促進と、同航路を活用した地域活性化を目指しているという。新井洋史・蔡聖錫「第六回大図們江イニシアティブ（ＧＴＩ）北東アジア地方協力委員会」*ERINA REPORT*、第一四四号、二〇一八年、四〇頁。

（48）金向東「東北アジア各国対ＧＴＩの開発戦略—その成功の鍵『一帯一路』—」『立命館経済学』第六六巻第一号、二〇一七年、二五—四一頁。

（49）柑本英雄は、英国アバディーン州政府がＥＵ共通漁業政策や地域政策資金を活用しながら北海地域委員会をプラットフォームに越境協力を行うプロセスを分析し、国際行為体としての地方政府のアイデンティティを万華鏡のように刻々と移り変わるものとして描いてみせた。柑本英雄『国際的行為体とアイデンティティの変容』成文堂、二〇〇〇年。

（50）이동형「환동해권 지방네트워크 실태와 발전방안 모색——다자간 협력네트워크를 중심으로」『아태연구』제一七권 제三호、二〇一〇년、pp. 41-59. (Lee, Dong- Hyung「環東海圏地方ネットワークの実態と発展方法の模索——多国間協力ネットワークを中心に」『アジア太平洋研究』第一七巻第三号、二〇一〇年、四一—五九頁)。

（51）http://www.neargov.org/en/（二〇一九年四月一日アクセス）。

（52）中山賢司『東北アジアにおける内発的越境ガバナンス：「北東アジア地域自治体連合（ＮＥＡＲ）」の事例研究』早稲田大学出版部、二〇一五年。

終章

「アジア共同体」幻影と〈共生〉の国際秩序観

森川　裕二

はじめに

本章では、東アジアの国際関係を「間主観性に基づく〈共生〉秩序」の視座から探求し、大国中心の国益観に代替する国際秩序の課題と方法について、従来の国際秩序観と「アジア共同体」概念に批判的考察を加えながら、試論を述べてみたい。

周縁とは、英語でいうとmargin。既存の国際政治学であれば、周縁の問題領域は事実究明もなされず、解釈の努力も払われない。国家主権、パワー、ナショナルインタレストを三大要素とする主流の国際関係理論からは低次元領域のポリティックスとして、光の中心から逸れていく領域である(1)。しかし、グローバル化が進み、二一世紀の国際政治学の対象は、軍事的な安全保障、経済だけでなく、貧困・格差、移民・難民、環境破壊、歴史記憶、民族紛争、テロリズムといった諸問題が多元的に広がりをみせるとともに錯綜している。東アジアの国際関係は一見すると、そうした多元的な展開とは対照的に、米国から中国へのパワーシフト、南北朝鮮の分断と北朝鮮の核保有といういわゆる朝鮮半島問題、東・南の両シナ海の領海をめぐる中国とその周辺諸国との対立などいずれも、伝統的な主権国家によるパワー・ゲームの色彩を際立たせている。

冷戦期の残滓の陰影を落とす東アジアの国際関係はこのように、国家の主権の対外関係の解釈を看過して語ることができない。勢力均衡や核抑止という古典的なパワー・ポリティックスの概念を踏襲して紛争回避を志向してきた現状がある。こうした国際関係の伝統的ともいえる図式のみで俯瞰すれば、世界と東アジアの重要な側面を見落とすことになる。現実の東アジアの変動を見落とし悲観主義の陥穽にはまり、あるべき世界の議論から遠ざかっていく。私たちが目にする、あるいは耳にする冷戦後のグローバル化が進む世界は「国家の退場[2]」でもなく、主権国家間のパワーの関係と、国家の形態や国内・国際の政治社会の変容をさらに複雑に加速させていく。真に開花するまでに百年以上を要した産業革命とは違って、デジタル革命による雇用喪失はわずか数十年で加速していく。中国の台頭、朝鮮半島情勢、ＡＳＥＡＮ（東南アジア諸国連合）地域の成長など、二一世紀東アジア国際関係の不透明感はぬぐいさることはできない。ここに周縁の視点から、非国家・国家主体を問わず間主観性がパワー重視の国際関係に与え得る影響を考察する意義が存在する。具体的には、周縁からの国際秩序の考察は、次の三つの視点を想定できる。

①歴史的視点：日本、米国、そして現代中国それぞれ歴代の〈帝国〉の影響下で自律を目指してきた小国の国際政治におけるパワーの視点。
②国際関係論の視点：帝国と小国の間主観すなわち国家アイデンティティの変容
③非国家行為体と周縁領域の視点：現代東アジアの人間と国家の相克

これらの研究により、パワーとナショナルインタレストを中心に据えた従来の国際関係論の視点を克服し、国際秩序の変動期における東アジア研究の新たな課題が浮かび上がってくる。冷戦後の国際社会は、グローバルな越境現象が顕著になり国際関係の時空間の急激な変容をもたらすとともに、英国のEU離脱や米国第一主義によるナショナルな「壁」の出現など、ポピュリズムの台頭という新たな社会現象を招来してきた。東アジアにおいても、一方では人々の越境移動が増大しながら、他方では古典的な国家間対立の構図とともに、歴史記憶を巡る対立の構図が持続的に再生産されてきた。東アジアにおける国際秩序の変化の胎動に対し、米中大国のパワーを中心概念に据えた現実主義の国際政治は分析と予測の限界を露呈し始めている。東アジアは第二次大戦後七〇年以上を経過してなお個人、国家そしてリージョナルなレベルで歴史の再記憶化を繰り返すプロセスの中で敵対意識が育まれ、国際関係は経済的には統合、政治的には対立という、相反する構図が重畳している。そうしたなかで、グローバルな問題群がこの地域の政策上の重要課題として浮上している。

国際秩序の変動と表裏一体となって増幅された敵対と対立の構図をいかに克服すべきか。アジア研究のテーマのひとつに「間主観性に基づく共生秩序」を位置づけ、周縁から東アジアを構築するための課題について、アジアおよび共同体をキーワードに考えてみたい。

第1節　実在論としてのリージョンとしてのアジア

1　実態としてのアジアと方法論的限界

地域としての実態の有無や、概念の曖昧さとは裏腹に、一般に論じられる東アジアでは、ASEAN、および日本、中国、韓国といった、いわゆるASEAN＋3やEAS（東アジア首脳会議）といった主権国家によって構成される多国間の制度的枠組みがカバーする地理上の範囲が意識されている場合が多い。あるいは、グローバルな経済的な相互依存状況とともに出現した人、モノ、カネの越境ネットワークの地理的な範囲から、東アジアという地域の所在が漠然と意識されている。このうち、主権国家で構成される多国間協調体制を地域形成の対象に据える前者は「上からのリージョナリズム」であるが、「下からのリージョナリズム」である後者では、主権国家だけでなく、さまざまな行為体が国境を越えて経済・社会・文化領域で交流を遂げている。国境を超えて「つながる」世界が出現している。ここで、多国家間の地域枠組みのみから東アジアを地域として意識することには、三つの盲点が浮かびあがってくる。

第一に、機能とパワーの関係への偏重である。伝統的な政治的空間としてリージョンの盲点ともいえる。多国間協調枠組みのASEAN+3、EASで想定されるリージョンからは、北朝鮮と台湾が地図上からぽっかりと脱落する。にもかかわらず、多くは違和感を覚えずに、市場ベースの経済的相互依存を重視したこの機能としての東アジアを当然視するか、あるいは米国を加えたパワー・ゲームの分断と対立の地政学の東アジアが強調されるかである。グローバル化が浸透するなかでの分裂と統合という二つの位相は、ともに東アジアの現実である。

第二に、周縁の視座を軽視していることである。米ソ・米中の単純な二項対立図式の水平的関係で説明された冷戦世界は過去の歴史となった。二一世紀の国際関係が直面する課題は、冷戦期の大国中心の二項対立関係の陰に隠れてきた周縁の問題群である。貧困、人権、環境破壊、資源、あるいは紛争といった、既存の主流の国際理論のなかでは周縁的に位置してきた問題群が地球規模で可視化され、自由主義・民主主義の変容とその対応という国内社会の動向とも連動しながら、次々と出現してきた。経済領域を中心にグローバル化が世界を大きく変化させるなか、東アジアのリージョンの分析においても、従来の大国中心、国家中心の国際理論が寄り掛かってきた古典的な科学的方法論の限界を露呈している。

第三に、人間の間主観的な関係が捨象されていることである。パワーや機能の国際政治の構造のなかに封印されてきた周縁の問題領域が冷戦後のグローバル世界で顕在化すると同時に、国家以外の行為体がさまざまな周縁の次元でアイデンティティを求めながら、錯綜した構図を生み出す。[3] 例をあげると、香港では二〇一九年六月に発生した、刑事事件の容疑者を中国本土へ引き渡すことを可能にする逃亡犯条例改正案をめぐる学生を中心にした抗議活動が、中国の対外関係とくに中台関係に影響を及ぼし、世界に「若者たちの反乱」として情報が伝播して国際関係を揺さぶる。[4] 日本の朝鮮半島支配の負の歴史記憶である徴用工問題が日韓関係の冷却を深めるだけでなく、東アジアの安全保障の支柱を担ってきた日米同盟、米韓同盟という二つの冷戦型同盟の部分的「解体」を迫る。このように、ナショナルな空間に単純化された歴史認識と一体化してきた人々の記憶空間が、冷戦後のグローバル世界で再創造されるプロセス（再記憶化）にあり、国際秩序の変容となって映し出される。ここで浮上する新たな課題が、ナショナルな空間のなかでの「包摂と排除」の力学と、国際秩序の変容プロセスの双方を射程に入れることである。対外関係においては支配側と被支配側で記憶のへゲモニーを巡って対立し、いずれか一方を屈服させ〈歴史〉と記憶を支配する。対内関係においては、グローバル化する世界の揺らぎと不安のなかで、個人や集団など多様な主体が記憶の「承認を求める闘争」を激化させる。歴史的和解の実現には、歴史記憶の二項関係を克服し、国家中心の大きな物語に回収されることのない個人、社会、国家、リージョンそれぞれの間主観によって構成される多元的な周縁からのアプローチが必須である。

したがって、軍事的なパワーを主権の中心に置く米国流の伝統的な国際理論の諸モデルに対し、冷戦後のグローバル化する世界のなかで支配・従属関係が分節化・分散化へ向かう国際関係と、人間の主観性を考える体系的な認識論と方法論が求められている。人間の主観性の研究は、旧来のような国家のパワー構造に押し込められた周縁の人間を認識することでなく、人間の間主観を包み込んだ国際秩序全体のなかで論じる。国際理論の存在

図1　国際理論の展開

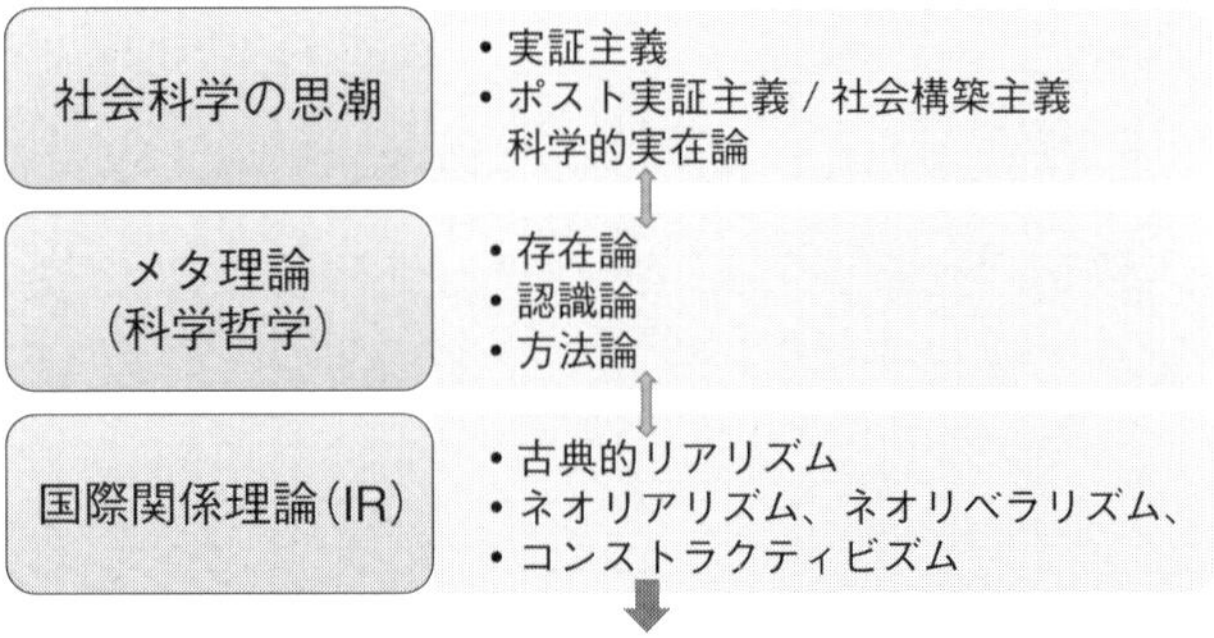

展開：リージョナリズム研究（アジア研究）・国際（地域）秩序論、トランスナショナリズム研究
出典：筆者作成

論、認識論、方法論の連鎖を体系的に再考する（図1）。これによって東アジアにおける周縁と人々に、分析の光を照射することが可能になる。

2　リージョンの再定義と「東アジア」

既存の国際秩序は、主流の国際理論であるリアリズム、リベラリズム、大国間の間主観を論じるコンストラクティビズムを問わず、普遍性を偽装しながら特定のナショナルな秩序をモデルに挫折を反復してきた。だからこそ、特殊性の東アジアに平和の基盤を創造するために、周縁からの間主観の国際秩序の議論が必要であろう。

東アジアにおける国際秩序の変容プロセスでは、いうまでもなく、「上から」と「下から」の両者が政治・経済・社会文化の各領域を問わずに混交して地域形成が進展している。このため、グローバルと地域の各次元で確認できる政治的、経済的、社会的現象はそれぞれの独立の関係ではなく、複雑に影響し合っている。したがって、地域形成メカニズムの解明では、グローバル、リージョナル、ナショナル各次元の連動と相関関係を明らかにする必要がある。

では、リージョンとは何か。さらに「東アジア」というリージョンは何を意味し、どのように存在を把握すべきか。リージョンの概念は論者によって定義内容にも異同がある。そのことは、一九九〇年代末以降とくに二一世紀に入ってからの「東アジア共同体の構築」[5]についての曖昧な語りに象徴されている。リージョンの代表的、通俗的な定義が機能的地域・物理的地域である。国家の内側で自己完結してきたさまざまの機能が、グローバル化の動きとともに国境を越えてつながり、機能のネットワークを形成する。ヴェイリネン[6]によれば、地域を物理的地域、機能的地域に二項分類し、冷戦後の国際秩序では、この両地域の分離現象がより明確になってきたことが指摘されている。前者の物理的地域は、国家が主体となって安全保障、経済領域の共同体を形成し、世界の部分集合体として定義されるリージョンである。後者の機能的地域は、経済、環境、生産などの分野でみられる国家の領域性を超越したリージョンである。この分類は簡明ではあるが、リージョンの単位を国家・国境にして分類した定義であることに変わりはなく、国際行為体の政治的意思は捨象され、デカルト・ニュートン的な平板な空間の議論にすぎない。

冷戦後の一九九〇年代以降に世界的な潮流となったリージョナリズムの動きに対し、ハレルはかつて関連する概念を次の四つに分類している[7]。

① 地域化（regionalization）
② 地域的覚醒とアイデンティティ（regional awareness and identity）
③ 国家主導の地域統合（state oriented regional integration）
④ 地域的凝集性（regional cohesion）

ハレルのこの古典的ともいえる分類は、地域化は社会の統合プロセスであり、リージョナリズムのもっとも初歩的な形態とされている。次の段階で地域的覚醒すなわち地域アイデンティティの創造、国家間協力と地域統合、そして地域的凝集性の増大へと展開する段階的なリージョンの形成と発展を想定している。①②③④の各要素間の関係および政治的な側面については、言及されず体系化をみないままに放置され、リージョナリズムを制度化の実践として位置づけ論じられている。このような分類に代表されるように、地域主義と地域化の使い分けについては国際秩序の変容が顕在化しつつある現在もなお、論者の間ではまさに「合意なき濫用」[8]ともいうべき状態にある。

ここで、周縁からの国際秩序の分析アプローチの視点として、リージョンの方法論的枠組みについて言及しておきたい。国際秩序の方法としてのリージョンでも、研究目的に応じてアプローチの手法も学際的であり多種多様である。上述した通りリージョンの定義もさまざまだが、とりあえず次の定義を提起したい。

「地域主義によって空間（時空）を切り取り、認識可能な可視的実態へと導く意思的な過程[9]」

この定義によれば、リージョンは国際関係における空間認識の形態のひとつとしてみることができる。一九九〇年代末以降、「東アジア」という新しいリージョンの形成が国際関係の枠組みのなかで論じられてきたが、「東アジア」を例にとれば、リージョンを空間認識として分析することの主眼は、独自の国際関係理論の構築に還元するための普遍的な示唆の獲得にも通じる取り組みである。この課題は、理論と経験的分析（実証分析）の相互作用を通じて方法論を深化させていく作業である。これまでのアジアないし東アジアに関する国際関係の研究では、二つの地域概念としてのアジアがそれぞれ独立に提示されてきた。「実証主義的な存在するアジア」と「科学哲学的な実在論（超実在論）のアジア」の二つである[10]。

前者は、「アジア」的な要素が実証可能なレベルで確認できるという視点にもとづく研究枠組みである。東亜協同体論に代表される戦前期における日本のリージョナリズムでは、共通の政治的な意志も、共通のアイデンティティも存在せず、経済単位としての実態も確認できなかった。[11] しかし、現代の東アジアは市場主導型の経済統合が進展するほどに相互依存のネットワークが可視化され、ＡＳＥＡＮ（東南アジア諸国連合）という小国連合の地域機構が中心となった東アジアという地理的範囲を網羅した非伝統的安全保障分野においても、地域協力枠組みが制度化している。リージョンとしての実証分析と観察を可能にした、「実証主義的なアジア」的な空間としてすでに存在するという観点からのアプローチがある。上述したヴェイリネン、ハレルのリージョンの原初的ともいえる定義がこれに該当する。それに対し後者の「実在論的なアジア」は、リージョンを形成する志向性としてのイデオロギーと思想であるリージョナリズムと国際秩序の戦前と戦後を比較考察しても、いまだに各国の政策を映すリージョンとして東アジアを明瞭に可視化することが困難である、という観点からのアプローチである。それでも科学的実在としてリージョンを措定し「時空としての東アジア」が構想されてきた。この「二つのアジア」を考察することは、リージョンに範囲を限定した中範囲理論（theory of middle range）としての国際関係理論を構築するための起点であり、つまりは「方法としてのアジア」は新たな国際関係理論のためのメタ理論を論じることから始まる。「実証主義的な古典力学の空間」、「実在論的な時空（現代物理学における時間・空間一体の科学哲学概念）」の両者を射程に据える。

パワーを主権の中心に置く米国流の伝統的な国際理論の諸モデルで説明可能な、冷戦後の支配・従属関係が分節化・分散化へ向かう東アジアの国際関係は歴然と存在する「実証主義的なアジア」である。周縁の時空間を支える人間が共生する新しい秩序は「実在論のアジア」である。現実の東アジアを観察し将来を展望するとき、リージョンは国家のパワー構造に特徴づけられた旧来の国際秩序と、周縁の時空間で人間の間主観の共生型の国際秩序は分離できない二重性を帯びている。新旧秩序の双方にアプローチすることで、アジア、東アジアの実像が明瞭になっていく。その意味で、東アジアというリージョンを考えることは、①「ポスト実証主義」の先を見据えた国際関係理論の新しいパラダイム、②東アジア国際秩序の空間的変動、の双方について考究することでもある。アジアと東アジアは、観察の対象であると同時に、国家主体による領域的な国際関係と、領域を超えた人間の間主観による共生型の国際関係が交差する物質的かつ観念的なリージョンを分析する存在論、認識論そして方法論一体の新しい国際理論の可能性を潜在している。

第2節　普遍性と個別性のアジア

1　アジアの共同体という概念

表1は「アジア」をキーワードにした、国立国会図書館のオンライン検索結果である。この「アジア共同体」でヒットとした文献は合計で九九七件。ジャーナル論文を含む「雑誌記事」は七七五本。「図書」の出版物は一九一本、『世界』などの「雑誌」が中心になるが二七本。「電子書籍」が一六本。検索結果のほとんど全量が二一世紀に入ってからの出版物、研究成果である。それは「東アジア」という比較的新しい地域概念を用いた共同体についても同様の傾向が見られる。

Northeast Asiaという英語の地域概念をそのまま直訳した「北東アジア共同体」、あるいはアジアの伝統的な方位を表す「東北アジア共同体」は極めて少数にとどまっている。東北アジア・北東アジアは冷戦の名残で対立構造を引きずっている、朝鮮半島問題あるいは中国・台湾の両岸関係といった非常に複雑な問題を抱えている現状からすれば、共同体を語る、遠望することは難しい。国家主体による領域的な国際関係のリージョンであることの証左ともいえるだろう。

検索結果で、「雑誌記事」の初出は、戦前の満鉄調査部エコノミストで戦後はアジア経済研究で論陣を張った

表1　アジア共同体　検索結果

	出版年次	合計	雑誌記事	図書	雑誌	電子書籍
アジア共同体	1957～2017	997	775	191	27	16
	(1957～1999)	31	7	1	23	10
東アジア共同体	1957～2017	917	730	175	13	10
	(1957～1999)	8	3	0	5	0
北東アジア共同体	1992～2015	14	9	4	1	0
東北アジア共同体	2004～2017	3	2	1	1	1

注）国立国会図書館オンライン検索より筆者作成
記事初出：原覚天「アジア共同体構想とその成否」『世界経済評論』（通号39）1957年7月。
図書初出：森嶋通夫『日本にできることは何か：東アジア共同体を提案する』岩波書店、2001年。
谷口誠『東アジア共同体の構想』岩波書店、2004年。
「経済白書」　1991年度版第4章に「アジア太平洋地域の国際分業の現状」
1994年度版第4章第2節「アジアとの相互依存関係の深まりと動態的水平分業」
2001年度版第1章「東アジアを舞台とした大競争時代」
2006年度版第2章「アジア・ダイナミズムと国際事業ネットワークの形成」

原覚天の論考である。[12]一九五七年に「アジア共同体の構想とその成否」という論文を発表している。しかし、ここでいう「アジア共同体」は二一世紀の現在、議論し構想されてきた「アジア共同体」ではなく、戦前の日本政府と軍部が構想した東亜共同体や大東亜共栄圏を批判的に検証し、そして現代のアジア経済に実態分析を加えて現状について考察するという内容の研究成果である。「図書」では、経済学者・森嶋通夫の『日本にできることは何か―東アジア共同体を提案する』（二〇〇一年）[13]という人口に膾炙《かいしゃ》した書籍があがってくる。これに続き、谷口誠『東アジア共同体』[14]が二〇〇四年に出版されている。東アジアという地理的な範囲の経済的相互依存の深化と地域協力関係の延長線上に東アジア共同体を想定する、いわゆる機能的なリージョンとして東アジアを捉えた内容である。

しかしながら、アジアという言葉が政府刊行物や一般に定着するまでに、第二次大戦の終結から長期の空白期間が存在する。一九八〇年代の経済白書、通商白書といった主要な政府刊行物にはほとんど登場しない。冷戦後の最初の経済白書に「アジア太平洋地域の国際分業関係の現状」の一節が記載され、このなかで「アジア太平洋」という概念が初めて登場する。アジア太平洋は、「開かれたリージョナリズム」ともいわれる。東アジアをアメリカ中心のアジア太平洋地域として包摂したアジア太平洋地域において、地域連携や地域統合を構想するというリージョナリズムの原則である。大平首相が一九七八年に提唱した「環太平洋連帯構想」である[15]。大平の環太平洋連帯構想は、西太平洋の豪州とニュージーランド、東太平洋の米国と西半球諸国を包摂する構想であり、現在のアジア太平洋での広域地域経済連携であるTPP（環太平洋パートナーシップ）に通ずる構想である。この「開かれたリージョナリズム」のアジア太平洋主義は、厳密にいえば、日本が主体的にアジアの一員としてリージョンを構成する構想ではなく、アジアと太平洋両地域の「境界国家」として、アメリカ志向のアジア観である。「アメリカに開かれたリージョナリズム」といえる。

「アジア」という言葉が経済白書のタイトルとして浮かび上がってくるのは、一九九四年版の「アジアとの相互依存関係の深まりと動態的水平分業関係の進展」。二一世紀に入って「東アジア」という概念が登場してくる。これはＡＳＥＡＮ諸国と、日本、中国、韓国の地域協力を念頭に置くもので、本章冒頭に触れた通り、台湾、北朝鮮が排除された機能的な連接に着目した国家群のクラスターにすぎない。

機能としてのリージョン、経済アジア＝東アジアという地域認識はすでに広く定着している。しかし、政治的な関係において、日本政府の地域認識と地域戦略は変容の兆しをみせている。中国が経済大国化し日中逆転が喧伝される、あるいは中国の政治的大国化、軍事大国化が勢いを増すと同時に、安倍政権以降、東アジアという言葉に南アジアを加えた「アジア」という概念が日本の政府刊行物に多出し、東アジアという概念は日本政府の刊行物・記事からは後退している。

2　アジアを主体的に考える

「アジアを考える」、「日本でアジアを考える」という研究的な営為は、「アジアとは何か」、という問いでもある。それはアジアとの連関のなかで、日本研究とは何なのかを主体的に考え、アジアと日本はどこを目指すべきなのか、について歴史的に繰り返し議論されて解答を未だ得ていない際限のない問いである。換言すれば、社会科学としての日本・アジア研究から普遍性・一般性を引き出す可能性についての議論につながってくる。

アジアというリージョンに視点を置きながら、既存の国際関係の理論を再考することは、価値中立を偽装したアメリカ出自の国際政治学を再考し、新しい国際理論を構築する試みでもある。このようにアジア、あるいは東アジアという言葉は前項の図書検索結果の内容からもうかがえるように、アジアに関わる主体性の問題であるということである。言い換えるならば、日本人という主体がアジアというリージョンにどのように組み込まれていくのか、あるいはアジアをどのように理解するのかが重要なテーマになってくる。

かつての日本（大日本帝国）、第二次大戦後のアメリカ、そして超大国への道を目指す中国。こうした新旧〈帝国〉のダイナミズムのなかで、単一の国民国家の枠組みを超えて、東アジアというリージョンと国際秩序を捉える。そのうえでリージョンの主体としての人間が主体的に周縁の問題にいかに取り組んできたのかについて、省察しながら記述・分析する。国際関係・地域研究としてのアジア研究を考えてみた場合、日本と日本人が主体的にアジアにどのように関与し、アジアをどのように理解してきたが大きなテーマとして浮彫にされてくる。

アジアというリージョンに主体的に関与する。留意すべきこととして、リージョンのもつ個別特殊性の問題があげられる。それぞれの国・地域には歴史的な動き、伝統的な要素が、特殊な要素として密接に絡んでいるという。それぞれの個別特殊性を発揮する主体と国際関係の構造とは密接不可分であり、一体的に動いている。国際的な諸情勢と表裏一体に変動する日本と東アジアもしくはアジア、すなわち日本の国際的な立場をもとに日本の問主観としてのアジア観が一体的に動いている。この状況に対応すべく現在、観察可能なアジアとその研究は多種多様な学際的な側面を合わせもつ。アジアを射程に置く国際関係の研究でも、専門分野が、政治学、経済学、法学、社会学といった社会科学を横断し、人文学が交錯する雑多な学問の寄せ集めで、エリアもさまざまに捉えられている。多様な専門分野の集合体である。これがアジア研究であるとか、これがアジア学であるべきだという決定的な存在にはない。アジア・東アジア共同体を国家主体の経済領域に限定し、「経済アジア」ともいうべき機能面に特化したアプローチの限界は明らかである。

3　普遍性と個別性の可変性

それぞれの国と人々の間に内在する政治的な思想・イデオロギーの視点と、その時々の国際関係の構造が一体となって変動するリージョン。東アジアあるいはアジア研究のテーマも変わっていく。その意味では、アジア独自の特殊的な要素と、アジア研究を追求することで導き出される普遍性は常に揺れ動いている。

欧米、とくに主流のアメリカ出自の国際政治学の場合は、価値中立で普遍性を装いながら、それぞれの国家とそこに住まう人々の主観的な価値観・思想・イデオロギーは捨象された、因果律を検証するために倹約的でシンプルな学問である。それに対して、アジアを主体的に考える、日本をいかにアジアに組み込むかという発想そのものが価値志向である。「アジア共同体」「東アジア共同体」という語りも、現実には存在しない超実在論的な構想の域にとどまっている。要するに、東アジアないしアジアは「実在論」と「存在」の視角が交差し、その研究内容にも、普遍性と特殊性が常に可変的に推移している。

では、その可変的に常に普遍と個別特殊性の中で揺れ動くアジアを追求したアジア研究がどのように社会科学に貢献するか。いずれも一九七〇年代の日米の二つの議論を紹介したい。一つは、竹内好『アジア学の展開のために』[16]。国立国会図書館所蔵で、「アジア学」を冠にした初出の書籍である。このなかで竹内は同時代のアジアというリージョンについての認識を次のように語っている。「日本は地理上はアジアに位置するが、文化的にはアジアでないと考える人は、相当おります。いや、理論的にそう考えるのでなくて、無意識にそう感じている人までを含めるならば、むしろそのほうが多いのではないか、とさえ私はひそかに思います」。これから四〇年が経過し、日本人、東アジアの人たちが「東アジアの人間」を自称し大学の講義で、アジアあるいは東アジアを冠にした講義タイトルが多数存在する。アジアの一体性は無意識に受け入れられている。もう一つは「国際と冠の付く学問はアメリカの社会科学である」[17]。スタンリー・ホフマン（Stanley Hoffmann）の、国際関係論・国際政治学の全てはアメリカ発という主張は、現在の社会科学および国際関係論の理論にもそのままあてはまる。アメリカ以外の国際政治学、国際関係理論というのは、ドイツ、オランダ、イギリス、そしてアジアでも追求されてきた。しかし、アメリカの国際政治学を批判的に追求すればするほど、アメリカの政治学の強靱性といったものに引っ張られていく[18]。逆にアジアというもの、東アジアという個別特殊性が相対化されていくという複雑な矛盾を露呈している。

しかし、二一世紀の一〇年間で世界の流れは変わってきた。西洋社会のリベラルな価値観が牽引してきた近代市民社会、あるいはネオリベラリズム的な市場メカニズムを最優先にした経済運営の発想は行き詰まりを見せて、英国のEU離脱、あるいはヨーロッパ諸国が直面する難民危機とポピュリズムの台頭、そしてトランプ大統領就任後の〈壁〉をつくる政治。いずれも、西欧諸国が国民国家システムの限界に直面している。そういうなかで、実証主義的な価値中立的な理論ではなく、超実在のアジアと存在するアジアが普遍と特殊性の間の可変的なものを目指す。ここにアジアというリージョンの特殊性と周縁に光をあてた社会科学としての国際理論を追求する意義はあるだろう。北朝鮮の核開発が問題化した一九九四年以降の朝鮮半島問題への対応が明示するように、アメリカ流の国際政治学のパワー・バランスの視点で、報復と恐怖を前提に安定を確保する政策志向が朝鮮半島問題の本質的構図である。それに対し、日本の広島・長崎は「報復ではなく和解」という人々の共生を主眼とする規範を、第二次大戦後七〇年以上にわたり国際社会に発出し続けた、そうしたアジア的な特殊性が存在する。

おわりに——周縁的アプローチとしてのアジアの共生・協生型秩序観

アジアという特殊性と普遍性の間の可変性に特徴づけられるリージョンの探求から導きだされる国際秩序の最適解のひとつが共生である。

冷戦後の国際社会は、グローバルな越境現象が顕著になり国際関係の時空の急激な変容をもたらすとともに、東アジアにおいても、一方では人々の越境移動が増大しながら、他方では古典的な国家間対立の構図とともに、歴史記憶を巡る対立の構図が持続的に再生産されてきた。国際秩序の変化の胎動に対し、既存の大国のパワーを中心概念に据えた現実主義の国際政治は分析と予測の限界を露呈し始めている。

「〈周縁〉からの間主観性に基づく国際秩序」のなかの間主観性は他でもなく共生を意味する。パワーに相対的に劣る周辺の領域に生きる国家・地域であれば、中心的存在（日本・米国・中国）への従属を避けるため、大国中心の国際秩序と衝突を回避し生存のために配慮を加えながら、当事者すべてが受容できる秩序を同時に模索してきた[19]。例えば、前近代までの清朝と琉球、日本、対馬、朝鮮の例があるように、西欧近代型とは異なる中心・周辺の国際秩序が存在した。清朝—琉球—日本の例に顕著なように、中心の建前ともいえる公的な国際秩序認識はあったものの、それは周縁を封じ込めるような植民地化の国際秩序ではなかった。もちろん弱国・小国に寛容であったのではないが、周辺・周縁が自立可能な秩序ではあった。西欧近代型とは異なる中心・周辺≒周縁の国際秩序がかつて存在した。清朝―琉球―日本の例に顕著なように、周辺のなかの周縁が自立可能な秩序として光が照射された時代があった[20]。

二一世紀の現代において、中心・周辺の境域は曖昧なものとなり、地理的な区界として定義することは難しい。ナショナル・ローカルの次元の多様な行為体とともに、周縁の問題領域がハイブリット（異種混交）化してきた。そうした時間・空間認識の変容を念頭に置き、共生の秩序を周縁の視点から構想する。ここでの「共生」とは当事者のうちの特定のナショナルな秩序を基盤とするものではなく、非国家行為体の間主観による概念である。戦前、日本哲学を体系化した西田幾多郎が「否定の哲学」で示した、対立するもの同士が自己否定を通じて、すべからく他者を受け入れることのできる「絶対無」の時空の世界に類比できるだろう。

アジア独自の思想的文脈の中で、日本でも、世界と地域についての議論が自然科学、人文・社会科学の領域で戦前戦後をつうじて繰り返されてきたが、そのなかで模索されてきた世界の中の地域という概念は、西欧科学とは異なる科学哲学の基盤に依拠してきた。西欧の世界史観の背景をなす普遍主義と進化論的な近代史観に批判的な視座を置く議論でもあった。その思想は現代のアジアを対象とする地域研究・文明史に継承されてきた[21]。日本のリージョナリズム研究においても、環日本海研究の草創期に政治学者の渋谷武が提唱した「協生の政治学」も、「（自己）否定の哲学」を「他者肯定・自者肯定」という肯定の論理に置き換え政治学への応用と、リージョナリズムへの展開を意図している。他者の意志行動を肯定しながら、自己肯定が同時に実現し、「絶対無」ではなく人間の存在する空間がスパイラル的に拡大していく討議型の協生の政治を理論化した[22]。

科学的な実証主義に依拠してアプローチする東アジアの国際秩序は従来、米国出自の国際理論で説明が施され、国家の政策立案に寄与してきた。リアリズム、リベラリズム、大国間の間主観を論じるコンストラクティビズムを問わず、普遍性を偽装しながら特定のナショナルな秩序をモデルに紛争と対立を経験し挫折を反復してきた。だからこそ、共生・協生という周縁の視座から、特殊性と普遍性のはざまで変動する東アジアに平和の基盤を創造するために、周縁からの間主観の国際秩序を考察する意義がある。周縁からの視点で共生型秩序を構想してこそ、幻想の「アジア共同体」の実在・存在の意味がより明瞭になるだろう。

注

（1）竹中千春「序章　周縁からの国際政治」日本国際政治学会編『国際政治』一四九号、一―一四頁。

（2）スーザン・ストレンジ『国家の退場―グローバル経済の新しい主役たち』岩波書店、一九九八年（Susan Strange, *The Retreat of the State: The Diffusion of Power in the World Economy*, Cambridge University Press, 1996）

（3）馬場伸也『アイデンティティの国際政治学』一九八〇年、東京大学出版会、三―一五頁。多賀秀敏「国際社会における社会単位の深層」多賀秀敏編『国際社会の変容と行為体』成文堂、一九九九年、四〇九頁。

（4）「香港デモ200万人、それぞれの思い」朝日新聞二〇一九年六月二七日朝刊。

（5）毛里和子編集代表『東アジア共同体の構築』岩波書店。

（6）Raimo Väyrynen, Regionalism: Old and New, *International Studies Review*, Vol. 5, No. 1, 2003, pp. 25-51.

（7）Andrew Harrell, "Regionalism in Theoretical Perspective,", Louise L'Estrange Fawcett, Andrew Harrell (ed.), *Regionalism in World Politics: Regional Organization and International Order*, Clarendon Press, 1995, - pp. 342.

（8）Ellen L. Frost, *Asia's New Regionalism*, Rienner, 2007, p.48.

（9）多賀秀敏「東アジア地域主義に関する一考察」山本武彦編『地域主義の国際比較』早稲田大学出版部、二〇〇五年、八三―一〇一頁。

（10）森川裕二「国際関係理論の〈社会科学化〉への課題 ― 存在論・認識論・方法論の時空論的な架橋と応用について」『多文化社会研究』第三号、一〇五―一一六頁。

（11）森川裕二「第一章　アジア地域空間の方法論」『東アジア地域形成の新たな政治力学―リージョナリズムの空間論的分析』国

際書院、二〇一二年、三七―一〇四頁。
(12) 原覚天『現代アジア成立史論』勁草書房、一九八四年。
(13) 森嶋通夫『日本にできることは何か―東アジア共同体を提案する』岩波書店、二〇〇一年。
(14) 谷口誠『東アジア共同体―経済統合のゆくえと日本』岩波書店、二〇〇四年。
(15) 星野三喜夫「「開かれた地域主義」と環太平洋連帯構想」『新潟産業大学経済学部紀要』三九号、二七―四三頁、二〇一一年。
(16) 竹内好「序章〈アジア学〉の視点」竹内好編『アジア学展開のために』創樹選書、一九七五年、五―一五頁。
(17) スタンレー・ホフマン（編訳者・中本義彦）「アメリカン・ソーシャル・サイエンス―国際関係論―一九七七年」『国際政治論集』勁草書房、二〇一一年、九五―一二五頁。
(18) 葛谷彩「「アメリカの社会科学」を超えるとは何か」葛谷彩・小川浩之・西村邦行『歴史のなかの国際秩序観』晃洋書房、二〇一七年、一―一五頁。
(19) 野口真広『植民地台湾の自治：自律的空間への意思』早稲田大学出版部、二〇一七年。
(20) 歩平「国境を超える歴史認識と共生」佐藤幸男・森川裕二編『日中対話の新たな可能性を目指して』ＣＥＡＫＳ、二〇一三年、三六―五七頁。白永端『東アジアの地域秩序―帝国を超えて東アジア共同体に向かう』創批社、二〇〇五年。
(21) 森川　前掲書。
(22) 渋谷武『葉葉協生論』文芸社、二〇〇八年。同『〝きょうせい〟変化考覚書』二〇〇二年。

索　引

あ　行

か　行

さ　行

た　行

な　行

は　行

ま　行

や　行

ら　行

わ　行

◎執筆者紹介（*編者、掲載順）

*佐藤　幸男	（さとう ゆきお）	富山大学名誉教授	序　章
前田　幸男	（まえだ ゆきお）	創価大学法学部教授	第１章
鈴木　規夫	（すずき のりお）	愛知大学国際コミュニケーション学部教授	第２章
松島　泰勝	（まつしま やすかつ）	龍谷大学経済学部教授	第３章
小松　　寛	（こまつ ひろし）	千葉大学グローバル関係融合研究センター特任研究員	第４章
宮島　美花	（みやじま みか）	香川大学経済学部教授	第５章
竹村　　卓	（たけむら たく）	富山大学人文学部教授	第６章
佐渡友　哲	（さどとも てつ）	日本大学名誉教授	第７章
五十嵐誠一	（いがらし せいいち）	千葉大学大学院社会科学研究院准教授	第８章
峯田　史郎	（みねた しろう）	早稲田大学地域・地域間研究機構招聘研究員	第９章
福田　忠弘	（ふくだ ただひろ）	鹿児島県立短期大学商経学科教授	第10章
多賀　秀敏	（たが ひでとし）	早稲田大学社会科学総合学術院教授	第11章
髙橋　　和	（たかはし かず）	山形大学名誉教授	第12章
柑本　英雄	（こうじもと ひでお）	日本大学法学部教授	第13章
*中山　賢司	（なかやま けんじ）	創価大学法学部准教授	第14章
*森川　裕二	（もりかわ ゆうじ）	長崎大学多文化社会学部教授	終　章

〈周縁〉からの平和学――アジアを見る新たな視座

2019年10月25日　初版第1刷発行

編　者　佐藤幸男・森川裕二・中山賢司

発行者　杉田　啓三

〒607-8494 京都市山科区日ノ岡堤谷町3-1
発行所　株式会社　昭和堂
振替口座　01060-5-9347
TEL(075)502-7500／FAX(075)502-7501

　印刷　亜細亜印刷

ISBN 978-4-8122-1904-1